湖北省公益学术著作
Hubei Special Funds 出版专项资金
for Academic and Public-Interest
Publications

第二辑

丛 书 主 编　李建中
丛书副主编　袁　劲

本书为国家社科基金重大项目"中国文论关键词研究的
历史流变及其理论范式构建"（22&ZD258）阶段性成果

由"雅"入"清"

——文士族群源流与两晋诗风的嬗变

黎臻　著

WUHAN UNIVERSITY PRESS
武汉大学出版社

图书在版编目(CIP)数据

由"雅"入"清"：文士族群源流与两晋诗风的嬗变 / 黎臻
著 . -- 武汉 ：武汉大学出版社,2025.3. -- 中华字文化大系 .
ISBN 978-7-307-24463-4

Ⅰ. D691.71

中国国家版本馆 CIP 数据核字第 2024WU4555 号

责任编辑:白绍华   责任校对:杨 欢   版式设计:马 佳

出版发行：**武汉大学出版社** （430072 武昌 珞珈山）

（电子邮箱：cbs22@whu.edu.cn 网址：www.wdp.com.cn）

印刷:武汉邮科印务有限公司

开本:720×1000 1/16 印张:18.5 字数:254 千字 插页:1

版次:2025 年 3 月第 1 版 2025 年 3 月第 1 次印刷

ISBN 978-7-307-24463-4 定价:89.00 元

总序 字孳字乳的文化：中华文化的"字"生性特征

李建中

人类轴心期五大文明(古巴比伦、古埃及、古希腊、古印度、古中国)，惟有华夏文明传承至今，生生不息，个中缘由非常复杂，但文字的特性无疑是重要因素之一。同为轴心期文明，拉丁语的最小单位(字母)是无意义的，而汉语的最小单位(包括部首在内的字)则能显现独立甚至全息的意义，一字一世界，一字一意境。在漫长的历史演变之中，方块字既没有被梵化，也没有被拉丁化，中国文化因之分久必合，华夏文明因之亘古至今。

东汉许慎(约56—147)《说文解字·叙》曰："字者，言孳乳而浸多也"①，孳者孳生，乳者哺乳。从观念和思想的层面论，方块字是中华文化之母，不仅孕生而且哺育了中华文化，会意指事、形声并茂地建构起中华文化的意义世界。《周易》讲"鼓天下之动者存乎辞"，许慎讲"盖文字者，经艺之本，王政之始"，刘勰讲"心生而言立，言立而文明"，金圣叹讲"以文运事，因文生事"，一直到鲁迅讲"自文字至文章"和陈寅恪讲"凡解释一字，即是做一部文化史"，均可视为从不同层面揭示中华文化的"字"生性特征。

中华文化产生、传承并能在长久历程中与多种外来文化交流而生生

---

① (汉)许慎撰，(清)段玉裁注：《说文解字注》，上海古籍出版社1981年版，第754页。

不息，与汉字密切相关。汉字是一种世界上非常独特的文字，每个汉字独立且集音形义于一体。在上古，汉语以单音词为主，其中有些单音词成为中国文化的核心词，作为中华文化之元（本原与起源），在其后不断的演变中扩展、丰富。我们这套《中华字文化大系》，精选奠基华夏文明、代表中国文化特征的100个汉字（又可以称为"中华文化关键词"或"中华文化核心词"），一个字一本书，对每个字既作"原生—沿生—再生"之源流清理，又作"字根—坐标—转义"之义理阐释，从而在文化思想、社会政治、智性审美、民族心理乃至民风民俗、日常生活等多元面向，标举中华文化的"字"生性特征，建构中华文化的话语体系，彰显中华文化的巨大影响力和恒久生命力，为海内外广大读者奉献中华字文化高远的美学意境和深广的意义世界。

南朝刘勰（约465—521）《文心雕龙·序志》曰："若乃论文叙笔，则囿别区分，原始以表末，释名以章义，选文以定篇，敷理以举统，上篇以上，纲领明矣。"① "原始以表末"四句，既是《文心雕龙》的理论纲领，又是刘勰文学理论批评的基本原则。刘勰的"文学"是广义的文学，与我们今天所说的狭义的"文化"（即小文化或称观念形态的文化）大体上是相通甚至是重合的。因此，刘勰《文心雕龙》"论文叙笔"的四项基本原则，完全适用于我们这套《中国字文化大系》对汉字的诠解与阐释。字文化大系各分册对所选汉字（以下简称"本字"）的解读，大体上在"释名章义""原始表末""选文定篇""敷理举统"等层面深入展开。

第一，释名章义。名不正则言不顺，言不顺则事不成。"字"的定义（内涵与外延）尚未厘清，文化阐释从何谈起？本大系所精选的汉字，大多是上古时代以单个方块字为词的核心观念或术语，既有形、声、义三大基本要素，又有从殷商卜辞到六国文字到篆、隶、草、行的历史演变，其语义还有词根义、引申义、转借义、修辞义以及词性活用的不

---

① 本书所引《文心雕龙》，均据范文澜：《文心雕龙注》，人民文学出版社1958年版。下不另注。

同。凡此种种，各分册在诠解本字时，都是需要讲清楚的。

第二，原始表末。不述先哲之诰，无益后生之虑。本字的语义嬗变，既标识不同时代的文化观念，又贯通不同时代的文化命脉，故须从历史的层面对本字的语义嬗变作出阶段性清理和分时段呈现，尤其要注意在外来文化（如古代的佛学和近现代的西学）影响下，本字与异域文化的冲突与融合。

第三，选文定篇。单个的字，活在文本之中。这里所说的"文本"，既包括传世文书如文史哲经典等，也包括出土文物如简帛、铭器等，还包括民间的和日常生活的口传文化。各分册对本字的解读，须借助多类文本以及由文本所构成的复杂语境，依凭丰富多元、详实鲜活的语言材料，叙述并阐释本字所涵泳的智性审美、民族心理乃至民风民俗等多重旨趣。

第四，敷理举统。本大系所精选的汉字，大多具有全息特征，一字一意境，一字一世界，会意指事、形声并茂地呈现出中华文化高远的美学意境和深广的意义世界。故各分册对本字的诠释和解读，还需要从思想文化的深度，剖析本字所包蕴的哲学、伦理、宗教、政治、文学、艺术等多重语义内涵，概括并揭示本字对于中国文化乃至世界文明的独特价值和意义。

在囊括上述四项基本内容的前提之下，本大系的各个分册的入思路径、整体框架、章节设计乃至撰著风格等，既因"字"（本字）而异，又因"人"（著者）而异，但在总体上具有鲁迅《汉文学史纲要》所称颂的汉字三美："意美以感心，一也；音美以感耳，二也；形美以感目，三也。"

一、文字乃经艺之本，王政之始

许慎的《说文解字》，其《叙》称"文字者，经艺之本，王政之始"。陈梦家（1911—1966）《中国文字学》指出，汉代以前，"文字"的名称经历了三个时期：首称文字为"文"（如《左传》有"夫文止戈为武"、"故文反正为乏"和"于文皿虫为蛊"），次称文字为"名"（如《论语》"必也正名乎"皇疏引郑注"古者曰名，今世曰字"），末称"文""名"为"文字"（如秦始皇《琅琊台刻石》"同书文字"）并沿用至今。①章太炎（1868—1936）《国故论衡》曰："文学者，以有文字著于竹帛，故谓之文。论其法式，谓之文学。"②这里所说的"文学"是广义上的，与狭义的"文化"（即观念形态的文化或曰小文化）大体重合。从字面上看，章太炎似将文化与文字等同；究其奥义，则是从源头（竹帛）处找到汉语文化与汉语文字的内在关联。章太炎又称"凡文理、文字、文辞，皆称文"，可见"文字"还包括了"名""言""辞"等。在中华文化的产生、生成乃至生生不息之中，汉语的文字扮演着"名"正言顺、一"言"九鼎和"辞"动天下之重要角色。

章太炎《国故论衡》称"榷论文学，以文字为准"③，"以文字为准"是中国文化及文学研究的一大传统，这里的"准"既有标准、法式之义，亦有本根、源起之义。刘勰的"文章"颇类似于章太炎的"文学"，也是广义上的，与"文化"重合。刘勰著《文心雕龙》，专门辟有《练字》一篇，叙述"字"的历史，表彰"字"的伟绩，褐橥"字"的诸种功能。《练字》篇论"字"从仓颉造字说起："仓颉造之，鬼哭粟飞；黄帝用之，官治民察。"仓颉造字是华夏文明史上伟大的文化事件，动天地泣鬼神，孳文明乳文化。汉字的历史也就是中华文化的历史，汉字的功绩也就是中华文化的功绩，故《文心雕龙·序志》讲"文"之功德时称"君臣所以炳焕，军国所以昭明"，亦即《练字》所言"官治民察"。刘勰之前，东汉许慎曰："盖文字者，经艺之本，王政之始，前人所以垂后，后人所以识古。故曰'本立而道生'，'知天下之至啧（赜）而不可乱也'。"④许慎

---

① 陈梦家：《中国文字学》，中华书局 2006 年版，第 255 页。
② 章太炎：《国故论衡》，上海古籍出版社 2003 年版，第 49 页。
③ 章太炎：《国故论衡》，上海古籍出版社 2003 年版，第 49-50 页。
④ （汉）许慎撰，（清）段玉裁注：《说文解字注》，上海古籍出版社 1981 年版，第 763 页。

"故曰"所引两段文字，前者出自《论语·学而》，后者出自《周易·系辞上传》。由此可见，从《论语》到《易传》，从《说文解字》到《文心雕龙》，中华元典对"字"之文化本根义的体认是一以贯之的。

《文心雕龙·练字》称"字"乃"言语之体貌""文章之宅字"，汉语的方块字是言语的生命体，是文章的宅基和家园。《尔雅》有"言者，我也"，"我"以何"言"？字。故《练字》篇说"心既托声于言，言亦寄形于字"。无言，心何以托？无字，言何以寄？《文心雕龙·章句》赞"字"，称其"振本而末从，知一而万毕"，亦即许慎所言"经艺之本，王政之始"。字乃统末之本，驭万之一。《章句》篇胪列"立言"的四大要素（字、句、章、篇），"字"居其首，"字"立其本："夫人之立言，因字而生句，积句而成章，积章而成篇。"无论是单篇的文章还是观念形态的文化，其创制孳乳，其品赏识鉴，都是从一个一个的方块"字"开始。①在源起与流变、创制与识鉴、传播与接受等多重意义上，"字"皆为文化之"始"或"本"，故在此意义上可以说"字生文化"。

许慎《说文解字》对"字"这个汉字的解释是"乳也。从子在宀下，子亦声"。段玉裁（1735—1815）注曰："人及鸟生子曰乳，兽曰产。引申之为抚字，亦引申之为文字。《叙》云：'字者，言孳乳而浸多也。'"②字者，孳乳也。"孳"是生孩子，"乳"是哺孩子。由"字"我们想到"孕"，两个汉字都是会意："孕"还只是十月怀胎，"字"则不仅是一朝分娩，更是含辛茹苦地将孩子抚养成人；"孕"还只是怀一个孩子（胎），"字"则是生产并哺育一个又一个的孩子，引而申之，则表明一个字可衍生出许多个词和短语。段玉裁为《说文解字·叙》"字者，言孳乳而浸多"作注时，还将"字"拿来与"名"和"文"相比较，先讲"名者自其有音言之，文者自其有形言之，字者自其滋生言之"，后说"独体曰文，合

---

　　① 民间将文人著书立说称之为"码字"，将接受者的文化解读称之为"识文断字"，亦可见对文化活动中"字"元素的高度重视。

　　② （汉）许慎撰，（清）段玉裁注：《说文解字注》，上海古籍出版社1981年版，第743页。

体曰字"，强调的都是"字"的"孳乳"、"浸多"、"滋生"、"合体（再造）"之功能。

当然，许慎和段玉裁说"字"，还只是在小学（文字学）的场域内讨论"字"的孳乳性或繁衍力。如果我们将"字，孳乳也"放在广阔的文化领域，来追问并验明"文字"与"文化"的血缘关系，则不难发现中华文化的字生性特征。《文心雕龙》开篇"原道"，追溯"文"即文化之本原与起源，《原道》篇在为"文"释名章义即解决了"文"的本原问题之后，继之回答"文"的起源问题："自鸟迹代绳，文字始炳，炎暤遗事，纪在三坟"，从"唐、虞文章"到"益、稷陈谟"，从夏后氏"九序惟歌"到周文王"繇辞炳曜"，从周公旦"制诗辑颂"到孔夫子"熔钧六经"，刘勰为我们描述的这一部上古文化史，分明滥觞于"文字始炳"，分明嬗变为文字的"符采复隐，精义坚深"，又分明完成于先秦圣哲的"组织辞令"、"斧藻群言"。

《原道》篇的上古文化史在论及商周文化时，称"逮及商周，文胜其质，雅颂所被，英华日新"，这是伟大的《诗经》时代，这是辉煌的风雅颂时代。商周始祖的"英华"记录在《雅》《颂》文字之中。商的始祖是契，契建国于商；周的始祖是后稷，后稷的母亲是姜嫄。再往上追问：契乃谁生？姜嫄如何生后稷？幸好，我们有《诗经》的文字：《商颂·玄鸟》说"天命玄鸟，降而生商"，《大雅·生民》说"（姜嫄）履帝武敏歆，攸介攸止。载震载夙，载生载育，时维后稷"。玄鸟生商（契），姜嫄履帝之足迹而生后稷，这是《诗经》的文字所记录的商周历史。就历史的真实而言，玄鸟不可能生商（契），姜嫄亦不可能履帝迹而生后稷；就文化（神话与传说）的真实而论，"玄鸟生商""姜嫄履帝迹生后稷"则不仅是"真"的，更是"美"和"善"的。而关于商周始祖的真善美的历史，与其说是《诗经》的文字所记录，还不如说是《诗经》的文字所创造。关于"字生文化"的例证，除了"玄鸟生商"和"履帝武敏歆"，还可以举出后羿射日、女娲补天、皇英嫔虞、伏羲画卦、仓颉造字……中华文化史上这些动天地泣鬼神的壮美故事，这些孳文明乳文化的伟大事件，无一不是我们的方块字所创造出来的，字生文化是也。

"文化"和"文字"的"文"，被许慎解释为"错画也，象交文，凡文之属皆从文"①。东汉的许慎虽读过《庄子》却未见过殷商卜辞，故不知道这个"文"就是《庄子·逍遥游》的"越人断发文身"之"文"。甲骨文中的"文"，从武丁时期到帝辛时期，均有"文身"之义："象正立之人形，胸部有刻画之纹饰，故以文身之纹为文。"②纹身所具有的符号性、象征性、修饰性、结构性和文本化，使得"文"这个独体象形的汉字成为人类最早的文化产品之一，亦成为汉语言"字生文化"的最早例证之一。如果说，人在自己身体上的交文错画是人类最早的文化行为，那么"以文身之纹为文"则是人类最早的文化识鉴和文化交往，是人对"字生文化"的感性鉴赏和理性批评。交文错画着形形色色之"文"的龟甲兽骨，虽然被掩埋在殷商帝辛的废墟之中，但"字生文化"作为华夏文明的重要特征却生生不息，历经数千载而不朽。我们今天从文明、文化、文字、文辞、文献、文学、文章、文艺、文采、文雅等众多中国文化的诸多关键词之中，从诗、词、歌、赋、曲、文、说、剧、碑、诔、铭、檄、章、奏、书、记等各体文学及文化产品之中，不难窥见掩埋在殷墟小屯的"字生文化"之元素及景观。

二、心生而言立，言立而文明

"文字"与"文化"都有一个"文"，"文"既是独体象形的上古汉字的典型代表，也是字生文化的典型例证。《文心雕龙》以"文"肇端（《原道》篇首句"文之为德也大矣"），以"文"终章（《序志》篇末句"文果载心，余心有寄"），可谓始于"文"而终于"文"。《原道》篇追原"文"之"元"（原本与源起），在很诗意也很哲理地阐释了"天之文"和"地之文"之后，水到渠成地引出"人之文"的定义："心生而言立，言立而文明，

---

① （汉）许慎撰，（清）段玉裁注：《说文解字注》，上海古籍出版社1981年版，第425页。

② 徐中舒主编：《甲骨文字典》，四川辞书出版社2006年版，第996页。

自然之道也。""人"（天地之心）诞生了，"字"（语言文字）才会被发明被创立；语言文字创立之后，"文"才会彰显、章明、刚健、灿烂。作为天地之心的"人"，以自己所独创的"字"（"名""言""辞"等），去彰明"自然之道"，这一彰显的过程、结果及其规律就是"文"（文章、文学和文化）。如果说，《原道》篇"鸟迹代绳，文字始炳"，《章句》篇"人之立言，因字生句""振本末从，知一万毕"讲的都是文字对于文化之产生即历史起源的决定性价值，那么这里的"心生言立，言立文明"讲的则是文字对文化之生成即逻辑本原的规定性意义。

鲁迅《汉文学史纲要》亦借刘勰"心生言立，言立文明"论汉语"文章"即狭义文化的本原、起源及流传，其首篇《自文字至文章》讲文字乃文章之始："专凭言语，大惧遗忘，故古者尝结绳而治，而后之人易之以书契"，"文字既作，固无愆误之虞矣"①，连属文字而成文章，即刘熙《释名》所云"会集众字以成辞义"，字生文化是也。汉娜·阿伦特《人的境况》讲人生在世须做三件事：活着，工作着，说（书写）着。② 人的工作，制作出各种文化产品，创造出灿烂的文明。而只有当人类用文字"立言"之时，才真正创造出"人之文"。或者说，人类只有凭藉"立言"这种文化行为，才能创造出"言立"的文化。《左传》讲三不朽——立德、立功、立言。就"德"和"功"的历史传承而言，前人如何垂后？后人如何识古？立言。何以立言？言寄形于字，因字而生句。故刘勰的"心生言立，言立文明"是对中华文化"字"生性特征的高度概括。

汉语"文学"一词有文献可征者，始见于《论语·先进篇》："文学：子游，子夏。"孔子（前551—前479）的这两位高足，既不创制诗歌更不杜撰小说，何来"文学"之名？杨伯峻（1909—1992）《论语译注》将此处的"文学"释为"古代文献，即孔子所传的《诗》《书》《易》等"③。这里的

---

① 鲁迅著：《鲁迅全集》第九卷，人民文学出版社1982年版，第343-345页。
② ［美］汉娜·阿伦特著，王寅丽译：《人的境况》，上海人民出版社2009年版，第14-17页。
③ 杨伯峻译注：《论语译注》，中华书局1980年版，第110页。

"文学"实际上是我们今天所说的"文献学"，是观念形态之"文化"的重要组成部分。中国古代，小学（文字学）是经学的根基（故十三经有《尔雅》），经学家首先是小学家（字乃经艺之本）。《世说新语》据《论语》孔门四科而列"文学"门，叙述的是马融（79—166）、郑玄（127—200）、何晏（？—249）、王弼（226—249）、向秀（约227—272）、郭象（252—312）这些学者注经的故事。精通小学和经学的文化大师们，统统被划归于孔儒的"文学"之门。

夜梦仲尼、以孔子为精神导师的刘勰本来是要去传注儒家经典的，但他觉得自己在经学领域很难超过马融、郑玄，就转而去撰写《文心雕龙》，其《序志》篇坦陈："敷赞圣旨，莫若注经；而马郑诸儒，弘之已精，就有深解，未足立家。唯文章之用，实经典枝条，五礼资之以成，六典因之致用，君臣所以炳焕，军国所以昭明，详其本源，莫非经典。"可见以"敷赞圣旨"即弘扬孔儒文化为人生理想的青年刘勰，实际上是从经学（包括小学）切入"文"的研究，或者说是从经学（包括小学）与文章之关系入手建构其"文"本体。以五经为标准来考察他那个时代的"文"，刘勰很容易发现"（时文）去圣久远，文体解散，辞人爱奇，言贵浮诡，饰羽尚画，文绣鞶帨，离本弥甚，将遂讹滥"。坚守儒家文化的经学立场和小学本位，青年刘勰敏锐地看出他那个时代的"文"（时文）在"言"与"辞"（即语言文字）方面出了大问题，而问题之要害则是严重背离了儒家五经"辞尚体要"的传统："盖周书论辞，贵乎体要；尼父陈训，恶乎异端：辞训之异，宜体于要。于是搦笔和墨，乃始论文。"批判时文的"言贵浮诡"，回归元典的"辞尚体要"，竟然成了刘勰撰写《文心雕龙》的文化心理动因。

如果说《序志》篇是在"文心（为文用心）"的深潜层次讲"辞尚体要"，那么《征圣》篇和《宗经》篇则是在"雕龙（创作技法）"的精微领域讨论如何以圣人和经典为师来"辞尚体要"。二者虽有巨细之别，但其经学立场和小学本位（即"字本位"）则是一致的。《征圣》篇连续三次讲到"辞尚体要"，要求文学家学习春秋经的"一字以褒贬"和礼经的"举轻以包重"，其文字方可"简言以达旨"；学习易经的"精义以曲隐"和左传的"微辞以婉晦"，其文字方可"隐义以藏用"；学习诗经的"联章以积句"和礼经的"缛说以繁辞"，其文字方可"博文以该情"。《宗经》篇则针对"励德树声，莫不师圣，而建言修辞，鲜克宗经"之时弊，大讲特讲儒家五经在"言""辞"即文字上的优长：易经的"旨远辞文，言中事隐"，诗经的"藻辞谲喻，温柔在诵"，书经的"通乎尔雅，文意晓然"，礼经的"采掇片言，莫非宝也"，春秋经的"一字见义，五石六鹢，以详略成文"。"五经之含文也"，宗经征圣落到实处，是要学习五经的文字功夫即雕龙技法，这也是刘勰撰著《文心雕龙》的用心之所在，苦心之所在。

青年刘勰"征圣立言"的经学立场不仅铸就其文学本体观的"字本位"，同时也酿成其文学史观的"字本位"，即从"字"的特定层面来考察文学的历史嬗变。《章句》篇讲诗歌的演变，称"笔句无常，而字有条（常）数"，诗歌句子的变化似无常规，而（每一句）字数的多少则是有规律可循的："四字密而不促，六字格而非缓，或变之以三五，盖应机之权节也。"在刘勰的眼中，中国古代诗歌的发展演变史，落到实处，就是"字"数之多少的应变史："二言肇于黄世，竹弹之谣是也；三言兴于虞时，元首之诗是也；四言广于夏年，洛汭之歌是也；五言见于周代，行露之章是也。六言七言，杂出诗骚；两体之篇，成于西汉。情数运周，随时代用矣。"《明诗》篇对诗歌史的描述，也是以"字有常数"为演变规律的："四言正体，则雅润为本；五言流调，则清丽居宗。……至于三六杂言，则出自篇什；离合之发，则明于图谶；回文所兴，则道原为始；联句共韵，则柏梁馀制。巨细或殊，情理同致，总归诗囿，故不繁云。"总之，一时代有一时代之诗歌，彼一时代与此一时代的诗歌之异，或短或长，或密或疏，或促或缓，或多或寡，完全取决于字数的或增或减。王国维《人间词话》说"著一字而境界全出"，对于诗歌创作而言，增（或减）一字则格调迥别、境界迥异，"字"之多寡，岂能以轻心掉之？

三、鼓天下之动者存乎辞

《周易·系辞上》讲到《周易》的四大功用，首条便是"以言者尚其辞"①。《周易》的文化符号包括了两大系统：卦爻象系统与卦爻辞系统，借用王弼《周易略例》的话说，前者是"象者，出意者也"，"尽意莫若象"；后者是"言者，明象者也"，"尽象莫若言"②。但是，"象"之出意尽意，完全有赖于"言"之明象尽象，若无卦爻辞的文字阐释，《周易》那么多的卦爻象究为何意是谁也弄不清楚的。因此，《系辞下》要说"是故《易》者，象也；象也者，像也"，《周易》就是象征，象征就是通过模拟外物以喻晓内意，而拟物喻意离开了"辞"是根本无法进行也无法完成的。作为修辞手法，象征有两个端点：一头是物一头是意，物何以达意指意或明意？必须有"辞"，故《周易》的经与传要用"辞"来拟物（人物、事物、景物等）出意（意义、价值、情志等）。《周易》作为中国的文化经典，其生生不息的奥秘在于斯，其动天地泣鬼神的感染力亦在于斯，故刘勰要借用《周易》的话来浩叹："鼓天下之动者存乎辞！"

在因"五经皆文"而征圣宗经的刘勰心目中，《周易》无疑是最好的"文"（即文化经典）之一，故《文心雕龙·原道》讲述上古文明史以《周易》的原创与阐释为主线，所谓"庖牺画其始，仲尼翼其终"。《周易》的创卦者，观物而画卦，"系辞焉以尽其言，变而通之以尽利，鼓之舞之以尽神"；《周易》的观卦者，尚辞而解卦，"观其象而玩其辞"，观察卦爻的象征意味而探究玩味其文辞，或者反过来说，通过品味卦爻辞而领悟其象征及修辞。"辞"对于《周易》的意义是无论怎么强调也不为过分的：无"辞"何以识训诂？无"辞"何以明象征？无"辞"何以成易道？无"辞"何以定乾坤？

---

① 本书所引《周易·系辞传》，均据（清）阮元校刻：《十三经注疏·周易正义》，中华书局1980年版，第75-92页，下不另注。

② （魏）王弼注，楼宇烈校释：《王弼集校释》下册，中华书局1980年版，第609页。

《周易》是象思维和象言说，而《周易》的象思维和象言说，是靠"辞"（小学之训诂加上文学之修辞）来完成的。受《周易》的影响，中国古代文化历来有"尚辞"之传统，笼统而言是讲究语言文字的艺术，具体而论是注重象征、隐喻、比兴、夸饰等修辞手法。《文心雕龙》创作论二十多篇，有超过一半的篇幅是专门谈"字"说"辞"的：属于谈"字"（即讨论语言文字）的篇目有《声律》《章句》《俪辞》《练字》等，属于说"辞"（即讨论文章修辞）的有《比兴》《夸饰》《事类》《隐秀》等，属于通论二者的有《通变》《定势》《指瑕》《附会》《镕裁》《总术》。广而论之，中国古代文论的批评文本，数量最巨的是历朝历代的诗话、诗式、诗格、诗法等。明清以降，继海量的"规范诗学"或"修辞诗学"，又出现热衷于作法和读法的小说戏曲评点。金圣叹《第五才子书》讲《水浒传》的创作是"因文生事"，"只是顺着笔性去，削高补低都由我"①，故"因文生事"是在叙事层面对"字生文化"的经典表述。

汉语的方块字孳生了文化，也哺乳了文化，字是文化之母。就"文字"创制与"文化"创造之关系而言，汉字的六书作为"字"的构造规律，深情地也深度地哺乳了中华文化，并成为观念形态之文化的创造规律。刘歆、班固将"象形"置于六书之首，并将六书前四项表述为"象形""象事""象意""象声"②，无意中触到字乳文化之要害。鲁迅《汉文学史纲要》亦论及"六书"尤其是"象形"与文化的关系："文字初作，首必象形，触目会心，不待授受，渐而演进，则会意指事之类兴焉。"③

我们以文字与文学的关系而论。汉字六书对汉语文学的孳乳，若概而言之，则是鲁迅所言"意美以感心，一也；音美以感耳，二也；形美

---

① 陈曦钟、侯忠义、鲁玉川辑校：《水浒传会评本》上册，北京大学出版社1981年版，第16页。

② （汉）班固撰，（唐）颜师古注：《汉书》第6册，中华书局1982年版，第1720页。

③ 《鲁迅全集》第九卷，人民文学出版社1982年版，第344页。

以感目，三也"①。若分而言之，其"象形"之"画成其物，随物诘诎"既是汉字区别于拉丁文的标志性特征，也是文学的标志性特征，方块字的象形孳乳了文学的形象性和意境化，此其一。如果说"指事"的"视而可识，察而见意"，养育了文学之"赋"的直书其事，体物写志；那么，"比类合谊，以见指㧑"之"会意"，与"本无其字，依声托事"之"假借"，则分别孳乳了文学的"比显"与"兴隐"，此其二。此外，"转注"的"同意相受"启迪了文学的互文性，而"形声"的"取譬相成"成就了文学的谐音之趣与声韵之美，此其三。至于具体的创作过程之中，文学家如何推敲，如何练字，如何捶字坚而难移，如何语不惊人死不休，亦可见出"字"对于文学的特殊意义。

被称为现代语言学之父和结构主义之鼻祖的费尔迪南·德·索绪尔（1857—1913），视"文字"为"语言"的表现或工具；与此同时，索绪尔又不得不承认："书写的词跟它所表现的口说的词紧密地混在一起，篡夺了主要的作用；人们终于把声音符号的代表看得和这符号本身一样重要或比它更加重要。"②把书写的词即文字看得比口说的词即言语更加重要，这在表音体系（如拉丁语）中或许不太正常，但在表意体系（如汉语）中却是非常正常也是非常真实的。

或许是看到了表意体系的这种独特性，宣称"我们的研究将只限于表音体系"③的索绪尔，却在《普通语言学教程》中用了整整一节的篇幅，专门讨论表意体系中"文字的威望"及其形成原因："首先，词的书写形象使人突出地感到它是永恒的和稳固的，比语音更适宜于经久地构成语言的统一性"；其次，"在大多数人的脑子里，视觉印象比音响印象更为明晰和持久"；再次，"文学语言更增强了文字不应该有的重要

---

① 《鲁迅全集》第九卷，人民文学出版社 1982 年版，第 344 页。

② ［瑞士］费尔迪南·德·索绪尔著，高名凯译：《普通语言学教程》，商务印书馆 1980 年版，第 48 页。

③ ［瑞士］费尔迪南·德·索绪尔著，高名凯译：《普通语言学教程》，商务印书馆 1980 年版，第 51 页。

性。它有自己的辞典，自己的语法"，并最终形成自己的"正字法"，
"因此，文字成了头等重要的"；"最后，当语言和正字法发生龃龉的时
候，除语言学家以外，任何人都很难解决争端。但是因为语言学家对这
一点没有发言权，结果差不多总是书写形式占了上风，因为由它提出的
任何办法都比较容易解决。"①我们看索绪尔从逻格斯中心主义立场出发
的对"文字威望"的批评，在某种意义上恰好是对汉字这种典型的表意
体系的表扬。书写形象的永恒和稳固，视觉形象的明晰和持久，文字威
望对语言统一性的塑造和维护，尤其是文学语言如何以"头等重要"的
身份来解决文字与语言的矛盾等，表意体系的这些特征及优长，构成了
"字生文化"的文字学根基。

解构主义大师、后现代理论家雅克·德里达（1930—2004），其《论
文字学》解构索绪尔语言学的二分结构，认为"文字并非言语的'图画'
或'记号'，它既外在于言语又内在于言语，而这种言语本质上已经成
了文字"②，故"文字学涵盖广阔的领域"，甚至可以用文字学替代语言
学，从而"给文字理论提供机会以对付逻格斯中心主义的压抑和对语言
学的依附关系"③。逻格斯中心主义又称语音中心主义，声音使意义出
场，不同于汉字的书写使意义出场。德里达《论文字学》在批评索绪尔
对文字与言语作内外之分时指出："外在/内在，印象/现实，再现/在
场，这都是人们在勾画一门科学的范围时依靠的陈旧框架。"④我们今天
研究中华字文化，应该打破陈旧的框架，以一种跨学科的宏阔视野来说
"文"解"字"。

---

① ［瑞士］费尔迪南·德·索绪尔著，高名凯译：《普通语言学教程》，商务
印书馆 1980 年版，第 50 页。
② ［法］雅克·德里达著，汪堂家译：《论文字学》，上海译文出版社 1999 年
版，第 63 页。
③ ［法］雅克·德里达著，汪堂家译：《论文字学》，上海译文出版社 1999 年
版，第 50 页。
④ ［法］雅克·德里达著，汪堂家译：《论文字学》，上海译文出版社 1999 年
版，第 45 页。

文字乃经艺之本，就人类轴心期文明的典型代表华夏文明而言，以"经艺"为代表的汉语元典，用一个一个的方块字(中华文化关键词或中华文化核心词)，建构起轴心期华夏文明的意义世界。中华文化是字孳字乳的文化，华夏文明是字孳字乳的文明。观念意义上的中华文化，其源起是"鸟迹代绳，文字始炳"，其元典是或"一字以褒贬"或"联章以积句"的经艺，其楷模是情见文字、采溢格言、辞尚体要、辞动天下的圣贤文章，其种类是肇于经艺、著于竹帛的所有文体。字生文化，上古汉语的方块字从起源与本原处孳乳了中华文化，孳乳了华夏文明。追问并验明文字与文化的血缘关系，揭示中华文化的"字"生性特征，可为"文化"的释名章义，为文化研究的选文定篇，为文化理论的敷理举统，乃至为文化史的原始表末，提供新的路径并开辟新的场域。

目　　录

绪　　论

一、关于魏晋文士族群及诗风的研究

魏晋时代是以士人为主体的时代，且尤以士人群体为重，士人群体主导着其时之政治、社会、历史与文化。在文学领域，受到宗族传承、政治趣向或其他影响，文士的群聚方式进行着"族"与"群"的演变与重组，呈现出动态的发展，影响了魏晋时期的诗文风格。

将魏晋时期文士族群的特征及演变与士人文学风格联系起来进行研究，能够重新审视魏晋时期文士群体的存在方式，探索文士相交的理想模式。魏晋文士群体的存在受到东汉末年名士群体的影响，在时代的剧烈变动中，向以各派政治势力为依附的小群体过渡，同时又有以血缘关系为基础的宗族群体存在。文人或紧密或松散地联系在一起，不断演变与重组。不同类型的存在方式在不同领域和层次上影响着文士的地位。本书旨在通过对文人族群的梳理与分析，探寻魏晋时期文士群聚方式的变化及其内在蕴含，启发和谐的文人交往形式，描绘魏晋文学风格发展之细貌，讨论文学风格研究的新理路。文士族群的存在方式直接影响其气质情性、处世态度和表达方式，其文学实践又进一步表现出他们的思想水平、审美趣味和文艺才能，这对文士文学风格的塑造有重要影响。而文士个人与群体的关系，也牵涉到他们的个人文风。对于群体与个人的研究，有利于多角度把握魏晋时期的文学风格。

士人与士族，一直都是六朝文学研究的重要对象，有诸多从文化史、社会史和政治史领域对六朝时期士族的综合研究和个案研究。20

世纪初，刘师培在《中国中古文学史讲义》①中指出"文学之士，大抵出于世族"的大势。徐公持《魏晋文学史》②中提出了"东晋世族文士文学创作"，指出东晋门阀大族影响东晋文学主流风尚的见解。在士人群体与文学研究、风格研究中，主要有以下几种研究理路：

1. 士族地位对文学观念的影响，其中士人的政治地位犹被重视。士族的统治地位与政治势力影响士人文学的观念③，依附于政治势力的文人形成文学集团，与血缘宗族群体相并列④。其研究角度包括士族的政治地位⑤、庄园经济⑥、身份特征⑦及综合研究⑧等，研究对象也主要集中在东晋南朝时期的世家大族。

2. 家族论与文学研究。自六朝高门大族的研究兴起之后，文学研究中的家族论研究也必不可缺。其中对六朝世家大族的家族文化与文学研究中，整体研究不多，而大多数集中在专门的个案研究，如曹道衡的《兰陵萧氏与南朝文学》⑨剖析了兰陵萧氏在政治上和文坛上的兴衰，考察了这一家族重要作家在历史和文学上的作用，还有如丁福林《东晋南朝的谢氏文学集团》⑩、王华山《清河崔氏与北朝儒学》⑪、王永平

---

① 刘师培撰，程千帆等导读：《中国中古文学史讲义》，上海古籍出版社 2019 年版。

② 徐公持编著：《魏晋文学史》，人民文学出版社 1999 年版。

③ 林童照：《六朝人才观念与文学》，台湾文津出版社 1995 年版；曹道衡：《论东晋南朝政权与士族的关系及其对文学的影响》，《文学遗产》，2003 年第 5 期。

④ 程章灿：《世族与六朝文学》，黑龙江教育出版社 1998 年版。

⑤ 詹福瑞、李金善：《士族的挽歌：南北朝文人的悲欢离合》，河北大学出版社 2002 年版；孙一超：《南朝南方士族文人的政治背景和信仰对文学创作的影响——以沈约为例》，《文学界》（理论版），2011 年第 1 期。

⑥ 钟翠红：《六朝南方庄园经济与庄园文学》，《兰州学刊》，2009 年第 12 期。

⑦ 杨金梅：《南朝文人的身份特征及其对文学的影响》，《河北学刊》，2007 年第 2 期。

⑧ 林继中：《士族·文化·文学》，《福州大学学报》（哲学社会科学版），2004 年第 4 期。

⑨ 曹道衡：《兰陵萧氏与南朝文学》，中华书局 2004 年版。

⑩ 丁福林：《东晋南朝的谢氏文学集团》，黑龙江教育出版社 1998 年版。

⑪ 王华山：《清河崔氏与北朝儒学》，山东文艺出版社 2004 年版。

《论晋宋之际谯国戴氏家族之门风与文化——以戴逵为中心的研究》①、宋展云《会稽侨寓士族与山水玄言诗的兴盛》②等个案研究著作与论文。

值得注意的是，近年来的研究除关注世家大族之外，对寒族士人的文学研究亦有所推进。白崇《论西晋寒族文学》③、王军敏《论南朝文学及文士观念的发展——以〈后汉书·文苑传〉与〈昭明文选〉为参照》④，都注意寒族士人对文学思潮演进的影响。

3. 文人集团的研究。魏晋以来出现的各种非世族文学集团，亦成为士人与文学研究的热门。从 20 世纪 90 年代始，胡大雷《中古文学集团》⑤、刘跃进《门阀士族与永明文学》⑥便从文人集团的角度深入探讨士族与文学的关系。此后对于文人集团的研究多从以下几个方面着手。一是选取三曹七子、竹林七贤、二十四友、阳夏八谢、竟陵八友等文士群体，以时序迭代方式介绍士人文学集团的形成、变化及其与文风、诗风的关系⑦。二是关注集团的时代、地域特征，或集团之典型文人；其中有从总体士风与文风的关系来探究文人及创作的⑧，有从中心文人着手以交游活动、文本特征等描述文人集团变迁的⑨，或以"士族文学"为对象，揭示两晋时期士族文学的发生、兴盛与衰退及其文学表现的特

① 王永平：《论晋宋之际谯国戴氏家族之门风与文化——以戴逵为中心的研究》，《社会科学战线》，2015 年第 2 期。
② 宋展云：《会稽侨寓士族与山水玄言诗的兴盛》，《浙江学刊》，2011 年第 6 期。
③ 白崇：《论西晋寒族文学》，《中国文学研究》，2010 年第 2 期。
④ 王军敏：《论南朝文学及文士观念的发展——以〈后汉书·文苑传〉与〈昭明文选〉为参照》，《河北北方学院学报》（社会科学版），2015 年第 3 期。
⑤ 胡大雷：《中古文学集团》，广西师范大学出版社 1996 年版。
⑥ 刘跃进：《门阀士族与永明文学》，生活·读书·新知三联书店 1996 年版。
⑦ 阮忠：《中古诗人群体及其诗风演化》，武汉出版社 2004 年版。
⑧ 刘跃进：《门阀士族与文学总集》，世界图书出版西安有限公司 2014 年版。
⑨ ［日］佐藤利行著，周延良译：《西晋文学研究》，中国社会科学出版社 2004 年版。

征，强调士族意识的重要地位的①。在士族演变与文学创作的关系上，袁琳《论魏晋南朝士族的演变与文学创作关系——以陆机、王融为例》②从"潜在的士族在不同时期的发展演变状况"入手对二人进行了对比分析。除东晋南朝外，这一方向的研究较多涉及两晋时期。

4. 士人活动与文学研究。从士人活动角度开展的研究多为单篇学术论文。士人的清谈、音乐绘画艺术、隐逸思想③、文学精神④等在文学的发展演化中都有微妙的影响。

5."雅""清"风格研究。魏晋南北朝诗风研究在文学史特别是诗歌史的论著中都有较为细致的讨论。"雅""清"是这一时期文学理论研究中常常讨论的范畴，研究内容涉及：第一，"雅""清"作为审美趣味本身及与之相关的子范畴研究。"雅"如"典雅""雅丽"⑤研究、雅俗观念研究⑥等，与儒家文化的深厚内涵联系在一起。"清"则更多涉及先秦道家思想与魏晋玄学思想，表现在人物品藻中"清"与文论中"清"的标准与要求。第二，表现为"雅""清"的文学或其他艺术研究，如雅乐研究⑦、书法风格之"清"⑧的研究、文学尚"清"的特色。"雅"强调儒家"以正为雅，以古为雅，以礼为雅"的美学内涵，而"清"具有浓厚的时

---

① 张朋兵：《六朝文的骈化与士族意识》，《忻州师范学院学报》，2014 年第 4 期。
② 袁琳：《论魏晋南朝士族的演变与文学创作关系——以陆机、王融为例》，《商丘师范学院学报》，2014 年第 8 期。
③ 宋展云：《江州隐逸文化与晋宋之际文风的演变》，《中南民族大学学报》（人文社会科学版），2014 年第 5 期。
④ 袁济喜：《论六朝文学精神的演化》，《中国人民大学学报》，2001 年第 1 期。
⑤ 王万洪：《〈文心雕龙〉雅丽思想研究》，中华书局 2019 年版。
⑥ 李敦庆：《论魏晋南北朝礼仪用乐中的"以俗入雅"和"变俗为雅"》，《文艺评论》，2016 年第 5 期。
⑦ 李敦庆：《以古为雅 不相沿乐——论魏晋南北朝礼仪用乐的创作特点》，《交响》（西安音乐学院学报），2012 年第 4 期。
⑧ 邓宝剑：《晋人尚"清" 略论魏晋南北朝书家的精神气质与书法艺术格调》，《西北大学学报》（哲学社会科学版），2006 年第 3 期。

代特征，由魏晋以来的玄风促成尚"清"审美取向的形成，对个体仪表风神"清"趣的崇尚，对"清"的理想人格的追求，都影响到文学领域尚"清"的审美风尚。

总的来看，魏晋士族群体研究在史学、社会学等领域是较为成熟的话题；雅与清在中国文学史、文论范畴、艺术特征的领域的研究中也颇引人注意，成为讨论得较多的话题，在其哲学思想基础、理论内涵、诗歌风格等领域都有涉及。但是，两晋时期诗风由雅入清的动态转变过程较少被谈及，究其内因，是由于研究者更多地从哲学思想的角度出发，而关注到文士族群流变的角度则较少。本书从文士族群渊源与流变的角度着手，对两晋士人个体与群体诗风进行深入探究，将其由雅入清的变化趋势进行梳理，展现出两晋诗风转变的动态过程。

二、对"文士族群"与"文学风格"的阐释

（一）族群与文学活动

历来的文人群体文学活动研究中，使用"文人集团"的概念较为普遍。20 世纪 90 年代，胡大雷在《中古文学集团》中定义了"集团"是"指为了一定目的而组成的共同活动的团体"，而"文学集团"，是"为了从事文学创作、文学评论或其他文学活动而组成的、共同进行文学活动的团体"。① 郭英德在《中国古代文人集团与文学风貌》中界定"集团是为一定的目的而组织起来的共同行动的社会团体"，并指出集团构成的三个基本条件：集团中的每个成员都有共同的社会活动的目标；集团在实体上必须构成一种现实存在的组织，其间有如血缘、地缘、业缘等社会关系；集团中的人们在精神上必须有一种十分鲜明的集团意识。② 结合两晋时期士人群体的状况，研究这一时期文人集团离不开两个方面：一是政治，一是文化。且这二者是紧密交织在一起的。郭英德便指出：

---

① 胡大雷：《中古文学集团》，广西师范大学出版社 1996 年版，第 1 页。
② 郭英德：《中国古代文人集团与文学风貌》，中国人民大学出版社 2012 年版，第 1 页。

"中国古代的文人集团往往兼具政治的和文化的双重职能，同时在政治领域和文化领域中纵横驰骋"，"中国古代的学派是很难始终保持其纯学术性的，它往往在文化传统的感化下，不由自主地或自觉自愿地投身于政治"①。这一特征在两晋时期尤为明显。

魏晋南北朝时期都是以士人为主体的时代，且尤以士人群体为重。在门阀士族制度下，士族主宰着当时的政治、经济与文化，并引领着整个社会的潮流与时尚。这个时期的文人群体，有的并没有共同的社会活动的目标，也不是具有严密关系的组织，甚至也并不一定拥有鲜明的集团意识，因此本书不准备用文人"集团"来称呼他们。但他们由于政治、文化的原因聚合成为一个群体，又因为政治、文化的原因而流散；他们因为政治的原因而属于这一群体，而又因为文化的原因与另一些士人联系紧密、开展文学活动。而细究同一个群体，则会发现这一群体士人的文学思想、文学风格等会有一定的一致性，随着他们群体的流变，这些也会随之发生相应的变化。而在政治与文化的因素中，我们特别突出这一时期最为显著的门阀士族制度的影响，即士族的地位、士人的政治态度、家族的学术门风等方面对士人群体聚散的影响，因而使用"文士族群"提法来称呼这一时期文学士人群体。

两晋时期的文士或紧密或松散地联系在一起，不断演变与重组。不同类型的存在方式在不同领域和层次上影响着文士的地位。在时代的剧烈变动中，文士形态由大群体向以各派政治势力为中心的小群体过渡，同时又有以血缘关系为基础的宗族群体存在。文士族群的存在方式直接影响其气质情性、处世态度和表达方式，其文学实践又进一步表现出他们的思想水平、审美趣味和文艺才能，这对文士文学风格的塑造有重要影响。

两晋时期，高门士族掌握政治经济的特权，也是文化的继承者与引

---

①　郭英德：《中国古代文人集团与文学风貌》，中国人民大学出版社 2012 年版，第 2-3 页。

领者。而文学仅是他们全部人生的一部分，且大多数情况下仅占次要的部分。玄理、文笔是他们政治地位和个人才能的一种表现，也是彰显他们成就的一个方面。这些高门士族凭藉家庭教养、优裕的生活以及独藏的典籍，常常累叶有学，或以经学或以文章显。两汉累世经学的家门学风也转而变成"人人有集"的高门风范。一门能文的现象也时常出现，比如从魏晋之世的裴、王二族，到陈郡谢氏一门，诸多子弟以能文著名。及至南朝时期，梁时彭城刘孝绰兄弟子侄，兰陵萧子恪兄弟等，都是能文的家族子弟群体。他们凭恃着家族文化的传承，是有世家大族的政治经济地位的支撑的。因此谈到文士的日常生活、创作个性和文学风格等问题的时候，最不能忽略的便是他们的政治社会环境。此外，我们也需注意到，高门大族的诗赋创作风格与内容，是适应着他们的生活需要的。他们的玄言清谈、山水品赏、公宴游览、嘉遁趣味等，推动着玄言诗、山水诗、公宴诗、隐逸诗的发展，同时也形成了各自的诗歌风格。诗文中缺乏普通社会生活的反映，也是受到他们所生活的圈子影响的。

相较而言，寒门的文籍学业则是他们的仕进之资，《梁书》卷十四《江淹传》中论："观夫二汉求贤，率先经术；近世取人，多由文史。"①近世即是魏晋以来。《南史》卷四十一《始安王遥光传》云："（萧遥光）从容曰：'文义之事，此是士大夫以为伎艺欲求官耳。'"②华素悬隔之下，很多寒门士人进入仕途的资本乃是文义才学。但进身之后文义并不能决定他们的社会地位，而还是以门第和官位为标准。西晋时期的诸多寒士文人皆有此经历。张华从寒门士人直至"声誉甚盛，有台辅之望"，却仍旧被人构嫌。决定张华政治地位的重要的原因还是因为"贾谧与后共谋，以华庶族，儒雅有筹略，进无逼上之嫌，退为众望所依，欲倚以朝纲，访以政事"③。而张华对于士人的大力提携与延誉也是由于他的

① （唐）姚思廉：《梁书》，中华书局1973年版，第258页。
② （唐）李延寿：《南史》，中华书局1975年版，第1040页。
③ （唐）房玄龄等：《晋书》，中华书局1974年版，第1074页。

庶族出身。而文义之事作为一种仕进手段，就会影响到寒门士人的创作内容与风格向高门士族倾斜，以符合他们的口味，得到他们的称赞。这也是由寒门士人的社会地位所决定的。

首先，文士族群中士人的日常个性使得其文学风格有自己的特征和意义，文士日常生活中表现出来的气质情性、处世态度以及表达方式等，一方面受到俗世功利的索扰，另一方面又表现出超然的人格独特性，是其文风特征的产生基础。汉魏之际士人心间始终回荡着一个时代主题——由乱到治的转化，士人在这个时代主题下寻找实现这种转化的依据和途径，产生对大群体的强烈期望及所激发出的奋发有为的进取精神，而在大群体和谐秩序和士人自身的努力（提出的目标、思想与手段）无法实现时，士人们便陷入极大的痛苦与惶惑。在如此的时代进程中，他们的文学风格和内容都是适应其需要的。其次，宗族与政治生活形态对文学风格的影响。宗族生活形态如以宗族群体方式举行的日常公共活动，士大夫人生礼仪，山水、动植物与士人成员的紧密关联等，影响着世族文人的生活方式、思维形式以及具象的情感对象，为文学创作提供了丰富的情感与题材，也提供了文学批评上的思考方式。而在政治形态中，政治秩序在很大程度上受到宗族生活形态的影响。世族文人在人生礼仪、家族聚会等多种场合中都表现出宗族生活形态的特点，非世族文人群体在各类文会、清谈等形式上也突出群体活动的内容与价值，其中的文学活动都是重要的研究对象。再次，士人的话语实践与社会价值。就创作主体而言，士人创作文学作品，是在一定的效果预期下进行，以达到适应士族政治和经济地位的意图；而士人作为读者或交流者时，在阅读与交流之间调整并适应自己的存在状况。文义典籍之事，在魏晋时期即逐渐成为贵门子弟高贵的招牌以及寒素士人仕进的手段，这种文学实践活动由士人的生活个性出发而影响着其文学风格。

（二）对风格的阐释

1. 风格的三种层面

在中国古代文论的语境中，"风格"一词原是用以论人，指人的风度和品格。东晋时期葛洪《抱朴子·行品》有："士有行己高简，风格峻峭，啸傲偃蹇，凌侪慢俗。"①《世说新语·德行》有："李元礼风格秀整，高自标持，欲以天下名教是非为己任。"②翻检这些品人之语不难看出，以风格论人，首先是从人物的内在之气秉、性情、抱负等方面来看的，而这些内在的东西向外展现，与人的语言、容仪、举止等结合在一起，呈现为为人的风度与品格。后来在文艺评论领域，文士开始使用风格一词对文艺作品进行品评，如刘勰《文心雕龙·议对》中的"及陆机断议，亦有锋颖，而谀词弗剪，颇累文骨，亦各有美，风格存焉"。③就刘勰所论来看，文章的艺术特征仅为其风格的一面，而并非全部。首先，陆机议《晋书》限断的文章，所作之背景乃是在西晋武、惠时期因撰晋史所引起的断年争论，当时各朝臣持三种不同的意见，而这是一个非常严肃且典型的政治问题，其次才是学术问题。它涉及晋朝的立国之基，涉及司马政权的合法性。陆机当时为贾谧二十四友之一，贾谧任秘书监，不可避免要讨论到这个问题。据此议文残句可知，陆机同意贾谧以泰始起元，三祖称纪，但不赞同在三祖纪中的编年书法，其锋颖、谀词如此，而"亦各有美，风格存焉"。陆机所处的政治群体、陆机在司马氏政权当中的南士身份与地位，陆机所承之江东儒学家学，乃至于他在当下《晋书》限断议论集会上的临时转圜，都影响着文章的创作。其次，刘勰提到了文骨，这正是由于前条所及之内容，在文学作品的审美升华中积累沉淀下来的。再次，便是文章所用之语词、修辞等方面，以外在的形式将前两条之内容呈现出来。如果我们再反观品人的过程，就会看到二者的一致性。文学作品本身能使人感觉到一种情境，境可以展示作品之性，情可以激动人心，与作品之性相应。詹瑛在《文心雕龙》

---

①　杨明照：《抱朴子外篇校笺》，中华书局 1991 年版，第 553 页。

②　（南朝宋）刘义庆著，（南朝梁）刘孝标注，余嘉锡笺疏，周祖谟、余淑宜、周士琦整理：《世说新语笺疏》，中华书局 2007 年版，第 7 页。

③　（南朝梁）刘勰著，范文澜注：《文心雕龙注》，人民文学出版社 1958 年版，第 438 页。

研究中就首次提出风格学理论，并对这一理论体系进行了建构。其中就肯定了《文心雕龙》风格学的特点是从内容和形式统一的角度来进行讨论的，涉及作家风格、文体风格、时代风格、风格分类、风格倾向等诸多问题。

当然，后来宋代画谱、诗论中所言之风格，更为精切地将其体态艺术特征拈出，而不包括内在宗旨和形而上的神韵。如《宣和画谱》所评："文臣李公年……善画山水，运笔立意，风格不下于前辈。"① 又评："曹仲元……画道释鬼神，初学吴道元不成，弃其法别作细密，以自名家，尤工傅彩，遂有一种风格。"② 且由于风格中的"风"与"骨""力"相关，其风骨、风力、骨格、格力的内涵意渐突出，更加缩小它的外延，偏指强劲有力的艺术特征。明人胡应麟《诗薮》中，称后人学杜甫"独取其雄壮宏大句语为法，而后杜之骨力风格始见，真善学下惠者"。③

可以说"风格"的概念，含有广义、狭义和特指三种层面。广义的即包含作家的各个方面，其在艺术作品中的审美升华过程，呈现为语言的外化艺术特征诸多方面。狭义的即是文艺作品体态方面的艺术特征，特指其强劲有力的风骨、骨力。本书所涉及的文学风格，是从广义的角度出发，抓取两晋士人群体这一典型方面，对群体与风格的关系进行探讨。

2. 风格的个性与共性

古今中外的诸多学者在谈到风格的时候，尤其注重其个性、特殊性。阿纳托尔·法朗士说"每一部小说，严格地说，都是作家的自传"（《灵魂的冒险》），叔本华说："风格是心的形态，它为个性的，且较妥于为面貌的索隐。"（《论风格》）约翰·巴勒斯说："在纯正的文学，我们的兴味，常在于作者其人——其人的性质、人格、见解——这是真理。"（章锡琛译本间久雄《文学概论》）英国诗人赫伯特·里德亦有：

① 俞剑华标点注译：《宣和画谱》，人民美术出版社 2017 年版，第 202 页。
② 俞剑华标点注译：《宣和画谱》，人民美术出版社 2017 年版，第 74 页。
③ （明）胡应麟：《诗薮》，上海古籍出版社 1958 年版，第 104 页。

"一切修辞的技术都是个人的，它们基于写家的特异的本能与新兴的习惯。"(《英国散文风格》)①曹丕的《典论·论文》中说过："文以气为主。气之清浊有体，不可力强而致。譬诸音乐，曲度虽均，节奏同检；至于引气不齐，巧拙有素，虽在父兄，不能以移子弟。"②刘勰《文心雕龙·体性》中说"各师成心，其异如面"③。我们讨论风格，大多数时候都强调其特异性，这是毋庸置疑的。风格的个性，正是指的这种特异性。但我们也注意到，刘勰《文心雕龙》中将风格分为八类，《二十四诗品》中分为二十四类。当我们在讨论风格的"类"的时候，就必然要打破这"其异如面"的特异性。这即是风格的共性所指。

詹锳在讨论《文心雕龙》风格学的时候谈到风格是独特的、不可复制的，但他同时又指出："风格学作为一门科学就是在研究风格的共性"，"这些共性是从大量带有创作个性的作品风格中抽象出来的"④。可以说，探讨风格的共性，对于个性的研究亦是很有必要的。且在所谓的风格个性中，同样也有产生共性的因素存在。刘勰特别谈到才、气、学、习几个要素对风格形成的影响，才气属于先天所禀，而学习则是后天所得。先天所禀，给予每位作家狭义上的风格，而后天的学习，则揭示的是作家所接受的家学涵养、人生态度、政治取舍、社会思潮、时代风尚等诸多因素的影响。本书以诗歌为主体，从文士群体的角度来探究文学风格的流变，是既包含共性，又包含个性的。

三、要旨与思路

本书在前人对文人集团的研究基础上，对魏晋时期"族"与"群"的

---

① 以上皆转引自老舍：《文学的风格》。舒舍予：《文学概论讲义》，北京出版社1984年版，第69页。

② (清)严可均辑：《全上古三代秦汉三国六朝文》，中华书局1958年版，第1098页。

③ (南朝梁)刘勰著，范文澜注：《文心雕龙注》，人民文学出版社1958年版，第505页。

④ 詹锳：《语言文学与心理学论集》，齐鲁书社1989年版，第282页。

模式的发展演化进行历时性与共时性的双重考察，探索两晋文士群聚的方式与特征，以及族与群之间的流动演变，分析文士个体与群体的关系，重新审视两晋诗文由雅入清的风貌。本书以政治局面的变化为序，将两晋时期士人族群活动划分为几个阶段：西晋初年玄学士人与文学士人群体的分野、西晋前中期围绕在司马氏政治权力中心的士人群体活动、西晋士族政治下的士族士人群体活动、两晋之交的士人个体与群体活动、东晋荆扬之争局面下的三大文士群体活动、东晋后期隐逸文士个体与群体活动。以政局变化为纵线，贯穿了每一时期在玄学、儒学、佛学影响下的士人群体演变，门阀士族制度影响下的高门和寒门士人群体演变，家族与士人个体价值与中央政权利益的争夺与消噬等横线，对于每一阶段文士的文学作品特别是诗歌作品的风格进行分析，连接起两晋时期的诗风发展过程的概貌，阐释两晋诗风由雅入清的内在驱动力问题。书中分别讨论晋初士人族群的"雅正"与"玄雅"诗风，西晋士族政治下文士的抉择与其"雅丽""深雅""雅壮"的诗风，荆扬之争影响下东晋士人族群的"清雅"风格，以及东晋后期隐逸文士群体的"清淡"诗风，从中可以见出两晋诗风由"雅"入"清"的发展历程。这也是在士人"个体—家族—国家—社会"的关系视角下，对两晋诗文风貌的重新考察。

第一章　两晋文士族群的流变

魏晋南北朝时期常被人们称为门阀士族的时代，特别是两晋时期，文化活动的主体是士族。以士人阶层为基础，推究士人群体的演变及其与文学的关系，可以帮助我们了解和发现两晋文学风格的变化过程。而士人群体的演变主要表现在政治群体的聚散与家族群体的消长。从两晋时期社会背景和政治制度来看，士族与庶族的划分、高门与寒士的隔阂，对这个时代的文化影响甚大。

第一节　高门、寒门的划分与两晋士族的消长

一、士族、高门与寒门的概念界定

两晋门阀士族制度在学界已有了颇多深入研究。而"士族""世族""势族""庶族""素族"等称谓及其分界亦颇为复杂，学者们向来有不同的解释。一些学者认为，士人阶层在发展过程中会形成上下层的分化，最初以德行为划分标准，后来演变成了"世族"与"寒门"的悬隔对峙。①而这种上下层的划分是相对的，在不同的语境下，士、庶、贵族、寒门

---

① 余英时：《士与中国文化》，上海人民出版社2003年版，第263页。余英时在《士与中国文化》中指出："士大夫复有上层与下层之分化。而所谓上层与下层之分化者，其初犹以德行为划分之标准，稍后则演变为世族与寒门之对峙，而开南北朝华素悬隔之局。"

的界定也会发生变化。① 自汉末以来的九品中正制、占田制、荫族制保证了政治上、经济上的门阀世袭权利，出现了确立"士名"的士籍，确立了门阀特权②。魏时，曹操采用屯田制，获得了较充实的经济力量，而与之并存的则是坞堡经济。曹魏政权笼络豪门世族，并未悍然禁止庄园经济。后来，曹魏集团中心人物曹爽、何晏等逐渐变成新的大族，也拥有了各自的经济力量。在政治上，曹魏政权采用九品中正的选官制度，中央政权却并未获得垄断选官的权利，反而使得豪门大族把持大权，中央政府和豪门世族一度形成对峙局面。

关于"士族"阶层，历来称呼颇多，毛汉光曾在《中国中古社会史论》中谈及学者的二十八种称呼，③ 他认为这些都是从不同角度来对同一个阶层进行称呼。孙明君在《两晋士族文学研究》中谈到，在已有的研究成果中，学者使用最多的是"世族"和"士族"，"世族"强调累世为官，"士族"强调文化素养。④ 就文学研究而言，对于强调文化素养的"士族"的关注与分析显得尤为重要。而本书所讨论的族群演变，则与文人之家族、政治地位的流变紧密相关，因此，"势族"这一称呼亦不可忽视。唐长孺指出："'势族'和'世族'在当时虽有密切的关系，有时可以互通，但毕竟不是同义语。""决不是所有汉末大姓、名士都能在魏晋时成为士族"，"九品中正制保证士族在政治上的世袭特权，实质上就是保证当朝显贵的世袭特权，因而魏晋显贵家族最有资格成为士族"。"中正考虑的主要是'当代轩冕'，而不是'塚中枯骨'。"魏晋时

---

① ［日］宫崎市定著，韩昇、刘建英译：《九品官人法研究》，中华书局 2008 年版，第 154 页。宫崎市定《九品官人法研究》认为："名族和寒士，是相比较而言的。大凡贵族社会是阶层社会，自上俯视，阶层无限；自下仰望，也是阶层无限。有时候从上面看的寒士，从下面望上去却明显是名门。而且，中央的寒士和地方的寒士，还有等级区别。"

② 唐长孺：《门阀的形成及其衰落》，《武汉大学人文社会科学学报》，1959 年第 8 期，第 5 页。

③ 毛汉光：《中国中古社会史论》，上海书店出版社 2002 年版，第 141 页。

④ 孙明君：《两晋士族文学研究》，中华书局 2010 年版，第 4 页。

"定品的标准主要是新贵"①。本书所谈士族概念沿用唐长孺的观点，"只有在魏晋时获得政治地位的家族才有资格列于士族"②，士族名称源自西晋户调式中规定士人子孙有荫族特权之时，确定士之为族，称"士族"。士族在选官方面有一定的特权，具有政治优势，且具有极强的军事、经济势力和极高的社会影响，主导着这个时代的文化潮流。

关于"寒门"阶层，《晋书》卷四十六《李重传》中记载了当时士人关于"寒素"的讨论："司徒左长史荀组以为：'寒素者，当谓门寒身素，无世祚之资。'"③但是关于寒门和庶族，在史籍中也呈现出不同的用法。各种纷论，本书不做具体的讨论。本书所指寒门庶族，沿用唐长孺对于士人阶层的划分。唐长孺解释"寒士"道："（寒士）大都是先代官位不显的士人，或者士族中的衰微房分。最基本的一点，他们仍是士人，不是寒人。"④即在士人阶层中有上下层的区分，士族士人在士人阶层中处于高位，亦有高门士族和一般士族之分，高门士族累世为官，有"世祚之资"且拥有强大的财力支持，在家族门风上也多有承继，是一个时代的一流门第。而寒门士人，或称庶族士人，则无累世之资，亦无后祚。由于家族成员政治经济地位的变化，在每个时期，高门与寒门还会发生相对的变化。

（一）政治变迁与门第升降

这一时期的家族制度一般被认为是"世家大族制"⑤"世族、士族宗

---

① 唐长孺：《魏晋南北朝史论拾遗》，中华书局 1983 年版，第 53-56 页。
② 唐长孺：《魏晋南北朝史论拾遗》，中华书局 1983 年版，第 62 页。
③ （唐）房玄龄等：《晋书》，中华书局 1974 年版，第 1311 页。
④ 唐长孺：《魏晋南北朝史论拾遗》，中华书局 1983 年版，第 253 页。
⑤ 徐扬杰在《中国家族制度史》中指出："世家大族式家族组织从东汉末年到汉魏之际形成以后，在魏晋时期普遍发展起来"，"世家大族式家族制度，经过从三国西晋近百年的发展，到东晋南朝时已成为十分典型的中国封建社会中期的家族制度。"（徐扬杰：《中国家族制度史》，武汉大学出版社 2012 年版，第 191、195 页。）

族制"①"门第宗族制"②"门阀士族制"③。而士族的形成与发展始终处于一个动态发展的过程，唐长孺在《士族的形成与升降》中谈及士族在魏晋南北朝时期的形成与发展的状况，认为东汉以来的大姓、名士是构成魏晋士族的基础。魏代在汉末大姓、名士中选拔臣僚，这些人物成为当朝显贵，从而形成魏晋时期的士族。因此魏晋时期政治地位的高低，特别是魏晋蝉联的政治地位的高低，决定了其门第是否为士族。且士族地位和士族中的高低序列基本上不决定于"冢中枯骨"，而决定于眼前权势。东晋南朝时期，士族制度业已定型，士族地位渐趋稳定，"士庶之间，实是天隔"，很少发生变化。但士族内部的高下序列仍有升降。

魏晋时期高门大族序次的升降与权位紧密相关，特别是士族内部地位的高低升降主要视官爵而定。有汉末大姓入晋以后成为士族者，如颍川荀氏、陈氏、钟氏等，有的士族从魏至东晋一直保持着大族地位，如汝南周氏、陈留蔡氏为曹魏达官，东晋时周顗兄弟、蔡谟等人亦位高名重。有入西晋后才成为士族者，如颍川庾氏在汉代出身卑微，入西晋后成为士族，渡江以后庾文君为明穆皇后，庾亮兄弟以外戚执政，庾氏成为侨姓一流高门。后来受到桓温、桓玄的打击，至宋以后地位降低。颍川阳翟褚氏，在魏晋间仅为普通官吏，西晋初年列于士族。渡江后，褚

---

① 冯尔康在《中国宗族社会》中称秦唐间的宗族制度为"世族、士族宗族制"。冯尔康等：《中国宗族社会》，浙江人民出版社 1994 年版，第 111 页。

② 常建华在《宗族志》中指出："从秦到五代十国，是士族宗族兴起、强盛、衰落的历史时期，士族宗族在社会结构中占据中心的地位"，因而将魏晋南北朝的宗族制度称为"门第宗族制。"（常建华：《宗族志》，上海人民出版社 2010 年版，第 26 页。）

③ 麻国庆在《家与中国社会结构》中指出："到魏晋南北朝，宗族势力有了进一步发展，确认了不同宗族之间的高低贵贱和高门士族内部的尊卑上下之分，禁止嫡庶之间互通婚姻；并且极为严格地规定宗谱、家谱的编修，这一时期的门阀士族，呈现出宗族合一的趋向。士族内部，族人同居共财。累世同居，族众几达数百上千的大宗族在当时非常普遍。这和大庄园经济的支持和九品中正制度的维护有着极大的关系。"（麻国庆：《家与中国社会结构》，文物出版社 1999 年版，第 78-79 页。）

哀女褚蒜子为康献皇后，生穆帝。穆帝即位后，褚氏成为盛门。直至南朝，褚淡兄弟、褚渊等相继为宋齐佐命，仍然煊赫。还有如陈郡谢氏，在谢万、谢安为政期间成为与琅邪王氏比肩的大族，但在晋宋间仍被人认为是新出门户，为荀氏、阮氏等所轻。

家族成员政治地位的升降会影响士族门户的高低贵贱，一些在汉末魏时的大族，入晋之后便落没；一些士族从西晋延续至东晋；一些士族则在东晋时才渐入权力中心，成为"当代轩冕"，跻身高门大族的行列。

(二) 高门与寒门的隔阂

两晋时期，高门大族子弟所任官职多为品级较高的官职、中央官，以及州从事、县主簿以上的地方官，而寒士则在地方官体系中占多数。高门不与寒门通婚，没有日常的交往，甚至不同坐一席。魏晋直至南朝时期这种现象都非常显著。《三国志》卷九《魏书·夏侯玄传》云："少知名，弱冠为散骑黄门侍郎。尝进见，与皇后弟毛曾并坐，玄耻之，不悦形之于色。"[1]毛曾是晋明帝毛皇后之弟，出身寒微，因外戚显，因此不为大族贵公子所礼遇。《晋书》卷九十四《霍原传》又有："霍原字休明，燕国广阳人也。少有志力，叔父坐法当死，原入狱讼之，楚毒备加，终免叔父。年十八，观太学行礼，因留习之。贵游子弟闻而重之，欲与相见，以其名微，不欲昼往，乃夜共造焉。"[2]霍原隐居求志，深藏道艺，当地的缙绅之士都钦慕他，曾受到燕国中正官刘沈和侍中、领中书监张华等人的荐举。他在太学时，京城贵游子弟都想要跟他会见，但因为他出身寒微，且没有盛名，拜访者都只在夜间悄悄前往。大族子弟因身份而自矜，不愿意在明面上与寒素之士往来，这是典型的士庶不通的表现。

在婚姻上，名门之女必不可下嫁寒族，即使他们身居高位。而寒族往往很愿意与名门结亲，以提高社会地位，甚至一些不入士人之列的门

---

① （晋）陈寿撰，陈乃乾校点：《三国志》，中华书局 1959 年版，第 295 页。

② （唐）房玄龄等：《晋书》，中华书局 1974 年版，第 2435 页。

第，也期望通过联姻来提高社会地位。如《世说新语·贤媛》中记载周浚乃汝南大族子弟，行猎时偶遇李氏，因求为妾，李氏曰："门户殄瘁，何惜一女？若连姻贵族，将来或大益。"①此女即周颉兄弟之母，并要求她的儿子们与李家再结姻亲，以巩固其社会地位。另有郝普之女嫁太原王湛，亦是女嫁名门。桓温虽然是桓荣之后、桓彝之子，但其先世无盛名位，不在名门贵族之列。因此他即使位极人臣，而士大夫却"犹鄙其地寒，不以士流处之"②，谢奕视桓温为"老兵"③，而桓温为子求婚于王坦之遭拒，只能以女妻王坦之子王恺④。此外，《世说新语》《晋书》等史籍中还记载寒门女嫁入名门之后不得齿遇的例子，如王浑后妻琅邪颜氏、王浚妻赵氏等。直至南朝时期，王源嫁女富阳满氏，竟遭到沈约弹劾，认为"王满连姻，实骇物听"（沈约《奏弹王源》)⑤。

而高门与高门之间，亦有等级之分。《世说新语·排调》有："诸葛令、王丞相共争姓族先后，王曰：'何不言葛、王，而云王、葛？'令曰：'譬言驴马，不言马驴，驴宁胜马邪？'"⑥门阀意识的根深蒂固使得王导在不经意的玩笑中也显露出门第偏见。琅邪王氏、诸葛氏在渡江之初皆为大族，而琅邪王氏更是渡江后的第一贵族之家，然而诸葛氏也非等闲，二人在戏言中流露出对序次排列的重视，反映出士人对自己的家族在社会及士人阶层中地位的看重。

然而，士族门户的运势亦有消长。琅邪诸葛氏功名鼎盛、彪炳人寰，在东晋渡江之初是与琅邪王氏齐名的著姓，诸葛兄弟并居显要。诸

---

① （南朝宋）刘义庆著，（南朝梁）刘孝标注，余嘉锡笺疏，周祖谟、余淑宜、周士琦整理：《世说新语笺疏》，中华书局 2007 年版，第 810 页。
② （南朝宋）刘义庆著，（南朝梁）刘孝标注，余嘉锡笺疏，周祖谟、余淑宜、周士琦整理：《世说新语笺疏》，中华书局 2007 年版，第 395 页。
③ （唐）房玄龄等：《晋书》，中华书局 1974 年版，第 2080 页。
④ （唐）房玄龄等：《晋书》，中华书局 1974 年版，第 1963 页。
⑤ （清）严可均辑：《全上古三代秦汉三国六朝文》，中华书局 1958 年版，第 3111 页。
⑥ （南朝宋）刘义庆著，（南朝梁）刘孝标注，余嘉锡笺疏，周祖谟、余淑宜、周士琦整理：《世说新语笺疏》，中华书局 2007 年版，第 929 页。

葛氏的婚配皆是出于保持门第高华的考虑，以至于当时还未显著的陈郡谢氏向其求婚都未得到应允。《世说新语》载："诸葛恢大女适太尉庾亮儿，次女适徐州刺史羊忱儿。亮子被苏峻害，改适江彪。恢儿娶邓攸女。于时谢尚书求其小女婚。恢乃云：'羊、邓是世婚，江家我顾伊，庾家伊顾我，不能复与谢裒儿婚。'及恢亡，遂婚。于是王右军往谢家看新妇，犹有恢之遗法，威仪端详，容服光整。王叹曰：'我在遣女裁得尔耳！'"①陈郡谢氏实自谢万、谢安兄弟始门第方盛，谢安的祖父官止国子祭酒，功业无闻，远比不上诸葛氏，即使是谢万也曾被阮思旷讥笑为"新出门户，笃而无礼"②。时人并不以陈郡谢氏为高门世族，诸葛氏当然不愿意把女儿嫁去。但后来谢氏兴起而诸葛氏衰微，诸葛氏又不得不嫁女以重振家声。谢安名冠当时，谢家又有封、胡、羯、末四子争荣竞秀。余嘉锡指出："寒门士族，相与代兴，固自存乎其人。……又可见一姓家门之盛，亦非一朝一夕之故也。"③在政治斗争中，大族子弟凋零，也会就此没落。特别是到了南朝时期，东晋显贵大族如琅邪诸葛氏、太原王氏、泰山羊氏、颍川庾氏等均已衰落，只有琅邪王氏、陈郡谢氏、陈郡袁氏、济阳江氏等尚存人物。

门阀制度促使一些高门士族倾心政权，巩固经济地位，并注重文化修养，以保全门第，维护士族身份。因此，在政局的流变中，士族迭兴也影响到了士人的文学活动，其诗文风格、文学思想等都发生了相应的变化。

二、士族间的争斗与淡漠

两晋时期大部分士族的政治活动、文化活动主要为着本家族的利

---

① （南朝宋）刘义庆著，（南朝梁）刘孝标注，余嘉锡笺疏，周祖谟、余淑宜、周士琦整理：《世说新语笺疏》，中华书局2007年版，第363页。
② （南朝宋）刘义庆著，（南朝梁）刘孝标注，余嘉锡笺疏，周祖谟、余淑宜、周士琦整理：《世说新语笺疏》，中华书局2007年版，第908页。
③ （南朝宋）刘义庆著，（南朝梁）刘孝标注，余嘉锡笺疏，周祖谟、余淑宜、周士琦整理：《世说新语笺疏》，中华书局2007年版，第364页。

益，如由儒改玄、由隐逸到庙堂、从朝廷到乡里的变迁，皆以家族的保全为主要目的。士人或是依附皇权，或是护持士族之利益而与皇权相争，或是维护本族利益与其他家族相争，其间的争斗与宗族成员间的淡漠使得士人所属的政治群体与宗族群体不断聚散变化。

渡江之初，王、庾之间即有嫌隙。琅邪王氏渡江之后，在王导、王敦的经营下成为第一贵族，甚至有"王与马，共天下"的民谣出现，直接威胁到了司马皇室。晋元帝抑制王氏，导致王敦之难，王敦败亡后，王导步履维艰，更是小心谨慎，但琅邪王氏势力仍不断为晋明帝所依仗的外戚庾氏所打压。围绕朝廷政权，王、庾两家争斗不断。庾亮都督江、荆六州军事，镇武昌，有黜王导之意，被郗鉴劝止。王导也隐晦地表露出自己的态度，《世说新语·轻诋》有："庾公权重，足倾王公。庾在石头，王在冶城坐，大风扬尘，王以扇拂尘曰：'元规尘污人！'"①一方面，王导施政主张无为之治，而庾亮则任法裁物，王导以庾亮之言行为"尘污"；另一方面，也反映了王导对庾亮咄咄逼人、气焰嚣张的不满。庾亮与王导之间的这种对立，既显示荆扬之争中地方霸权与中央相对立的政治色彩，也体现了大族之间为各自利益而争斗的宗族色彩。

后来谢安执政，王谢并称，但王氏更自视甚高，时人亦不以谢氏为第一流门阀。《世说新语·简傲》载："谢万在兄前，欲起索便器。于时阮思旷在坐曰：'新出门户，笃而无礼。'"②谢氏家族在西晋时期声誉未著，后来在谢衡至谢鲲时，由儒入玄，声名始兴，到了谢尚、谢奕辈则日渐发达，而到谢安时期，则与琅邪王氏齐名。而阮裕出身陈留阮氏，阮瑀、阮籍、阮咸等都声满人世，阮裕讥笑谢氏为"新出门户"，正是门阀偏见。后来《宋书》中也有颍川荀氏、琅邪王氏轻慢谢氏的记载。《宋书》卷六十《荀伯子传》记载荀伯子"自矜荫藉之美，谓弘曰：

---

①　（南朝宋）刘义庆著，（南朝梁）刘孝标注，余嘉锡笺疏，周祖谟、余淑宜、周士琦整理：《世说新语笺疏》，中华书局 2007 年版，第 970 页。
②　（南朝宋）刘义庆著，（南朝梁）刘孝标注，余嘉锡笺疏，周祖谟、余淑宜、周士琦整理：《世说新语笺疏》，中华书局 2007 年版，第 908 页。

'天下膏粱,唯使君与下官耳。宣明之徒,不足数也'"。①《宋书》卷六十三《王昙首传》曰:"与从弟球俱诣高祖,时谢晦在坐,高祖曰:'此君并膏粱盛德,乃能屈志戎旅。'昙首答曰:'既从神武之师,自使懦夫有立志。'晦曰:'仁者果有勇。'高祖悦。"②荀伯子出自颍川荀氏,早在汉魏时期便是著姓;王弘、弘弟昙首出自琅邪王氏;谢晦字宣明,出自陈郡谢氏。可见,即使到了门阀大族普遍衰落的南朝时期,这种门第高低之见仍然影响着士人的态度。

除此之外,因为权力斗争残杀名士,甚至家族内部的互相残杀也在这一时期上演。如桓温阴谋篡权时,曾想要杀害谢安与王坦之。东晋后期琅邪王氏中,王敦杀害王澄,王舒杀害王含及子王应;太原王氏王恭讨伐王国宝;陈郡谢氏中谢混、谢晦、谢灵运等人亦各自依附权者,关系很不融洽。家族内部出现分歧,也影响了宗族群体的聚散。

且东晋时期的士族经济生产方式和生活方式发生了很大的变化,极大影响了家族凝聚力。家族内部亲情淡漠,关系也越来越疏远。自衣冠南渡之后,东晋政权为平衡北方士族与南方士族的利益,避免北来士人与本地人发生冲突,将北方士族的田产、庄园置办于南方士族势力相对较小的浙东地区。这一带属于山陵地区,"因此他们的田产不能不比较分散,较少联成一大片。他们又多在朝廷中做官,所置田产,往往交付别人管理,自己很少顾问,只是享受其田租的收入。这种情形也使他们很少有聚族而居的情况,宗法的纽带因此很松弛,人们对宗族的依赖性减弱了。于是兄弟间财产互相分开已成为普遍的现象"③。在江南,士族的生活方式发生了很大的变化,这是导致宗族关系疏远的一个原因。此外,余英时还谈道:"南方宗族关系的疏远在某种程度上可以追溯其源至永嘉乱后的玄风南渡。"④玄学对于儒学的冲击,在士人宗族关系的

① (南朝梁)沈约:《宋书》,中华书局 1974 年版,第 1628 页。
② (南朝梁)沈约:《宋书》,中华书局 1974 年版,第 1678 页。
③ 曹道衡:《南朝文学与北朝文学研究》,商务印书馆 2015 年版,第 139 页。
④ 余英时:《士与中国文化》,上海人民出版社 2003 年版,第 386 页。

疏密上也表现得较为明显。因此，宗族内部、亲族之间的人情淡漠在东晋南朝时期比比皆是。东晋时期，琅邪王氏与高平郗氏本是亲戚，郗鉴向王导求亲，将女儿嫁给了王羲之，还有著名的"东床坦腹"的故事。但郗氏在江南的势力不如在中原，特别是郗鉴之后，仅有其孙郗超有宠于桓温，郗超死后，琅邪王氏对郗愔的态度发生了很大的转变。《世说新语·简傲》记载："王子敬兄弟见郗公，蹑履问讯，甚修外生礼。及嘉宾死，皆箸高屐，仪容轻慢。命坐，皆云'有事，不暇坐'。既去，郗公慨然曰：'使嘉宾不死，鼠辈敢尔！'"①郗愔是王献之的舅父，郗超与之为表兄弟。王献之因为郗家失势而轻慢舅父，本娶郗昙之女，也与之离婚，改娶了皇室的公主，可以看到当时在亲属之间表现出来的人情淡薄。虽后来有人指出王子敬乃佳士，不可能轻慢其舅若此②，但有此条目，亦可以窥见当时社会中门第兴衰与人情之冷暖的联系。

反观这一时期的北方郡姓，则与南方大不相同。北方郡姓强大的地方势力，是从坞堡主、宗主承袭下来。③ 由于不同的历史条件和社会经济等原因，南北方出现了不同的家族组织，南北门第家族北方较亲而南方较疏。南朝士族兄弟间财产普遍分开，以致北人卢思道出使陈时，曾作诗"共甑分炊饭，同铛各煮鱼"来嘲笑南朝人情义淡薄。宗族内部关系淡漠，忌嫉谗害，服属易疏，在南朝尤为明显。这与南朝时期士族的衰落亦有莫大的联系。

士人的士族意识的发展变化在两晋时期思想史、美学史和艺术史研

---

① （南朝宋）刘义庆著，（南朝梁）刘孝标注，余嘉锡笺疏，周祖谟、余淑宜、周士琦整理：《世说新语笺疏》，中华书局 2007 年版，第 911 页。

② 《世说新语·简傲》第 15 条余嘉锡笺疏："《惜抱轩笔记》五曰：'《晋书·郗超传》言王献之兄弟于超死后简敬于郗愔，此本《世说》，吾谓其诬也。子敬佳士，岂慢舅若此？且超权重，为人所畏，乃简文时。乃孝武时，桓温丧，超失势矣，岂存没尚足轻重于其父哉？'"（南朝宋）刘义庆著，（南朝梁）刘孝标注，余嘉锡笺疏，周祖谟、余淑宜、周士琦整理：《世说新语笺疏》，中华书局 2007 年版，第 911-912 页。

③ 唐长孺：《门阀的形成及其衰落》，《武汉大学人文社会科学学报》1959 年第 8 期。

究中占有重要的地位。厘清两晋时期的士人阶层划分及其相互关系，有助于理解士人在政治、宗族群体聚散过程中的内在心态与精神面貌。

第二节　家族文化风貌的变迁与文学风格

陈寅恪在《隋唐制度渊源略论稿》中谈到魏晋南北朝学术与宗教时指出："盖自汉代学校制度废弛，博士传授之风气止息以后，学术中心移于家族，而家族复限于地域，故魏、晋、南北朝之学术、宗教皆与家族、地域两点不可分离。"①论及文学领域，刘师培在《中国中古文学史讲义》中说："试合当时各史传观之：自江左以来，其文学之士，大抵出于世族，而世族之中，父子兄弟各以能文擅名。……惟当时之人，既出自世族，故其文学之成，必于早岁。"②家族的文化风貌为士人文学风格的形成奠定了基础。基于士人族群的动态变化的特点，我们可以从地域和时序上的差异与变化来窥探士人文学风貌的成因。

一、士族文化风貌的地域特色

两晋时期的士人族群活动的自然地理环境及在其基础之上所生成的家族环境，对文士的日常个性产生了非常重要的影响。在自然地理与文化的关联研究方面，卢云在《汉晋文化地理》中详细论述了从西汉到西晋各时期文化发达区域分布、学术文化的地域差别、区域文化特色等内容。胡阿祥《中古文学地理研究》则侧重于文学方面，对魏晋时期七百余位作家的籍贯进行了梳理，并对这一时期本土文学地理进行分区，划分为河淮、河北、河东、关陇、河西、巴蜀、江东、辽东、南土、淮南几个区域，对每一分区的文学概况进行了说明，并探讨了影响其文学局

---

① 陈寅恪：《隋唐制度渊源略论稿》，生活·读书·新知三联书店2009年版，第20页。
② 刘师培撰，程千帆等导读：《中国中古文学史讲义》，上海古籍出版社2019年版，第100页。

面的自然、经济、政治等因素。书中对于魏晋南北朝时期的郡姓地域分布及变化亦做了详细的统计分析。

这些区域各有自己的文化特征，而其成因也与自然地理条件、政治因素、历史传统等密切相关。且从西汉开始，齐鲁和关中两个地区的士族文化具有鲜明的地域色彩，同时士族的成长反过来又促进了地区文化的繁荣与发展。本书在前辈学者的研究基础之上，从河淮地区、江东地区及河北、河东等区域三个部分着重概括与两晋时期主要文士紧密相关的区域文化风貌。

（一）河淮地区与汝颍人士之评

据胡阿祥《中古文学地理研究》中的划分，河淮地区南至淮河及汉水中游以北，西止潼关，东迄大海，北面基本以黄河为界，还包括河北的小部分（西晋时期的河内郡全部和汲郡的南部）。河淮又具体划分为齐鲁和中原两个大的区域。① 河淮地区的文学家数量在西晋时期占全域的大半，且出现了如潘岳、潘尼、左思、应贞、枣据、成公绥、夏侯湛、曹摅、钟会、向秀、荀勖、何劭等重要文士。西晋时期的主要诗风，也正是以河淮地区的作家为代表。

从河淮地区的文化传统来看，早在先秦时期，文化已经相当发达。齐鲁地区是周文化中心之所在，齐地的阴阳五行学、道教、儒学都相当发达，战国中后期，齐都临淄稷下学宫的兴盛使得齐国学术文化名扬天下。《史记》卷一百二十一《儒林列传》称："天下并争于战国，儒术既绌焉，然齐鲁之间，学者独不废也。"②直至汉代，齐鲁周宋地区是文化发达区，以鲁国、东海、琅邪、齐郡、梁国、沛国最为显著，此外还包括济南、千乘、泰山、山阳、东平等，并向西延伸到河南郡地。《汉书》卷二十八《地理志下》中系统讨论了各地风俗并谈及各地民风文化，其

① 胡阿祥：《中古文学地理研究》，世界图书西安出版公司 2014 年版，第 76 页。

② （汉）司马迁撰，（宋）裴骃集解，（唐）司马贞索引，（唐）张守节正义：《史记》，中华书局 2014 年版，第 3786 页。

中称齐地"多好经术，矜功名，舒缓阔达而足智"。鲁地"其民好学、尚礼仪、重廉耻……丧祭之礼文备实寡，然其好学犹愈于它俗。汉兴少来，鲁东海多至卿相"，梁宋"其民犹有先王遗风，厚重多君子"①。东汉时期，文化重心从齐鲁梁宋一带转向南阳、汝南、颍川、陈留、河南等地。文化发达区域主要在豫兖青徐地区，即东起琅邪、东海，西至河南、南阳，北达河内，南及淮河的区域。

汉末开始，品评人物的风气大盛，当时按出身地域之别来比较人物的评论成为一时风气，一方面表现出士人的争竞之心，另一方面则显示出人们对地域间的自然、政治、历史、文化等诸多差异的关注。

在东汉时期，士人论地域人物的盛况最突出的是汝颍地区。东汉时齐鲁文化略有衰退，但与之毗连的汝南、颍川、南阳一代的文化发展卓然可观。西汉初年，这一带的学术文化还较为落后，民风淳朴，风气强健。西汉末年便有诸多游学京师之人，东汉时期该地区学术文化迅速发展。张衡《南都赋》中曾称赞南阳一带的士人"且其君子，弘懿明叡，允恭温良，容止可则，出言有章，进退屈伸，与时抑扬"。② 崔瑗亦著有《南阳文学儒林赞》《南阳文学颂》等。《三国志》卷十四《魏书·郭嘉传》中载曹操与荀彧书中称"汝、颍固多奇士"③。到了西晋时期，洛阳周围的颍川、汝南、南阳、陈留、河内、河东一带文化水平最高。《晋书》中有多处"汝颍多奇士"的记载：

> 司徒掾同郡贲嵩有清操，见（周）颉，叹曰："汝颍固多奇士！自顷雅道陵迟，今复见周伯仁，将振起旧风，清我邦族矣。"（《晋

---

① （汉）班固撰，（唐）颜师古注：《汉书》，中华书局 1962 年版，第 1661-1664 页。

② （清）严可均辑：《全上古三代秦汉三国六朝文》，中华书局 1958 年版，第 769 页。

③ （晋）陈寿撰，陈乃乾校点：《三国志》，中华书局 1959 年版，第 431 页。

书》卷六十九《周颢传》)①

庾氏世载清德，见称于世，汝颍之多奇士，斯焉取斯。(《晋书》卷五十"史臣曰")②

时梅陶及钟雅数说余事，纳辄困之，因曰："君汝颍之士，利如锥；我幽冀之士，钝如槌。持我钝槌，捶君利锥，皆当摧矣。"陶、雅并称"有神锥，不可得槌"。纳曰："假有神锥，必有神槌。"雅无以对。卒于家。(《晋书》卷六十二《祖纳传》)③

(姚)兴如三原，顾谓群臣曰："古人有言，关东出相，关西出将，三秦饶俊异，汝颍多奇士。"(《晋书》卷一百一十八《姚兴载记下》)④

汝颍多奇士，是那个时候人们对于汝颍人才辈出的认识。"奇士"的品语主要表现在学术和政治两方面。东汉以来，汝颍地区出现过一大批士人如汝南许慎、蔡玄，颍川张兴、丁鸿等经学大师；顺帝以后，汝颍学术上呈现出"博学而不好文章，多为俗儒所非"的士人。学术所"奇"，正是这种不同于"俗儒"的治学方式。西晋豫州刺史解结曾认为"张彦真以为汝颍巧辩，恐不及青徐儒雅也"。青徐二州儒学传统源远流长，《晋书》卷四十五《刘毅传》记载："臣州履境海岱，而参风齐鲁，故人俗务本，而世敦德让，今虽不充于旧，而遗训犹存，是以人伦归行，士识所守也。"⑤巧辩与儒雅，正说明了汝颍青徐为学之异。其次，颍川士人还"世好文法""世善刑律""高仕宦"。《太平御览》卷一五九《州郡部》五"河南道中"条引《后汉书》记载宋宠为颍川太守时，问功曹郑凯颍川人物，郑凯列颍川人物许由、巢父、樊仲父、张良等，历数古

① (唐)房玄龄等：《晋书》，中华书局1974年版，第1850页。
② (唐)房玄龄等：《晋书》，中华书局1974年版，第1406-1407页。
③ (唐)房玄龄等：《晋书》，中华书局1974年版，第1699页。
④ (唐)房玄龄等：《晋书》，中华书局1974年版，第3000页。
⑤ (唐)房玄龄等：《晋书》，中华书局1974年版，第1278-1279页。

今才俊。有隐士、游侠、谋士、直臣等,汝颍名士在政治上人才辈出,到了东汉时期有如党锢名士的核心人物汝南陈蕃、范滂、蔡衍,颍川李膺、荀翌、杜密等。

而在三国时期,关于汝颍人士高下的讨论也成为人物品评界的热门话题。《三国志》卷十《魏书·荀彧传》注引《荀氏家传》记载:"陈群与孔融论汝、颍人物,群曰:'荀文若、公达、休若、友若、仲豫,当今并无对。'"①孔融作《汝颍优劣论》,举出了多位汝南名士,认为他们在"颉颃天子""哭世""成功见效""神而灵""离娄并照""煞身成仁""破家为国""投命直言"②几个方面胜过颍川士人。这同时也是"汝颍多奇士"的详细注脚。但在汉末魏时多有才策谋略的"奇士"到了两晋时期则逐渐转变。两晋时期的颍川文士中较为突出的是长社钟氏、枣氏,颍阴荀氏,鄢陵庾氏,长平殷氏。汝南则以南顿应氏为盛,东晋时期安成周氏亦较为突出。颍川庾氏在两晋为盛族,庾亮玄儒兼修、方正严峻、金声玉润,周颙风流有才气,持雅道旧风。他们相较于奇士而言,更多是贤士。这也与当时社会思潮的发展变化紧密相关。

值得一提的是,当时人物品评中以士人出身地域的比较为讨论内容,还涉及诸如伏滔、习凿齿论青楚人物,王济、孙楚论太原土地人物等,这在当时蔚然成风。且由于地域的同一性而被世人联系为一体的士人群体也不少,如河淮地区兖州名士羊曼、阮孚、郗鉴、阮放、刘绥、胡毋辅之、卞壸、蔡谟,号称"兖州八伯"。

河淮地区是西晋士人的主体文化区域,整个河淮地区展现出的地域文化风貌又在具体的地域中、不同的时代里呈现出不同的特点。这也是士人群体在文化土壤上生根发芽并成长的过程的反映,一个以血缘或地缘联系起来的群体既在文化根源上具有相类似的面貌,但同时又受到历史、政治等方面的影响在不断变化,从而形成各自的群体特点。在人物

---

① (晋)陈寿撰,陈乃乾校点:《三国志》,中华书局1959年版,第316页。
② (唐)欧阳询撰,汪绍楹校:《艺文类聚》,上海古籍出版社1982年版,407页。

品藻兴盛的两晋时期，地域亦成为讨论人物的一个重要方面。

(二)以儒学风气为重的江东地区

汉代初年，吴会地区以诗赋最为发达，其次是儒学、黄老学、阴阳五行学等。《汉书》评吴、淮南"始楚贤臣屈原被谗放流，作《离骚》诸赋以自伤悼。后有宋玉、唐勒之属慕而述之，皆以显名。汉兴，高祖王兄子濞于吴，招致天下之娱游子弟，枚乘、邹阳、严夫子之徒兴于文、景之际。而淮南王安亦都寿春，招宾客著书。而吴有严助、朱买臣，贵显汉朝，文辞并发，故世传《楚辞》"，① 展现了这一时期文化发达的面貌。东汉时这一地区有很大的发展，《后汉书》卷七十六《循吏传》称："更始元年，任延为会稽都尉，时天下新定，道路未通，避乱江南者皆未还中土，会稽颇称多士。"② 一方面有中原人士避乱江南者，另一方面为政者对于士人的提携和对文化的推重也影响了这一区域的文化发展。三国时期虞翻便将江东地区东汉一代的儒林之士与颍川相提并论，中原士人接触到江东学术，也赞叹不已。

三国孙吴时期，江东地区最发达的仍是吴郡、会稽北部一代。会稽郡守王朗、郡功曹虞翻共论会稽人物，事见《三国志》卷五十七《吴书·虞翻传》注引《会稽典录》③。会稽郡守王朗为东海人，问及江南贤俊，会稽虞翻既陈地理之美，又历数会稽人物，多是以孝、忠、学、贤为主要品格的儒家君子。江东人士的地域观念极为强烈，对吴越地理之美也极尽推扬。东汉时期吴越文人袁康作《越绝书》，赵晔作《吴越春秋》，便体现了强烈的推扬本土历史地理的意识。同时，士人对本土人才亦十分称颂，如谢夷吾称赞王充"充之天才，非学所知，虽前世孟轲、孙

---

① (汉)班固撰，(唐)颜师古注：《汉书》，中华书局 1962 年版，第 1668 页。
② (南朝宋)范晔撰，(唐)李贤等注：《后汉书》，中华书局 1965 年版，第 2460-2461 页。
③ (晋)陈寿撰，陈乃乾校点：《三国志》，中华书局 1959 年版，第 1324-1326 页。

卿，尽汉扬雄、刘向、司马迁，不能过也"①，王充称赞周长生："周长生者，文士之雄也。""长生之才，非徒锐于牒牍也，作《洞历》十篇，上自皇帝，下至汉朝，锋芒毛发之事，莫不纪载，与太史公《表》、《纪》相似类也。上通下达，故曰《洞历》。然则长生非徒文人，所谓鸿儒者也。"②

吴灭后，西晋朝廷征召了大批江东士人入洛，但并未对他们予以任用。江东士人对于本地人物的称颂与赞美也带有强烈的政治诉求。《晋书》卷六十八《顾荣传》中说："时南土之士未尽才用，荣又言：'陆士光贞正清贵，金玉其质；甘季思忠款尽诚，胆干殊快；殷庆元质略有明规，文武可施用；荣族兄公让明亮守节，困不易操；会稽杨彦明、谢行言皆服膺儒教，足为公望；贺生沈潜，青云之士；陶恭兄弟才干虽少，实事极佳。凡此诸人，皆南金也。'"③蔡洪出身吴郡，对吴地旧姓人物一一道来。《世说新语·赏誉》中蔡洪评吴地人物："吴府君圣王之老成，明时之俊义。朱永长理物之至德，清选之高望。严仲弼九皋之鸣鹤，空谷之白驹。顾彦先八音之琴瑟，五色之龙章。张威伯岁寒之茂松，幽夜之逸光。陆士衡、士龙鸿鹄之裴回，悬鼓之待槌。凡此诸君：以洪笔为钼耒，以纸札为良田。以玄默为稼穑，以义理为丰年。以谈论为英华，以忠恕为珍宝。著文章为锦绣，蕴五经为缯帛。坐谦虚为席荐，张义让为帷幕。行仁义为室宇，修道德为广宅。"④陆机《辩亡论》上篇，追溯吴国的历史，历陈孙权的治国才能，对吴国人才辈出的繁荣也有描述。从诸人所举人物来看，皆为服膺儒教者，这也是由吴中文化的儒学基调所决定的。葛洪《抱朴子外篇·审举》谈到东南儒业："江表

① （南朝宋）范晔撰，（唐）李贤等注：《后汉书》，中华书局1965年版，第1630页。
② 黄晖：《论衡校释》，中华书局1990年版，第613-614页。
③ （唐）房玄龄等：《晋书》，中华书局1974年版，第1814页。
④ （南朝宋）刘义庆著，（南朝梁）刘孝标注，余嘉锡笺疏，周祖谟、余淑宜、周士琦整理：《世说新语笺疏》，中华书局2007年版，第511-512页。

虽远，密迩海隅，然染道化，率礼教，亦既千余载矣。往虽暂隔，不盈百年，而儒学之事，亦不偏废也。惟以其土宇褊于中州，故人士之数，不得钧其多少耳。及其德行才学之高者，子游、仲任之徒，亦未谢上国也。"①在西晋初年玄风盛于洛阳之时，江东地区仍然根植儒学，未受太大的影响。这也导致了西晋时期南北学风和文风的差异。

而江东与中原文化的抗衡在东汉末年已初见端倪，到三国时期，吴地文化各方面进步，这种对立尤为明显。陆云曾说："国士之邦，实钟俊哲……吴国初祚，雄俊尤盛。今日虽衰，未皆下华夏也。"②吴人在才学、生活方式等方面都鄙夷北人，吴国灭亡后，士人普遍存在怨恨和反抗的情绪。这对于当时的西晋朝廷而言确实是需要着重考虑的问题，在晋武帝策问中便有如何处理吴蜀士人的内容："吴蜀恃险，今既荡平。蜀人服化，无携二之心；而吴人趑雎，屡作妖寇。"③但北方士族在政治中的绝对权力是一直没有消逝的，南渡之后，虽然朝廷有意笼络江南著姓，但北方士人的政治和经济地位从未动摇，直至南朝时期，政治权力仍然握在北人的手中。

（三）河北、河东、河西、关陇、巴蜀等地区的文化风貌

西汉以来，河北西部地区亦是重要的文化区域，主要包括河内、魏郡、赵国、涿郡等太行山东麓诸国以及信都、河间一带。河北西部地区在战国时是燕、赵的核心区域和魏的部分疆域，战国初年，子夏在魏之西河教授，创儒家西河学派④。战国中期赵国出了许多儒家、法家、名家的人才，赵平原君、燕太子丹广招宾客，礼贤下士，召集了大批游士。《晋书》卷七十一《陈頵传》记载豫州刺史解结问："河北白壤膏粱，何故少人士，每以三品为中正？"陈頵答曰："《诗》称'维岳降神，生甫

---

① 杨明照：《抱朴子外篇校笺》，中华书局1991年版，第411页。
② （晋）陆云撰，黄葵点校：《陆云集》，中华书局1988年版，第171页。
③ （唐）房玄龄等：《晋书》，中华书局1974年版，第1450页。
④ 西河，在今河南安阳。

及申'。夫英伟大贤多出于山泽，河北土平气均，蓬蒿裁高三尺，不足成林故也。"结曰："张彦真以为汝颍巧辩，恐不及青徐儒雅也。"陈颙曰："彦真与元礼不协，故设过言。老子、庄周生陈梁，伏羲、傅说、师旷、大项出阳夏，汉魏二祖起于沛谯，准之众州，莫之与比。"结甚异之，曰："豫州人士常半天下，此言非虚。"①《史记》卷一百二十九《货殖列传》、《汉书》卷二十八下《地理志下》中，谈及河北西部地区时，对其士人"悲歌慷慨""敢于急人"的风貌进行过描述。西晋时期，冀州士人与汝颍之士已经相提并论了，两地士人的风格也有"颍汝之士利如锥""幽冀之士钝如槌"的区别。西晋时期，山涛曾任冀州刺史，"冀州俗薄，无相推毂。涛甄拔隐屈，搜访贤才，旌命三十余人，皆显名当时。人怀慕尚，风俗颇革"。②

河北地区在三国时期有著名士人祢衡，"尚气刚傲，好矫时慢物"③；刘劭有大才，"性实之士服其平和良正，清静之人慕其玄虚退让，文学之士嘉其推步详密，法理之士明其分数精比，意思之士知其沈深笃固，文章之士爱其著论属辞，制度之士贵其化略较要，策谋之士赞其明思通微"。④ 西晋时期，有安平张载、张协、张亢，方城张华，中山刘琨。受到战乱和政局的影响，十六国时期河北地区人才凋零，直至北魏才有所恢复。在学术传统上，三国西晋十六国时代的幽冀士族，大多抱持两汉经学，士人习经遵礼，士族少有以文学传业的。

河东文化自东汉末年开始显著发展起来，东汉末年的郭泰、杜畿、乐详等人，"修戎讲武、又开学宫"⑤，太原晋阳王氏王允"常习诵经

①　（唐）房玄龄等：《晋书》，中华书局1974年版，第1892页。
②　（唐）房玄龄等：《晋书》，中华书局1974年版，第1224页。
③　（南朝宋）范晔撰，（唐）李贤等注：《后汉书》，中华书局1965年版，第2652页。
④　（晋）陈寿撰，陈乃乾校点：《三国志》，中华书局1959年版，第619页。
⑤　（晋）陈寿撰，陈乃乾校点：《三国志》，中华书局1959年版，第496页。

传，朝夕试驰射"①。曹魏、西晋时代，"河东特多儒者"②，晋阳王氏、安邑卫氏、河东裴氏等都是儒学名族。

西晋时期，河西一带士人多游学京师。河西索氏一门为当时的盛族，索靖"少有逸群之量，与乡人泛衷、张甝、索纷、索永俱诣太学，驰名海内，号称'敦煌五龙'。四人并早亡，唯靖该博经史，兼通内纬。"③索纷"少游京师，受业太学，博综经籍，遂为通儒，明阴阳天文，善术数占侯"④。河西酒泉郡"世笃忠厚，人物敦雅，天下全盛时，海内犹称之，况复今日，实是名邦。"⑤永宁初年，安定张轨出为凉州刺史，大力经营河西，在永嘉之乱前后，河西安定，政治优容，成为士人的避难之地。自西晋灭亡至十六国时期，河西地区成为北方文化最为发达的地区。

而在巴蜀地区，其文化在汉以前的发展是有限的。至汉景帝末，郡守文翁在蜀地施行文教，蜀地风气为之一变。《华阳国志》卷三《蜀志》中盛赞蜀郡人才："而西秀彦盛，或龙飞紫闼，允陟璿玑；或盘桓利居，经纶皓素。故司马相如耀文上京，杨子云齐圣广渊，严君平经德秉哲，王子渊才高名隽，李仲元湛然岳立，林公孺训诂玄远，何君公谟明弼谐，王延世著勋河平。其次，杨壮、何显、得意之徒恂恂焉。斯盖华、岷之灵标，江、汉之精华也。"⑥蜀地文化比较突出的是文学、小学、黄老学等，表现出与楚地文化的相似性。蜀地文学在西汉时期相当发达，《汉书》卷二十八《地理志下》论："景、武间，文翁为蜀守，教民读书法令，未能笃信道德，反以好文刺讥，贵慕权势。及司马相如游宦

---

① （南朝宋）范晔撰，（唐）李贤等注：《后汉书》，中华书局1965年版，第2172页。
② （晋）陈寿撰，陈乃乾校点：《三国志》，中华书局1959年版，第496页。
③ （唐）房玄龄等：《晋书》中华书局1974年版，第1648页。
④ （唐）房玄龄等：《晋书》，中华书局1974年版，第2494页。
⑤ （唐）房玄龄等：《晋书》，中华书局1974年版，第2262页。
⑥ （晋）常璩：《华阳国志》，商务印书馆1958年版，第32页。

京师诸侯，以文辞显于世。乡党慕循其迹。后有王褒、严遵，扬雄之徒，文章冠天下。"①此外司马相如还有《凡将篇》，武帝时还有《尔雅犍为文学注》三卷，扬雄也是著名的小学家。到了东汉末年，大量关中和荆州的流亡人口涌入蜀地，其中有不少流寓士人，这对蜀地文化发展有很大的促进。《三国志》卷四十二《蜀书·许慈传》："先主定蜀，承丧乱历纪，学业衰废，乃鸠合典籍，沙汰众学，慈、（胡）潜并为学士，与孟光、来敏等典掌旧文。"②到三国时期，蜀地聚集了大量士人。但到西晋，巴蜀文化则逐渐衰退，人才稀少。西晋时期，蜀人不为中央王朝所重视，蜀地本土士族在政治、经济、文化等方面的地位无法与中原及吴地的高门世族相比，没有与北人相抗的实力。"巴西陈寿、阎乂、犍为费立皆西州名士"③，但都未受西晋王朝重用。梁益二州"人士零颓，才彦凌迟"④，西晋末年，巴西龚壮叹曰："中夏多经学，而巴蜀鄙陋。"⑤巴蜀文士显名者为谯周，"耽古笃学……诵读典籍，欣然独笑，以忘寝食。研精《六经》，尤善书札。颇晓天文"。⑥ 同是为晋所灭，巴蜀士人没有像吴地士人那样与北方士人产生强烈的对抗，一方面巴蜀士人较少，且没有足以支撑其抗衡的大家族；另一方面，巴蜀地区的经学传承不如吴地那样根深蒂固，而更多以文学、小学显。

在各自地域文化中成长起来的两晋士族，其家学门风也直接影响了士人自身。其中两晋的哲学思潮对士族影响甚大，特别是士人以儒学为基础的家学，以及对玄学、佛学的接受，逐渐形成了独具特色的士族门风。

① （汉）班固撰，（唐）颜师古注：《汉书》，中华书局 1962 年版，第 1645 页。
② （晋）陈寿撰，陈乃乾校点：《三国志》，中华书局 1959 年版，第 1023 页。
③ （唐）房玄龄等：《晋书》，中华书局 1974 年版，第 1291 页。
④ （晋）常璩：《华阳国志》，商务印书馆 1958 年版，第 195 页。
⑤ （唐）房玄龄等：《晋书》，中华书局 1974 年版，第 2442 页。
⑥ （晋）陈寿撰，陈乃乾校点：《三国志》，中华书局 1959 年版，第 1027 页。

二、士族门风的演变

关于汉末魏晋南北朝时期士族家风、门风等的研究，如今已经取得了相当丰富的成果。特别是这一时期重要家族的文化风貌与家族成员个体的研究，也是近年来学者们关注的主要问题。梳理两晋时期重要士族，特别是富有文名的家族，其基本情况可以小结为下表：

		三国	西晋	东晋
河内郡温		司马懿、司马芝、司马昭	司马炎、司马彪、司马攸、司马炽	司马睿、司马绂、司马无忌、司马绍、司马昱、司马曜、司马道子
颍川郡	颍阴	荀悦	荀勖	荀祖
	鄢陵		庾峻、庾倏、庾敳	庾阐、庾亮、庾冰、庾翼、庾倩、庾友、庾蕴、庾攸之、庾肃之、庾统
汝南南顿		应劭、应场	应贞、应亨	应硕、应詹
太原国	晋阳	王昶	王深、王沈、王浑、王佑、王济、王浚	王述、王恬、王濛、王坦之、王修、王恺、王恭、王忱
	中都		孙楚	孙统、孙盛、孙绰、孙嗣、孙放、孙康
陈留郡	尉氏	阮瑀、阮籍		阮侃、阮咸、阮浑、阮种、阮修、阮瞻
	圉		江统	江逌、江彪、江惇
荥阳郡中牟		潘勖	潘岳、潘尼	
谯国	谯县	曹操、曹丕、曹义、曹植、曹衮、曹彪、曹叡、曹冏、曹髦	曹志、曹嘉、曹摅	曹毗
		夏侯玄、夏侯惠	夏侯湛、夏侯淳	
	铚	嵇康	嵇绍、嵇含	

续表

	三国	西晋	东晋
梁国阳夏			谢鲲、谢尚、谢万、谢安、谢道韫、谢朗、谢韶、谢景重、谢玄、谢混、谢芳姿、谢世基、谢灵运、谢元、谢瞻、谢晦、谢密、谢惠连
		袁准	袁乔、袁峤之、袁宏、袁质、袁崧、袁豹
琅邪国临沂		王戎、王衍	王敦、王峤、王廙、王导、王旷、王胡之、王羲之、王彪之、王洽、王玄之、王凝之、王肃之、王徽之、王焕之、王献之、王珣、王齐之、王珉、王谧、王诞、王敬弘、王弘、王韶之、王叔之、王昙首
北地泥阳	傅幹、傅巽、傅嘏	傅玄、傅咸、傅祗	傅畅、傅迪、傅亮
吴郡	张温、陆凯、张俨、朱异、陆景	陆喜、张翰、顾荣、陆机、陆云	顾和、顾淳、张凭、陆展

卢云在《汉晋文化地理》中指出："自三国时期始，降及整个两晋南北朝时期，随着世家大族的成长及其门阀化，中国学术文化出现了一个明显的特征，即'学在家族'。"①综观两晋时期以文名于世的家族，他们的家族门风随着政治环境、学术思潮等的变化而改变，也与家族成员的文学思想、文学创作风貌产生紧密的联系。

（一）儒术传家

士族在文化上一般都有深厚的渊源与传统。其中以经学传家者居

① 卢云：《汉晋文化地理》，陕西人民教育出版社1991年版，第108页。

多，如范阳卢氏、博陵崔氏、赵郡李氏、河间裴氏、琅邪王氏、陈郡谢氏等士族皆修习儒家经典，注重儒家礼仪。

从西汉始，士族主要集中在齐鲁地区的鲁国、东海、琅邪、千乘一带，是从文化最发达的区域开始成长的，盛于三国两晋时期的琅邪郡王氏家族、鲁国夏侯氏家族在西汉时期已经是两代以上通经高仕的名门士族了。齐鲁地区的士族多由儒生转化而来，如鲁人夏侯都尉，从济南张生受《尚书》，世代传授，成为家学。武帝后，这些经学世家开始获取高位，世代显贵，逐渐成长为士族。琅邪王吉为郡吏出身，因明经得以升擢，获得一定的政治地位，子孙袭业，世代荣耀，仕宦不绝。由于此种成长方式，齐鲁地区的士族经学色彩较为浓厚，常常数代为著名经师或博士之官。东汉时期，士族主要聚集在南阳、颍川、汝南一带，颍川荀氏、钟氏，汝南袁氏、应氏都是影响至魏晋时期的衣冠名族。到了三国时期，曹魏境内成为东汉以来士族的主要聚居区域。

以琅邪王氏为例，西汉时期，西汉时期王吉"兼通五经，能为驺氏《春秋》，以《诗》《论语》教授，好梁丘贺说《易》，令子骏受焉。骏以孝廉为郎。左曹陈咸荐骏贤父子，经明行修，宜显以厉俗"①。汉魏之际，王祥、王览都传承了典型的儒家思想。琅邪王氏家风是以儒学为基调的，"文雅儒素""衣冠礼乐尽在"。《晋书》卷三十三《王祥传》言："（王祥）疾笃，著遗令训子孙曰：'……夫言行可覆，信之至也；推美引过，德之至也；扬名显亲，孝之至也；兄弟怡怡，宗族欣欣，悌之至也；临财莫过乎让：此五者，立身之本。颜子所以为命，未之思也，夫何远之有！'其子皆奉而行之。"②西晋时期，王戎、王衍等人表现出玄学倾向，善于谈玄不务世事，但王氏家族总体来说仍服膺儒术。琅邪王氏重视对子弟经术之学的教育，如王敦、王延之、王筠等通《春秋》，王廙、王承等通《周易》，王珉、王珣通《论语》，王献之、王混、王暕、王莹通

---

① （汉）班固撰，（唐）颜师古注：《汉书》，中华书局1962年版，第3066页。
② （唐）房玄龄等：《晋书》，中华书局1974年版，第989页。

《孝经》，王俭为一代儒宗。此外，王世子弟多通礼学，对当朝礼制建设多有贡献。

在河东地区，太原王氏、孙氏、温氏都是著名士族，且以儒学传家。晋阳王氏"自昶父汉雁门太守泽已有名称，忱又秀出，绥亦著称，八叶继轨，轩冕莫与为比焉"①。汉时，王泽尝问郭泰"才行所宜"，郭泰对"宜以经术进"②。到曹魏时期，王昶教子仍以孝敬仁义为先，以家世冠冕作勉，但家风冲退，"为兄子及子作名字，皆依谦实，以见其意，故兄子默字处静，沈字处道，其子浑字玄冲，深字道冲"，使子侄"顾名思义，不敢违越"③。王昶告诫子侄要以徐幹为师，称其"不治名高，不求苟得，澹然自守，惟道是务。其有所是非，则托古人以见其意，当时无所褒贬"④。

曹魏西晋时代，"河东特多儒者"，如卫氏、裴氏都是儒学名族。闻喜裴氏"盛于魏晋之世，时人以为八裴方八王"⑤，裴秀被誉为"后进领袖"⑥"儒林丈人"⑦。中古时期裴氏之盛，累代簪缨。顾炎武《裴村记》记载："余至闻喜县之裴村，拜于晋公之祠，问其苗裔，尚一二百人，有释来而陪拜者。出至官道旁，读唐时碑，载其谱牒世系，登陇而望，十里之内邱慕相连，其名字官爵可考者尚百数十人。"⑧

在关陇地区的本土豪族中，关中北地泥阳傅氏和陇右安定朝那皇甫氏是最为突出的。北地傅氏早先由义渠北迁马领，东汉废马领而徙置灵

① （唐）房玄龄等：《晋书》，中华书局1974年版，第1974页。
② （晋）陈寿撰，陈乃乾校点：《三国志》，中华书局1959年版，第744页。
③ （晋）陈寿撰，陈乃乾校点：《三国志》，中华书局1959年版，第745页。
④ （清）严可均辑：《全上古三代秦汉三国六朝文》，中华书局1958年版，第1256页。
⑤ （唐）房玄龄等：《晋书》，中华书局1974年版，第1052页。
⑥ （唐）房玄龄等：《晋书》，中华书局1974年版，第1038页。
⑦ （宋）司马光编著，（元）胡三省音注：《资治通鉴》，中华书局1956年版，第2431页。
⑧ （清）顾炎武撰，华忱之点校：《顾亭林诗文集》，中华书局1983年版，第101页。

州，汉末，北地原境为外虏所侵，已不属于中原王朝统辖，内徙北地郡治又至泥阳，因此傅氏只好称北地泥阳人。东汉后期，傅燮耿介正直，临阵战殁前；子傅幹知名，机敏而乘时，位置扶风太守；幹子傅玄，为西晋时期著名文士。通过《晋书》中对傅氏后代的记载可以见出傅氏门风：傅玄"少孤贫，博学善属文，解钟律。性刚劲亮直，不能容人之短"①；傅咸"刚简有大节。风格峻整，识性明悟，疾恶如仇，推贤乐善，常慕季文子、仲山甫之志。好属文论，虽绮丽不足，而言成规鉴"②；傅祗"性至孝，早知名，以才识明练称"③；傅畅"谙识朝仪，恒居机密"④。可以看到，傅氏家风耿介务实，为文则纯然儒者之言。傅玄所作《傅子》，人称"言富理济，经纶政体，存重儒教，足以塞杨墨之流遁，齐孙孟于往代"⑤。

皇甫氏本为皇父氏，"汉兴，自鲁徙茂陵，改父为甫，复徙安定朝那，世为西州著姓"⑥。汉太尉皇甫嵩"少有文武志介，好《诗》《书》，习弓马。初举孝廉、茂才"⑦，皇甫规以《诗》《易》在家乡教授十余年，门徒三百余人。西晋时期，皇甫谧"年二十，不好学，游荡无度，或以为痴"⑧，"谧所著诗赋诔颂论难甚多，又撰《帝王世纪》《年历》《高士》《逸士》《列女》等传、《玄晏春秋》，并重于世。门人挚虞、张轨、牛综、席纯，皆为晋名臣"⑨。皇甫谧子皇甫方回"少遵父操，兼有文才"⑩，

---

① （唐）房玄龄等：《晋书》，中华书局 1974 年版，第 1317 页。
② （唐）房玄龄等：《晋书》，中华书局 1974 年版，第 1323 页。
③ （唐）房玄龄等：《晋书》，中华书局 1974 年版，第 1330 页。
④ （唐）房玄龄等：《晋书》，中华书局 1974 年版，第 1333 页。
⑤ （唐）房玄龄等：《晋书》，中华书局 1974 年版，第 1323 页。
⑥ （清）周嘉猷：《南北史表》，清乾隆四十八年刻本。
⑦ （南朝宋）范晔撰，（唐）李贤等注：《后汉书》，中华书局 1965 年版，第 2299 页。
⑧ （唐）房玄龄等：《晋书》，中华书局 1974 年版，第 1409 页。
⑨ （唐）房玄龄等：《晋书》，中华书局 1974 年版，第 1418 页。
⑩ （唐）房玄龄等：《晋书》，中华书局 1974 年版，第 1418 页。

及永嘉中避乱荆州，为刺史陶侃所敬。前燕皇甫岌有"文章才俊"①，皇甫真"雅好属文，凡著诗赋四十余篇"。②

江东地区，学风保守，儒学不缀，西晋初年受玄学新风影响甚少，晋宋时亦重儒轻玄。吴郡著姓，士人目以"张文、朱武、陆忠、顾厚"③。吴郡张氏清虚学尚、世有豪气；陆氏重事功、崇道德，忠贞有操；顾氏追求忠义。皆以儒学立家，推重名节。

钱穆曾经论断："门第即来自士族，血缘本于儒家，苟儒家精神一旦消失，则门第亦将不复存在。"④至汉末魏时玄风炽扇、士风转变，一些家族逐渐转向玄学，但亦未失去其儒学之根本。推崇孝道、礼学，是这一时期维护家族利益的重要手段。

(二) 与时推迁

面对玄学的兴起和佛学的兴盛，一些大族博采众长、开放包容，积极吸纳玄佛思想，儒玄双修、以玄释佛，极大地促进了玄佛思想的发展，同时也对两晋时期家族门风的重新塑造产生重要的影响，并体现出这个时代的自由多元的特征。魏晋之交玄风大盛时，诸如谯国夏侯氏的夏侯玄，琅邪王氏的王衍、王戎、王澄等人，颍川庾氏的庾敱、庾琛等人，都积极地参与到玄学中来。同时，众多家族开始以文学为尚，"时膏腴贵游，咸以文学相尚，罕以经术为业"⑤。从西晋到东晋，士族的家风、文风都是有所调节和变化的。一些士族为了保持大族地位，往往会有相应的家族成员顺应时代风气，学习和传播新的文化，这样会使得他们在各自的群体交游中站稳脚跟，从而巩固本家族的社会声望与文化地位，甚至也会影响到他们的政治地位。

---

① （唐）房玄龄等：《晋书》，中华书局 1974 年版，第 2806 页。
② （唐）房玄龄等：《晋书》，中华书局 1974 年版，第 2861 页。
③ （南朝宋）刘义庆著，（南朝梁）刘孝标注，余嘉锡笺疏，周祖谟、余淑宜、周士琦整理：《世说新语笺疏》，中华书局 2007 年版，第 582 页。
④ 钱穆：《中国学术思想史论丛(三)》，生活·读书·新知三联书店 2009 年版，第 158 页。
⑤ （唐）姚思廉：《梁书》，中华书局 1973 年版，第 585 页。

　　琅邪王氏是最为典型的儒玄双修又接受佛学思想的家族。自西晋时期王戎、王衍等人首倡玄学、推崇清谈始，玄学便被吸纳进王氏家族门风中，士人带有较为明显的儒玄双修的特点。王戎善发谈端，赏其要会，清谈超然玄著，为识鉴者所赏。王戎从弟王衍亦是玄学名士，"有盛才美貌，明悟若神，常自比子贡。兼声名藉甚，倾动当世。妙善玄言，唯谈《老》《庄》为事"。① "衍俊秀有令望，希心玄远，未尝语利。王敦过江，常称之曰：'夷甫处众中，如珠玉在瓦石间。'顾恺之作画赞，亦称衍岩岩清峙，壁立千仞。其为人所尚如此。"②王戎、王衍在思想上意在调和儒道；王导一方面积极入世、重兴礼教，注重经世济国的儒家思想，另一方面又为政宽和、"不存小察"，还积极推动清谈活动的进行。王导务力于政事，又善清谈，有东晋士人的潇洒风度。这种潇洒风神、优雅从容亦逐渐形成一种家族文化传统，影响后世。王羲之的政治见解几近于儒家，但是在生活情趣上体现出老庄任自然的思想。由于玄学的浸染，琅邪王氏在治经上也存有经学玄学化的倾向。玄学在士人个体的学术、思想、行为、生活、心态等方面都有浸染，并逐渐内化为一种审美态度。此外，琅邪王氏王导、王敦、王羲之、王洽、王珣、王珉等与东晋时期的名僧支遁、慧远、竺法汰、竺道壹等人都有密切往来；"王氏世事张氏五斗米道"，王羲之父子、王弘之、王筠等人也都服食养生。

　　受到玄风影响，晋阳王氏中的王湛有识度，少言语，性格冲素简淡，沉静和顺，善于剖析玄理。王济"少有逸才，风姿英爽，气盖一时。好弓马，勇力绝人，善《易》及《庄》《老》，文词俊茂，伎艺过人，有名当世，与姊夫和峤及裴楷齐名。尚常山公主。年二十，起家拜中书郎，以母忧去官。起为骁骑将军，累迁侍中，与侍中孔恂、王恂、杨济同列，为一时秀彦……善于清言，修饰辞令，讽议将顺，朝臣莫能尚焉"③。

---

① （唐）房玄龄等：《晋书》，中华书局1974年版，第1236页。
② （唐）房玄龄等：《晋书》，中华书局1974年版，第1238页。
③ （唐）房玄龄等：《晋书》，中华书局1974年版，第1205页。

太原中都孙氏亦表现出不同的家风。孙资"讲业太学，博览传记"，为司徒王允所赏，仕至魏骠骑将军；其子孙宏官至南阳太守。孙宏子孙楚是西晋时期的著名士人，"才藻卓绝，爽迈不群"①，已深染玄风，不拘名教，放浪形骸。《文心雕龙·才略》称"每直置以疏通"②。《晋书》记载中都孙氏子弟还有孙统、孙绰、孙盛、孙嗣、孙放、孙康等。孙统"诞任不羁，而善属文，时人以为有楚风……性好山水，乃求为鄞令，转在吴宁。居职不留心碎务，纵意游肆，名山胜川，靡不穷究"。③孙绰"博学善属文，少与高阳许询俱有高尚之志。居于会稽，游放山水，十有余年……绰性通率，好讥调。……绰少以文才垂称，于时文士，绰为其冠"。④孙盛"博学，善言名理。于时殷浩擅名一时，与抗论者，惟盛而已"。⑤

高平郗氏在东晋时也表现出自由多元的家风。郗鉴"博览经籍，躬耕陇亩，吟咏不倦。以儒雅著名，不应州命"⑥，子郗愔"少不交竞"，"性至孝"，后其弟郗昙卒，"益无处世意，在郡优游，颇称简默，与姊夫王羲之、高士许询并有迈世之风，俱栖心绝谷，修黄老之术。后以疾去职，乃筑宅章安，有终焉之志。十许年间，人事顿绝"。⑦愔子郗超"少卓荦不羁，有旷世之度，交游士林，每存胜拔，善谈论，义理精微。愔事天师道，而超奉佛。愔又好聚敛，积钱数千万，尝开库，任超所取。超性好施，一日中散与亲故都尽。其任心独诣，皆此类也。"⑧郗超曾著佛学名篇《奉法要》，收入《弘明集》中。郗家祖孙三代，儒、

① （唐）房玄龄等：《晋书》，中华书局1974年版，第1539页。
② （南朝梁）刘勰著，范文澜注：《文心雕龙注》，人民文学出版社1958年版，第701页。
③ （唐）房玄龄等：《晋书》，中华书局1974年版，第1543页。
④ （唐）房玄龄等：《晋书》，中华书局1974年版，第1544-1547页。
⑤ （唐）房玄龄等：《晋书》，中华书局1974年版，第2147页。
⑥ （唐）房玄龄等：《晋书》，中华书局1974年版，第1796页。
⑦ （唐）房玄龄等：《晋书》，中华书局1974年版，第1801、1802页。
⑧ （唐）房玄龄等：《晋书》，中华书局1974年版，第1802-1803页。

道、佛并存，而由儒入道再转入佛教的这一趋势，也与魏晋时期士人社会中思想潮流的发展趋势相合。这可以看出当时士族中的家族文化自由而多元的特征，同时也可以看到士族为适应时代文化潮流所作的努力。

当时的世人对此是持包容态度的，这种包容从汉末开始便产生了。《世说新语·德行》载："华歆遇子弟甚整，虽闲室之内，严若朝典。陈元方兄弟恣柔爱之道，而二门之里，两不失雍熙之轨焉。"①华歆守礼之家，居家如官廷，陈元方以亲情之家，兄弟互爱出于自然。君臣父子为名教之本，"严若朝典"是为名教，而"柔爱之道"是为自然，一礼一情，殊途同归，世人皆包容之。另有《晋书》卷四十九《阮籍传》载，阮籍遭母丧，"裴楷往吊之，籍散发箕踞，醉而直视，楷吊唁毕便去。或问楷：'凡吊者，主哭，客乃为礼。籍既不哭，君何为哭？'楷曰：'阮籍既方外之士，故不崇礼典。我俗中之士，故以轨仪自居。'时人叹为两得"。② 崇礼者以轨仪自居，方外之士则不拘礼俗，当世之人"叹为两得"。这也在一定程度上促使后来东晋时期大部分士族儒玄双修，并积极吸纳佛学、道家思想，家族门风、学风多样而自由。

三国两晋时代各地学术文化由经学转为玄学，又二者并重，入东晋后，开始有明显的玄儒佛合流的趋向。两晋河内、河南、南阳及兖豫二州，是玄学兴起和流行的地方。青徐一带玄学、经学并重。河东、太原、吴地，在三国时受玄学影响较小，但洛阳清谈之风兴盛之后，这些地方的士族开始逐渐接受玄学。很多家族一贯的深习儒学的传统被打破，士人兼修玄儒、崇佛尚道的例子也不少见，且在一门之中也能够保持精神自由、思想多元的局面。衣冠南渡之后，这种学风被带到了江左，一些本地著姓也开始接受玄学。而在幽冀、关中、河西和蜀地，还基本保持两汉经学的固有传统。此种学风的地域变化，是塑造本地士族

---

① （南朝宋）刘义庆著，（南朝梁）刘孝标注，余嘉锡笺疏，周祖谟、余淑宜、周士琦整理：《世说新语笺疏》，中华书局 2007 年版，第 14 页。

② （唐）房玄龄等：《晋书》，中华书局 1974 年版，第 1361 页。

文学创作风貌的一个重要因素。

第三节　政局变动下文人群体的聚散与文学风格流变

文人群体的聚散，除了随着家族势力的消长而变化外，还有一个重要的核心，即政治权利核心。这个核心可以是中央王朝，也可以是方镇势力，围绕这样一个核心，文士群体在政局变动中聚拢、流散。核心人物的文学兴趣，士人与权力中心的关系，士人之间的关系等，都会影响到文士群体的文学活动。在这些文学活动中我们可以窥见他们的思想主张以及文学风格。

一、洛阳人才的汇聚与文学事件

魏元帝曹奂景元四年（263），司马昭灭蜀。两年后，在司马氏的苦心经营基础之上，司马炎代魏称帝，国号为晋。太康元年（280），晋武帝出兵灭吴，统一了中国。随着晋对魏的禅代，魏代的大部分人才平稳地过渡到晋朝。而由于统一朝廷的建立，大量士人向中原内聚式迁徙。"以陆机为代表的江东士人，北上求仕而多为晋廷所征辟；他们活跃于洛阳，仕宦于北方，使本来已经繁荣的北方文学局面，更加的兴旺发达。又关陇、河北、河东以及少数的巴蜀士人，或因受学，或因仕宦，也络绎来到中原地区。"[①]

由于汉末以来儒学体系的崩溃和玄学的兴盛，魏晋时期的高门大族子弟大多受到玄学的熏染，中朝名士如王衍、阮瞻、谢鲲、乐广、庾敳、卫玠、裴楷、王承等人，是士人群体中擅名理、玄言的。由于玄文之间的隔阂，其中少有擅文者，其与文学相关的主张亦偏玄意。而一些寒门庶族子弟因为仕进的原因，常以经史为业，并擅长文学，西晋时期

---

① 胡阿祥：《中古文学地理研究》，世界图书出版西安有限公司 2014 年版，第 165 页。

的文坛也主要由他们主导。他们进入仕途之后，或围绕在中央朝廷周围，或选择颇具权势的皇室成员。紧密围绕在中央朝廷周围的文士，大多参与晋廷的史籍撰写、礼制建设、雅颂乐章的创制等事务中来；而进入颇具权势的藩王幕府中的士人，亦与其政治事务紧密相关。除此之外，政治中心人物亦常常召集臣僚宴飨、娱乐、赋诗。其文学风格以"雅"为主，表现出典正、中和的特点。

西晋中期，权势熏天的贾谧周围便围绕着来自全国各地的士人"二十四友"。从《晋书》记载来看，二十四友中部分士人是当时的世家大族，如石崇，其父石苞乃西晋开国勋臣，是晋初豪族；石崇甥欧阳建，世为冀方右族；陆机、陆云兄弟出自吴郡陆氏，三世将相之家。刘舆、刘琨兄弟，出自中山魏昌，乃西汉中山靖王刘胜之后，又是尚书郭奕的外甥。和郁出自汝南，祖、父仕魏至尚书令、吏部尚书，兄和峤为西晋时名臣。而另一部分士人为皇亲国戚，如贾后从舅郭彰，晋武帝诸葛夫人之兄诸葛诠。还有一些士人即中下层士族，如颇具文名的潘岳、挚虞、左思等人。这些士人之间亦有宴饮游乐的活动，常常赋诗咏怀。石崇的别庐金谷园便是士人相聚游乐、赋诗咏怀的常聚之地，二十四友中很多士人都参与金谷诗会，其中最著名的即是元康六年（296）的那次，它已经形成了文人雅集的一个代表，为后世文人所企慕。此外，士人之间相互赠答的诗文往来也使得他们增进思想和情感交流、切磋文艺、品评作品，是比较常见的士人群体间的文学活动方式。而到了西晋末年，在八王之乱中，一部分士人成为政治斗争的牺牲品，如在赵王伦篡位过程中被杀害的张华、潘岳、欧阳建等人，在司马颖与司马乂的争斗中被杀害的陆机、陆云。另一些士人退居避乱，左思从洛阳避地冀州，张翰返吴，张载、张协兄弟避祸故乡安平，他们的文学创作也就此销声匿迹。这些士人的文学风格表现出与其家族出身较为匹配的多样化特征。

二、衣冠南渡后的荆扬之争与在朝在野文人

西晋乱亡，北方局面陷入混乱，这一时期的士人流向主要有三：

"一是中原、齐鲁、淮南、河东地区，也包括一些河北、关中地区的文学家，流向南方，其中流入江东者最多，次为江汉，又次南土，再次巴蜀；二是关中、陇右地区，也包括一些河东地区的文学家，流向河西；三是河北地区，也包括一些河东、关中甚至陇右地区的文学家，流向辽东。"①《通典》卷一百八十二《州郡》载扬州"永嘉之后，帝室东迁，衣冠避难，多所萃止，艺文儒术，斯之为盛。今虽闾阎贱品，处力役之际，吟咏不辍，盖因颜、谢、徐、庾之风扇焉"②。

东晋时期的士人群体集聚亦主要与当时的政局相关，特别是中央与地方的权力之争。衣冠渡江，东晋朝廷建立，建康是其政治中心，大部分北方过江士族如琅邪王氏、颜氏，河内司马氏，陈郡谢氏、殷氏，颍川钟氏，平昌伏氏，范阳张氏等皆定居或部分定居建康。永嘉年间，王导说服司马睿"收其贤俊，与之共事"③，经过多年的组建，建武元年（317）司马睿即位之后，"辟掾属百余人，时人谓之'百六掾'"。百六掾是东晋初建的核心力量，克勤职守，戮力王室，怀有"克复神州"的理想。百六掾以北方士族居多，如王导、祖逖、王廙、卞壶等名士是其主导力量，同时也吸纳了如顾荣、周玘、贺循、陆晔等江东士族。这些士人在晋初建康常有聚会，著名的新亭对泣便是发生在其中的一次士人聚会中。士人所创作的文学作品饱含着渡江乱离的亲切体验，以及对西晋衰亡、山河异处的感伤。但同时晋初仍然需要一些雅颂文学作品对新王朝予以精神上的支撑，因此这一时期延续了不少具有雅颂趣味的诗作。

经历了苏峻之乱后，一部分北方士族因避免与江东旧族之间的经济利益冲突，选择了定居在土著大姓势力较弱的东土五郡，即会稽、东阳、新安、临海和永嘉五郡。陈寅恪在《晋代人口流动及其影响》中指

---

① 胡阿祥：《中古文学地理研究》，世界图书出版西安有限公司 2014 年版，第 165 页。

② （唐）杜佑：《通典》，中华书局 1984 年版，第 969 页。

③ （北宋）司马光：《资治通鉴》，中华书局 1956 年版，第 2766 页。

出："北来上层社会阶级虽在建业首都作政治活动，然而殖产兴利，进行经济的开发，则在会稽、临海之间的地域……至若吴郡、义兴、吴兴等郡，都是吴人势力强盛的地方，不可插入。""北人南来之上层文化士族，其先本居南阳一带，后徙江陵近旁地域。""居于南阳及新野地域的次等士族……多止于襄阳一带……东晋孝武帝遂于襄阳侨立雍州，并立侨郡县以居流人。"①东晋时期，在建康、会稽附近，北方侨寓士族中以王、谢、桓、庾为高，江东著姓则要数顾、陆、朱、张、虞、魏、孔、贺。这些大族围绕在司马氏的中央朝廷周围，与皇室的利益密切勾连。而另一方面，长江上游的以荆州为核心的地区常由强势的方镇势力把控，从王敦之乱开始，荆扬之争便一直持续到东晋末年。

王敦乱平，陶侃任荆州刺史，此时王导、庾亮坐镇朝堂，士人的政治活动重心向建康倾斜。司马氏对于士族的态度发生转变，想要夺去以王氏为首的士族大权，便倚赖外戚庾亮，陶侃去世以后，庾亮出任荆州刺史，招揽了一大批士人，其中的很多人物后来返回中央朝廷，成为司马昱群体中的重要人物。继庾氏之后，桓温把控长江上游，与朝堂司马昱对立。这两个群体的士人也显现出比较鲜明的差异。司马昱群体中多为建康、会稽的世家大族，王氏、谢氏诸多子弟皆预其中，如王羲之、谢安等人，早期入仕时曾在桓温幕下短暂任职，后很快进入中央朝廷。而荆州文人中则多为一般士族或寒门，如罗含、袁宏、孙盛、伏滔等。还有一些本地豪族，但仍受士族轻视的，如习凿齿等。这两个群体的文学风貌各异，但总体而言呈现出"清"的特征。

到了东晋后期，由于桓玄、司马道子在文学魅力上的相对减弱，依附于他们的士人中文士减少，而这一时期做出重要贡献的文士群体主要为隐士。东晋末年，庐山东林寺有许多名士往来出入，以慧远为中心的隐士、僧人群体的文学创作活动相当兴盛。而在浔阳地区，隐士群体中

---

① 陈寅恪著，万绳楠整理：《魏晋南北朝史讲演录》，黄山书社 1987 年版，第 114—129 页。

的文学成就亦颇为丰富，以陶渊明的诗文作品最为秀出，真正在文学创作中实现了玄学人格之清向艺术品格之清的转向，达到了东晋诗文的高峰，呈现出独特的艺术魅力。

第二章 "雅正"与"玄雅"：晋初士人族群的重组与文学风格

　　晋代之王业，成于司马懿、司马昭、司马师，晋武帝司马炎代魏，虽有意于更制、为治，但仍承前世之基。晋初的士族也多为曹魏时党附司马氏之士，元老一辈如琅邪王祥、荥阳郑冲、陈国何曾、临淮陈骞、颍川荀颛等，参与劝进，为开国功勋，特蒙优礼。还有颍川荀勖、河东卫瓘、裴秀、太原王浑、王沈等人秘策密谋，任掌机要。又有贵戚泰山羊祜、河内山涛、京兆杜预等人参预朝政。从士族的政治要求出发，九品官人法继续采用，逐渐形成"上品无寒门，下品无士族"①的现象。在这些士族群体中，晋初的政治权力由士族宠臣把控，在社会地位上则是名士居高，名士群体中有依附司马氏者，亦有在野者，还有处于司马氏的对抗地位的。同时，晋武帝吸取曹魏削弱诸侯王、孤立无援的教训，在泰始元年(265)大封同姓诸王，并使其相互维制，在全国分封大小五十七王。诸王拥有军队，亦形成了各自的政治中心，吸引着诸多士人。这些士族子弟，不论是高门大族还是庶族士人，在晋初的政治情势中，都围绕着政治中心而聚散变化。

第一节 玄学士人与文学士人的重新汇集

　　魏晋之交玄学新风兴起，高门贵游子弟纷纷以虚胜玄远为尚，这种

---

① （唐）房玄龄等：《晋书》，中华书局1974年版，第1274页。

哲学趣味很快成为人物品评的主要标准，玄学在士人群体的倡导和推崇中逐渐成为时代思潮的主流。同时寒门士人因求进身而以文义经史为业，逐渐向中央和诸王的政治中心靠拢，却始终不能进入到世家大族的群体中来。在西晋时期，玄学士人群体与文学士人群体的分野较为明显。

一、魏末晋初的玄学士人

(一) 玄学的生成与发展

在中国哲学史中，"玄学"的定义、缘起与分派虽有诸多讨论，但其中有几点是大家的共识。

第一，玄学与儒家、道家思想关系密切。而学者们的分歧存在于玄学到底是以道家为本还是以儒学为正统。冯友兰认为："自王充以后，到南北朝时，道之学益盛。道家之学，当时谓之玄学。"[①]"所须注意者，即此等人虽宗奉道家；而其中之一部分，仍推孔子为最大之圣人，以其学说为思想之正统。"[②]何晏、王弼等"以道家学说释，儒家之经典，此玄学家之经学也"[③]。劳思光指出，王弼以孔老学说为同一派或同一方向之两个境界，但其根源宗属道家，一是老子言"道"之理论，二是老庄追寻"观赏之自由"之价值意识。玄学故意调和儒道两家，实则误解老庄"情意我"为"形躯我"，"皆堕于无极无聊之物欲及意气中"[④]，虽推尊孔子高于老子，却与儒学又只有表面关联。而余敦康、许抗生则认为玄学兼综儒道。余敦康认为玄学直接承袭了儒道两家的思想成分，"事实上，玄学并不是儒道两家思想发展的结果，而是从先秦到两汉的整个哲学思想发展的结果，它不仅综合儒道，而且综合百家，

---

① 冯友兰：《三松堂全集》第 3 卷，河南人民出版社 2001 年版，第 93 页。
② 冯友兰：《三松堂全集》第 3 卷，河南人民出版社 2001 年版，第 94 页。
③ 冯友兰：《三松堂全集》第 3 卷，河南人民出版社 2001 年版，第 103 页。
④ 劳思光：《新编中国哲学史》，广西师范大学出版社 2005 年版，第 23 页。

特别是全面地综合了汉魏之际兴起的诸子之学的积极成果"①。许抗生认为曹魏初期统治者强调名法之治，同时重视儒学，当时的儒学大师王肃为了维护、挽救儒家学说，以老子道家思想去补充、证实儒家学说，是儒学向道家学说的靠拢和转向。曹魏初年的清谈以探讨抽象的选举标准为宗旨，名理学最终得出圣人中庸平淡的结论。"一旦跨入任贤使能的政治领域，进而谈论贯通自然社会的总原则——道，这就产生了以无为本的玄学。"②

第二，汉魏之际的士人乃至两晋士人在哲学思想、生活方式等方面所表现出来的特征大多由东汉末年士人开先河。玄学的产生与汉末的社会思潮有很大的关系，特别是汉魏之际的清议运动，对清谈、玄学的生成有重要影响。玄学在产生之初首先是一种政治哲学，士人试图寻找支撑政权合理性的新思想体系，并提出自己的政治理想与实施方式。

第三，玄学经历了正始玄学、竹林玄学、元康玄学、东晋玄学几个阶段，其中何晏、王弼、竹林七贤、裴颜、向秀、郭象以及张湛等人是各时期的代表人物，且东晋玄学与佛学相交融。此外，在玄学的分派上，劳思光从先秦道家至汉思想的分裂谈起，认为其形成了三派，一是为寻求超越之思想，后成为"长生"之道教；二是否定礼制之思想，后形成汉末魏初的放诞思想；三是"守柔"的观念，后成为政治上的权术思想。③ 此三者皆非老庄之真。其中放诞思想一派，具体表现为魏晋名士之清谈，且以"放诞生活"为特征扩展为"正始玄风"。清谈之士所涉及的问题、提出的主张及态度，沿用"玄学"这一固有之词语名之。④劳思光将玄学分为才性与名理两派："才性"是对"人"作诗意性之观赏，不涉及德行，也不提供知识，其观赏所感受之对象是人的生命情态自

① 余敦康：《魏晋玄学史》，北京大学出版社 2004 年版，第 5 页。
② 许抗生：《魏晋玄学史》，陕西师范大学出版社 1989 年版，第 34 页。
③ 劳思光：《新编中国哲学史》，广西师范大学出版社 2005 年版，第 22 页。
④ 劳思光：《新编中国哲学史》，广西师范大学出版社 2005 年版，第 121 页。

身；"名理"派取其形上学旨趣与逻辑旨趣，承道家、法家而来，其理亦指形上意义的规律。① 若我们以此处所谓"才性"与"名理"的角度观之，两晋时期的玄学士人表现出不同的特征，也映照在文学领域，呈现出颇具时代特征的诗文风格。

(二) 玄学士人群体的结成与解散

魏末晋初玄学士人群体的结成与解散受到政治局面、个人选择、思想旨趣等诸多方面的影响。齐王曹芳即位后，大将军曹爽与太尉司马懿受诏辅政，曹氏与司马氏两大政治集团的矛盾逐渐显露出来。曹爽一方，引用何晏、邓扬、丁谧、毕轨、李胜、桓范等人进入中央政权机构；任用夏侯玄、王凌、令狐愚、毌丘俭、诸葛诞为方镇。而司马懿一方，司马懿自己持节都督中外诸军，以其子司马师代替夏侯玄为中护军，亲信蒋济为太尉。嘉平元年(249)，司马懿趁曹爽离开京城的机会，发动高平陵之变，解决了曹爽及其党羽，随后诛杀了曹爽、何晏等八族。嘉平六年(254)，李丰与皇后父光禄大夫张缉密谋设伏兵击杀司马师，被司马师知晓。司马师杀李丰、张缉、夏侯玄，并夷三族。第二年，又杀了反对他的毌丘俭、文钦。甘露二年(257)至三年(258)，司马昭讨平诸葛诞的兵变。自此完全消灭了曹氏集团中掌握权力的士人。在这一场场政治动乱中，魏末晋初的玄学士人因各自的政治选择、思想派别等的不同而聚合为不同的士人群体。

1. 魏时玄学名士的族群

魏时玄学士人以何晏、夏侯玄等人为中心，其群体的形成带有一定的政治意义，交流内容以玄学为主，在思想、精神气质上带有玄风趣味。

在东晋名士袁宏的分类中，夏侯玄、何晏、王弼为正始名士。夏侯玄字太初，是曹爽姑子，正始初年曹爽辅政，夏侯玄及依曹爽集团，累

① 劳思光：《新编中国哲学史》，广西师范大学出版社 2005 年版，第 126 页。

迁散骑常侍、中护军。夏侯玄"无名"论①,揭开了玄学讨论有无、名称、自然等的序幕。何晏字平叔,南阳宛人,东汉大将军何进之孙。其父早亡,曹操为司空时,纳其母尹氏,同时收养了何晏,因此何晏小时便被养在魏宫中,与曹氏兄弟相处并不融洽,特别为曹丕所憎恶。何晏在魏明帝时期,曾与曹爽一党的士人如邓扬、李胜等以浮华罪被抑黜。曹爽执政期间,何晏被任为心腹,多得信用,担任吏部尚书等职。青年的何晏在邺城与邺下文人有一定的交往,他在太和年间写下的《景福殿赋》、正始年间所作的诗文等被保留了下来。《文心雕龙·明诗》说:"正始明道,诗杂仙心,何晏之徒,率多浮浅。"②钟嵘《诗品》将何晏诗作列为中品。王弼字辅嗣,山阳高平人,是曹魏时期著名的玄学理论家,"幼而察慧,年十余,好《老氏》,通辩能言"③。他善于辩论,曾与刘陶、钟会、荀融、何晏等人都进行过思想的交锋。与夏侯玄、何晏、王弼三人有过玄学讨论的名士在当时还有很多,如河东裴徽与王弼曾有过关于"无"的辩论,还与何晏、管辂讨论过《周易》。

正始时期的名士群体多进行思想上的交流讨论,但同时他们又属于各自的政治阵营,特别是在关于"才性四本"的讨论上,其思想与政治联系得非常紧密。《世说新语·文学》刘孝标注引《魏志》曰:"(钟)会论才性同异,传于世。四本者:言才性同,才性异,才性合,才性离也。尚书傅嘏论同,中书令李丰论异,侍郎钟会论合,屯骑校尉王广论

---

① 《列子·仲尼》注引夏侯玄曰:"天地以自然运,圣人以自然用。自然者,道也。道本无名,故老氏曰强为之名。仲尼称尧荡荡无能名焉,下云巍巍成功,则强为之名,取世所知而称耳。岂有名而更当云无能名焉者邪?夫唯无名,故可得遍以天下之名名之,然岂其名也哉?"杨伯峻撰:《列子集释》,中华书局1979年版,第121页。

② (南朝梁)刘勰著,范文澜注:《文心雕龙注》,人民文学出版社1958年版,第67页。

③ (晋)陈寿撰,陈乃乾校点:《三国志》,中华书局1959年版,第795页。

离。文多不载。"①一般认为才、性有两方面的意义。一方面，性指人的道德品质，才指人的才能；另一方面，才指人的才能，性指人的才能所根据的天赋的本质。② 在讨论才性二者之关系时，大约是谈到本体与功用的关系。士族纷纷讨论二者之合同离异，实在政治上产生的分野。侯外庐《中国思想通史》中指出："傅钟二人崇尚事功，走了左祖司马晋的政治路线；曹爽何晏邓飏一系是曹魏宗室派的中心；李丰与王凌王广父子则是骑墙于二者的投机派。"③他们在政治上的自然分野，决定了他们对才性问题的认识与阐释。

司马氏在与曹爽的政治争斗中胜出，不断巩固扩大自己的势力，为西晋建国奠定了坚实的基础。而玄学士人在这场政治争斗中则飘零摇散，入晋以后，重新形成了新的群体。

2. 入晋以后玄学士人群体的流变

正始名士群体以竹林七贤为中心。《晋书》卷四十九《嵇康传》曰："所与神交者惟陈留阮籍、河内山涛，豫其流者河内向秀、沛国刘伶、籍兄子咸、琅邪王戎，遂为竹林之游，世所谓'竹林七贤'也。"④竹林七贤活动于齐王曹芳嘉平初年至元帝奂景元年间，这一时期正处于曹氏与司马氏两大政治集团的矛盾时期。司马氏先后诛杀站在曹爽一方的士人何晏、夏侯玄、李丰、毌丘俭、诸葛诞等，因此很多士人不愿意卷入政治争斗中。他们推重庄学，倡导逍遥，行事多以放达不守礼教为高，为一时风尚之代表。阮籍攻击"君子之礼法"，嵇康认为君子应"越名教而任自然""审贵贱而通物情"，率性而行，自然不违道。

竹林七贤中，阮籍、嵇康并未入晋，但晋人对阮籍、嵇康极为推崇企慕，《晋书》中也浓墨重彩载其传记，他们的政治趣向、精神旨趣、

① （南朝宋）刘义庆著，（南朝梁）刘孝标注，余嘉锡笺疏，周祖谟、余淑宜、周士琦整理：《世说新语笺疏》，中华书局2007年版，第230页。
② 冯友兰：《三松堂全集》第9卷，河南人民出版社2001年版，第333页。
③ 侯外庐等：《中国思想通史》（第三卷），人民出版社2011年版，第48页。
④ （唐）房玄龄等：《晋书》，中华书局1974年版，第1370页。

审美风尚等都对时人产生重要的影响。其中，嵇康对于司马氏政权采取的是不合作的、完全否定的态度。嵇康，字叔夜，谯国铚人，生于黄初四年(223)，景元三年(262)为司马氏所杀。嵇康的父亲嵇昭，字子远，为督军粮治书侍御史。嵇康幼年时父亲便去世。兄嵇喜，字公穆，有当世才，晋扬州刺史、宗正、太仆。母亲、兄长养育嵇康长大，对其十分溺爱。嵇康"有奇才，远迈不群。身长七尺八寸，美词气，有风仪，而土木形骸，不自藻饰，人以为龙章凤姿，天质自然。恬静寡欲，含垢匿瑕，宽简有大量。学不师受，博览无不该通，长好《老》《庄》。与魏宗室婚，拜中散大夫。常修养性服食之事，弹琴咏诗，自足于怀"。① 在曹氏与司马氏的争斗中，嵇康虽为魏宗室之女婿，但并没有介入两派的斗争。而在嘉平元年司马懿获取大权之后，嵇康有意躲避政局，表现出放诞不拘、遗落世务的倾向，对司马氏政权的篡逆、滥杀持否定态度。嘉平四年(252)以后，山涛、王戎先后投身于司马师手下做官，阮籍也被迫离开竹林出仕，而嵇康仍然隐居不出。这时嵇康的友人群体增添了吕安、郭遐周、郭遐叔、张辽叔、赵至等人。嵇康不肯与司马氏合作，毅然离开洛阳，避地河东，在百门山从孙登游三年。

而竹林七贤中阮籍、向秀、刘伶则表现出极大的苦闷与抑郁，他们不愿意被卷入政治旋涡中，但又不得不出仕，成为司马氏政权中的一员。其中阮籍、刘伶又与向秀不同。

阮籍，字嗣宗，陈留尉氏人，生于汉献帝建安十五年(210)，卒于魏元帝景元四年(263)。父亲阮瑀为魏丞相掾，师事蔡邕，为建安七子之一，与曹丕交往甚厚。阮籍出身世业儒学的大族，少时对于儒家经典的学习必不可少。他在《咏怀诗》中说："昔年十四五，志尚好诗书。被褐怀珠玉，颜闵相与期。"②少年时他曾以颜渊、闵子骞作为自己为人的楷模。由于政局的影响，他满怀的济世之志一直没有得到施展，因此

① (唐)房玄龄等：《晋书》，中华书局1974年版，第1369页。
② 逯钦立辑校：《先秦汉魏晋南北朝诗》，中华书局1983年版，第499页。

"不与世事，遂酣饮为常"①。阮籍一家与族人南北分居，诸阮居道北，家世儒学，唯阮咸、阮籍一家"尚道弃事，好酒而贫"②。《晋书》描述阮籍："容貌瑰杰，志气宏放，傲然独得，任性不羁，而喜怒不形于色。或闭户视书，累月不出；或登临山水，经日忘归。博览群籍，尤好《庄》《老》。嗜酒能啸，善弹琴。当其得意，忽忘形骸。时人多谓之痴，惟族兄文业每叹服之，以为胜己，由是咸共称异。"③魏文帝黄初六年（225），阮籍16岁，在名士中已有了一定的声望，他随叔父到了东郡，"兖州刺史王昶请与相见，终日不开一言，自以不能测"④。阮籍不善与人交往，正始年间，阮籍一直不愿意做官，对于辟召都表示拒绝，直至嘉平初年，阮籍感到了司马氏对待名士的残酷手段的威胁，被迫在司马氏手下做官，先后任司马氏父子的从事中郎。正元二年（255）出仕东平相，甘露元年（256）求为步兵校尉，甘露二年（257）奉司马昭之命去苏门山寻访隐士孙登。从苏门山回来，好友嵇康已于甘露三年（258）避祸河东，离开了洛阳。景元三年（262），嵇康被害后，阮籍心情十分抑郁，"时率意独驾，不由径路，车迹所穷，辄恸哭而反。尝登广武，观楚汉战处，叹曰：'时无英雄，使竖子成名！'登武牢山，望京邑而叹，于是赋《豪杰诗》。"⑤景元四年（263），阮籍在抑郁中死去，时年54岁。阮籍兄阮熙之子阮咸字仲容，处处仿效阮籍，好饮酒，不拘礼。阮咸还妙解音律，善弹琵琶，时人谓之"神解"。山涛评之"贞素寡欲，深识清浊，万物不能移。若在官人之职，必绝于时"⑥，而司马炎因其耽酒浮虚而不用。

刘伶字伯伦，沛国人，年龄约与阮籍相仿。《晋书》本传载："（刘

---

① （唐）房玄龄等：《晋书》，中华书局1974年版，第1360页。

② （南朝宋）刘义庆著，（南朝梁）刘孝标注，余嘉锡笺疏，周祖谟、余淑宜、周士琦整理：《世说新语笺疏》，中华书局2007年版，第861页。

③ （唐）房玄龄等：《晋书》，中华书局1974年版，第1359页。

④ （唐）房玄龄等：《晋书》，中华书局1974年版，第1359页。

⑤ （唐）房玄龄等：《晋书》，中华书局1974年版，第1361页。

⑥ （唐）房玄龄等：《晋书》，中华书局1974年版，第1362页。

伶)身长六尺，容貌甚陋。放情肆志，常以细宇宙齐万物为心。澹默少言，不妄交游，与阮籍、嵇康相遇，欣然神解，携手入林。初不以家产有无介意。常乘鹿车，携一壶酒，使人荷锸而随之，谓曰：'死便埋我。'其遗形骸如此。尝渴甚，求酒于其妻。妻捐酒毁器，涕泣谏曰：'君酒太过，非摄生之道，必宜断之。'伶曰：'善！吾不能自禁，惟当祝鬼神自誓耳。便可具酒肉。'妻从之。伶跪祝曰：'天生刘伶，以酒为名。一饮一斛，五斗解酲。妇儿之言，慎不可听。'仍引酒御肉，隗然复醉。尝醉与俗人相忤，其人攘袂奋拳而往。伶徐曰：'鸡肋不足以安尊拳。'其人笑而止。伶虽陶兀昏放，而机应不差。未尝厝意文翰，惟著《酒德颂》一篇。"①《酒德颂》正表现了当时放肆情志之人的人生观。甘露年间阮籍为步兵校尉时，刘伶为建威参军，二人常在一起痛饮。

阮籍、刘伶不涉事务，而向秀在被迫出仕后则积极参与到司马氏政权中。向秀，字子期，河内怀人，生年约魏明帝太和初年(约227)，卒于约晋武帝咸宁末(约280)。向秀与嵇康、吕安关系密切。《世说新语·言语》注引《向秀别传》曰："少为同郡山涛所知，又与谯国嵇康、东平吕安友善，并有拔俗之韵，其进止无不同，而造事营生，业亦不异。常与嵇康偶锻于洛邑，与吕安灌园于山阳，不虑家之有无，外物不足怫其心。"②向秀出身寒素，家产不丰厚，大约与嵇康一样。但向与吕、嵇二人志气实有差异，"嵇康傲世不羁，安放逸迈俗，而秀雅好读书"③。嵇康、吕安善于玄思清谈，而不意著作。向秀将要注《庄子》，嵇康、吕安都不以为然，但注成后两人都大为所惊，感叹"庄周不死

---

① (唐)房玄龄等：《晋书》，中华书局1974年版，第1375-1376页。

② (南朝宋)刘义庆著，(南朝梁)刘孝标注，余嘉锡笺疏，周祖谟、余淑宜、周士琦整理：《世说新语笺疏》，中华书局2007年版，第93页。《太平御览》卷四〇九引《向秀别传》在"常与吕安灌园于山阳"句下有："收其余利，以供酒食之费。或率尔相携，观原野，极游浪之势，亦不计远近。或经日乃归，复常业。"

③ (南朝宋)刘义庆著，(南朝梁)刘孝标注，余嘉锡笺疏，周祖谟、余淑宜、周士琦整理：《世说新语笺疏》，中华书局2007年版，第243页。

矣"，可见他们都是认可向秀之注的。嵇康、吕安被杀后，向秀出仕。《世说新语·言语》注引《向秀别传》说："后康被诛，秀遂失图。乃应岁举，到京师，诣大将军司马文王，文王问曰：'闻君有箕山之志，何能自屈？'秀曰：'常谓彼人不达尧意，本非所慕也。'一坐皆说。随次转至黄门侍郎、散骑常侍。"①嵇康死时，向秀约36岁，"应本郡计入洛"②，毋宁说是为了避开嵇康牵连而入京请罪。向秀拜谒司马昭，向司马氏政权靠拢，开始了他的仕宦生涯。期间，他还参与了任恺与贾充的朋党之争。当时的名士庾纯、张华、温颙、向秀、和峤等皆与任恺善，向秀亦是依附于任恺。泰始八年(272)任恺被免，贾充专权，向秀又失去了依靠。此后向秀"在朝不任职，容迹而已。卒于位"③，"秀游托数贤，萧屑卒岁"④。

此外，山涛和王戎与竹林七贤中的其他人的政治趣舍是不同的。山涛字巨源，河内怀人，生于汉献帝建安十年(205)，卒于晋武帝太康四年(283)。山涛出身寒微，父亲山曜任过宛句县令，在山涛小时便去世了。正始五年(244)，山涛任郡主簿，又做过功曹、上计掾等地位不高的小吏。正始七年(246)举孝廉，辟为河南从事。这一时期，曹氏与司马氏的矛盾已经激化，高平陵事变后，山涛隐身不交事务，与嵇康、吕安、阮籍等人先后相交，有竹林之游。后来，山涛因与宣穆皇后有中表亲，向司马师求官职。因此举秀才、除郎中，转骠骑将军王昶从事中郎，后又拜赵国相，迁尚书吏部郎、大将军从事中郎、相国左长史。入晋以后，晋武帝司马炎以山涛守大鸿胪，加奉车都尉，进爵新沓伯。咸宁初，因得罪于羊祜等人而出任冀州刺史，后督邺城，回到朝廷后任侍

① (南朝宋)刘义庆著，(南朝梁)刘孝标注，余嘉锡笺疏，周祖谟、余淑宜、周士琦整理：《世说新语笺疏》，中华书局2007年版，第93页。
② (唐)房玄龄等：《晋书》，中华书局1974年版，第1374-1375页。
③ (唐)房玄龄等：《晋书》，中华书局1974年版，第1375页。
④ (南朝宋)刘义庆著，(南朝梁)刘孝标注，余嘉锡笺疏，周祖谟、余淑宜、周士琦整理：《世说新语笺疏》，中华书局2007年版，第243页。

中，迁尚书，一直掌握吏部。后来因疾归家，卧病不起，不久便死于河内。许抗生《魏晋玄学史》中以为"山涛入竹林则纯属为了避祸，在两大集团的斗争中唯恐连累自己"，"山涛名为风流，实为孔孟所斥之'乡愿'。像他这种外道内儒、八面玲珑之人，既可以取虚誉于诸名士，又可以为名教之楷模，正是当时的统治者所需要的。"①山涛与司马氏政权的紧密关系是向秀不可比拟的，他为政的思想和行为又与阮籍相去甚远，更不用说与嵇康等人的迥异。

竹林七贤中还有一位大族子弟王戎，字浚冲，琅邪临沂人，生于魏明帝青龙二年(234)，卒于晋惠帝永兴二年(305)。王戎祖父王雄做过幽州刺史，父亲王浑做过凉州刺史，封贞陵亭侯。正始末年，王浑与阮籍俱为尚书郎，王戎随父在郎舍，与阮籍结识。嘉平年间，阮籍与嵇康结识，王戎也加入了他们。戎父去世后，王戎袭爵贞陵亭侯，历任相国掾、吏部黄门郎、散骑常侍、河东太守、荆州刺史等职。吴降后，王戎因平吴有功进爵安丰侯，后迁光禄勋、吏部尚书、中书令、尚书令、左仆射、司徒等。

入晋之后，竹林七贤是玄学名士的主要代表人物，他们的群体交游因政治变动的原因而凋零，反而形成了与司马氏政权亲疏有别的不同士人群体。同时，魏末玄学名士中善文者以阮籍为首，由于玄学与文学在这一时期的隔阂，玄学士人的文学活动较少，特别是在诗歌创作上，这也使得晋初文坛虽或多或少带有玄学的影子，却始终未能表现出玄学趣味。

二、任贾党争与晋初文学士人群体

司马炎建立晋朝，实现了基本统一。司马氏政权提倡名教，但种种行为又常与名教相违背。它一方面亲近心腹之臣，一方面又要拉拢名士群体，因此常常政失准的、邪正不分。武帝时期士人尚有清正与污邪之

---

① 许抗生：《魏晋玄学史》，陕西师范大学出版社1989年版，第169-170页。

分，到了惠帝一朝，士人便各依其主，更多从自身及家族的利益去考虑问题。司马氏的心腹之臣中，任恺一党，有庾纯、张华、温颙、向秀、和峤等；贾充一党，有杨珧、王恂、华廙等，此外还有何曾、王沈、裴秀、羊琇、荀勖、傅玄、荀勖、冯纨等人，朋党纷然。

任恺字元褒，乐安博昌人。其父任昊，魏太常。任恺"少有识量，尚魏明帝女，累迁中书侍郎、员外散骑常侍。晋国建，为侍中，封昌国县侯"①。任恺对贾充的为人很不耻，不愿意他久执朝政，常常裁抑他。双方在政治上展开博弈。贾充想要换掉任恺侍中的位置，于是进言晋武帝任命任恺为太子少傅，结果任恺为"太子少傅，而侍中如故"②；任恺又欲驱遣贾充离开洛阳，因此在秦州、雍州外寇骚扰时，建议"威望重臣"③贾充前往长安镇抚，贾充用荀勖计谋得以留在洛阳，未能成行。任恺一党的庾纯，字谋甫，乃颍川庾氏，"博学有才义，为世儒宗"④。庾纯以贾充为奸佞小人，与任恺一起举荐贾充西镇关中，贾充因此耿耿于怀。一次贾充宴请朝士，庾纯后到，二人互相讥刺对方，引发了庾纯的"贾充！天下凶凶，由尔一人"以及"高贵乡公何在"⑤的质问。高贵乡公事件关乎司马氏政权的合法性问题和道德意义问题，一直到晋朝建立后很久在士人心中都留有很深的印记。

任恺一党中，张华、向秀、和峤都是当时颇有声望的名士。和峤字长舆，汝南西平人。祖父和洽，魏尚书令。父和逌，魏吏部尚书。和峤的舅舅是正始时期的名士夏侯玄，峤"少有风格，慕舅夏侯玄之为人，厚自崇重。有盛名于世，朝野许其能整风俗，理人伦。……太傅从事中郎庾颙见而叹曰：'峤森森如千丈松，虽礧砢多节目，施之大厦，有栋

---

① （唐）房玄龄等：《晋书》，中华书局 1974 年版，第 1285 页。
② （唐）房玄龄等：《晋书》，中华书局 1974 年版，第 1286 页。
③ （唐）房玄龄等：《晋书》，中华书局 1974 年版，第 1286 页。
④ （唐）房玄龄等：《晋书》，中华书局 1974 年版，第 1397 页。
⑤ （唐）房玄龄等：《晋书》，中华书局 1974 年版，第 1398 页。

梁之用。'"①和峤初入仕途，贾充非常看重他，向晋武帝推荐他，因此任给事黄门侍郎、中书令。然而和峤看不上贾充、荀勖之为人，转侍中后又与任恺、张华亲善。在立太子事件上与贾充、荀勖意见相左，得罪了贾后，惠帝即位后，元康二年(292)即卒。

贾充一党的士人多是大族、外戚，华廙出身平原华氏，是曹魏太尉华歆之孙、太常华表之子。杨珧为弘农杨氏，东汉太尉杨震之后、太傅杨骏之弟。何曾为陈郡何氏，曹魏太仆何夔之子。王沈为太原王氏，东汉护匈中郎将王柔之孙、东郡太守王机之子、司空王昶之侄。裴秀为河东裴氏，东汉尚书令裴茂之孙、曹魏光禄大夫裴潜之子。荀颛、荀勖为颍川荀氏，荀颛是曹魏太尉荀彧第六子，荀勖是东汉司空荀爽曾孙，还是钟会的从甥。羊琇是景献皇后羊徽瑜之从父弟，王恂是文明皇后王元姬之弟。傅玄虽出身北地傅氏，但家族衰落，相较于前诸位士族而言确是寒门。

尽管有任贾的朋党之争，但在与司马氏政权的关系上而言他们都是十分密切的。罗宗强《魏晋南北朝文学思想史》中认为，名士群体中的大多数人于魏或晋都没有特别亲近，对于晋禅位的种种手段也并未做过多的反抗。司马氏对于不合作的士人多加杀戮，名士除了进入司马氏政权之外，几乎别无选择，多有向秀失图的无奈。②

在这些士人当中，张华、傅玄是晋初影响较大的两位文士，分别从属于任恺、贾充两大政治阵营。张华，字茂先，范阳方城人。父张平，魏渔阳郡守。张华出身寒门，少孤贫，曾作有《鹪鹩赋》为阮籍所赏，郡守荐为太常博士，后除佐著作郎，迁长史，兼中书郎。晋受禅，拜黄门侍郎，封关内侯。张华与羊祜共谋平吴大计，吴平后，进封为广武县侯。声誉益盛，有台辅之望。贾充一派的荀勖、冯纨弟冯恢憎疾之，多次进言�毁。惠帝即位后，张华为太子少傅，与王戎、裴楷、和峤俱以

① (唐)房玄龄等：《晋书》，中华书局1974年版，第1283页。
② 罗宗强：《魏晋南北朝文学思想史》，中华书局1996年版，第77页。

德望为杨骏所忌，皆不与朝政。杨骏诛，贾后执政，"以华庶族，儒雅有筹略，进无逼上之嫌，退为众望所依"，予其重任，张华"遂尽忠匡辅"①。后赵王伦篡逆，杀张华。张华"性好人物，诱进不倦，至于穷贱候门之士有一介之善者，便咨嗟称咏，为之延誉。"②史书记载，受到张华延誉的人物众多。其中有以文学著称者，如成公绥、束皙、陆机、陈寿、左思、褚陶等人，除陆机出身江东大族外，其余士人均是寒门素族。且陆氏虽是江东著姓，但吴平之后，南方士人遭到洛阳士人的轻视，被视为"亡国之余"，在政治地位上是比不上北方士族的。成公绥受到张华的推荐，被征为博士，因其文名而被晋廷任命，在泰始五年（269）时与张华、傅玄共造正旦行礼与王公上寿酒食举乐歌诗。

贾充一派的傅玄所出之傅氏，乃汉义阳侯傅介子之后，以武功显，本为北地灵州人，东汉顺帝时期，傅氏落籍北地泥阳。魏时的著名士人傅嘏即是出自这一家族。傅玄字休奕，祖父傅燮，为汉阳太守；父亲傅干，为魏扶风太守。傅玄少即孤贫，"州举秀才，除郎中，与东海缪施俱以时誉选入著作，撰集魏书。后参安东、卫军军事，转温令，再迁弘农太守，领典农校尉。所居称职，数上书陈便宜，多所匡正。五等建，封鹑觚男。武帝为晋王，以玄为散骑常侍。及受禅，进爵为子，加驸马都尉。……俄迁侍中……迁太仆……转司隶校尉"。傅玄"性刚劲亮直，不能容人之短"，"天性峻急，不能有所容"，于是"贵游慑伏，台阁生风"。③ 又博学善属文，解钟律，创定雅歌，以咏祖宗。又撰《傅子》，王沈评价曰："省足下所著书，言富理济，经纶政体，存重儒教，足以塞杨墨之流遁，齐孙孟于往代。每开卷，未尝不叹息也。'不见贾生，自以过之，乃今不及'，信矣！"④其子傅咸继承门风，"刚简有大节。风格峻整，识性明悟，疾恶如仇，推贤乐善，常慕季文子、仲山甫之志。

---

① （唐）房玄龄等：《晋书》，中华书局1974年版，第1072页。
② （唐）房玄龄等：《晋书》，中华书局1974年版，第1074页。
③ （唐）房玄龄等：《晋书》，中华书局1974年版，第1317-1322页。
④ （唐）房玄龄等：《晋书》，中华书局1974年版，第1323页。

好属文论，虽绮丽不足，而言成规鉴。颍川庾纯常叹曰：'长虞之文近乎诗人之作矣！'"①张华、成公绥等人是西晋初年著名的文学之士，是围绕在司马氏政治中心周围的寒门士人群体。而傅玄虽出身北地傅氏，但家族势力近衰，傅玄父祖并未身居高位，未登士族，而他自己在仕途中也与三公失之交臂。由于他的个性气质、政治能力及其他诸多因素的影响，傅玄并没有像张华一样成为晋代中期文坛的核心人物，而是围绕着司马氏中心，活跃在晋初雅颂文学创作中。

三、玄学士人与文学士人的分野与交游

西晋初期玄学士人与文学士人大致分属于不同的士人阶层，其政治地位有明显的差异。由于玄学与文学之间的隔阂，自阮籍以后，西晋初年玄学士人大多无意于进行文学创作，在文学上的成绩亦较少，而文学士人则大多出自寒门，虽在一定程度上受到玄学的影响，却也多是以经史为业，非玄言清谈中人。因此，阮籍的"使气以命诗"而形成的"遥深"之风在西晋时期没有得到继承，而只有在东晋玄学士人兼为文人之后，诗文中的玄学气味才得以展开。

从魏末晋初玄学的产生来看，玄学士人群体有两个重要的特征，一是士族权门的"坐至公卿"者，一是遗落世事者。这二者相互交叠，都与士人的政治地位与仕途取舍有关。从夏侯玄、何晏、王弼、裴徽、裴楷等人来看，他们是拥有优越的经济与文化地位的世家大族，且在当时的政局中处于权势中心，保有很高的政治地位。谈玄的风气本来就与汉末时期的清议有一定的关联，玄学首先作为政治哲学，其产生是带有一定的政治目的的。前文已经提到汉末魏时士人关于才性四本的讨论带有浓厚的政治意味，何晏、王弼对玄学的阐释也充满政治韵味，后来裴頠、郭象所提出的观点和理论阐释，也首先出于维护统治者的政治权力与政局稳定的角度。在西晋初年，由于玄学自身的特性，它不可能完全

---

① （唐）房玄龄等：《晋书》，中华书局 1974 年版，第 1323 页。

取代儒学而成为统治者维护统治秩序的思想基础，反而逐渐转变成了士人对个体精神的追寻和人生的依托。受到阮籍、嵇康的影响，中朝玄学名士也表现出任诞不拘、遗落世事的风气。

而在整个西晋时期，士族与寒门的仕进道路也有不同。魏晋时期的士族以家族权势为凭借，均为"当代轩冕"，起家官品基本为五品，进阶道路也是一片通衢。而寒门进入仕途则困难许多，一般须有著称的学业、德行等，且须有重望朝臣为其延誉、举荐。钱志熙在《魏晋诗歌艺术原论》中谈道："西晋区分'世族''世胄'与'寒素'者两类士人，主要是指仕进方式的不同……后者则主要是凭借'学业优博''德行著称'而进入仕途，其中除了大儒如皇甫谧之流因声誉较大而有可能被朝廷直接征召外，一般的人都是由地方政府采录，大部分进身之初只能担任地方政府的吏员或文书执掌，其中声誉稍高的也能被封疆大吏或权贵辟为幕僚……根据上述的各种标准来衡量，那么魏晋之际和西晋的主要文人，如傅玄、张华、左思、陆机、陆云、张载、张协、张亢、潘岳、潘尼、束皙、皇甫谧、鲁褒、王沈、赵至、成公绥、褚陶等应都属于寒素士人。"①高门势族以玄学为风尚，无须再精进文史，而重经史文章的士人，一方面是家学门风的传承，其自小便修习儒学、学重经史，另一方面则是由于求取仕途的原因，必须从经史着手。

而从地域文化发展来看，西晋时期的玄学风气最早盛行于京都洛阳，在当时可算是一股新风。洛阳及周边地区受到玄学影响较大，士人接触到玄学的机会更多，也越容易在玄学上有所成就而为玄学士人群体所青睐。而玄风在洛阳兴起时，黄河以北及江南许多地区仍未受其影响。河北地区一部分人到洛阳做官，受到此种学风的影响，而留在本乡的人，大抵还坚持郑玄、卢植等人的学说。而如南方士人特别是东吴著姓，以儒学传家，士人尊崇儒术，接触玄学较少。如陆机、陆云等出身江东望族的子弟，去洛阳之前"本无玄学"，加之吴为晋所灭的政治背

① 钱志熙：《魏晋诗歌艺术原论》，北京大学出版社 2005 年版，第 159 页。

景，他们在洛阳求宦往往受到北方士族的轻视，这更加剧了南北士人群体的分野。

西晋时期的文学士人，大多在除洛阳之外的地方接受文化教养。

张华 范阳方城人也……同郡卢钦见而器之。乡人刘放亦奇其才。……郡守鲜于嗣荐华为太常博士。①

傅玄 北地泥阳人也……郡上计吏，再举孝廉……州举秀才，除郎中。②

皇甫谧 出后叔父，徙居新安。……就乡人席坦受书，勤力不怠。③

挚虞 京兆长安人也。④

束皙 阳平元城人……还乡里，察孝廉，举茂才。⑤

陆机、陆云 年二十而吴灭，退居旧里，闭门勤学，积有十年。⑥

张载、张协、张亢 安平人也。⑦

左思 齐国临淄人也……复欲赋三都，会妹芬入宫，移家京师。⑧

欧阳建 世为冀方右族……擅名北州。⑨

这些士人所接受到的都是儒学教育，在进入洛阳之后，大部分士人

① （唐）房玄龄等：《晋书》，中华书局 1974 年版，第 1068-1070 页。
② （唐）房玄龄等：《晋书》，中华书局 1974 年版，第 1317 页。
③ （唐）房玄龄等：《晋书》，中华书局 1974 年版，第 1409 页。
④ （唐）房玄龄等：《晋书》，中华书局 1974 年版，第 1419 页。
⑤ （唐）房玄龄等：《晋书》，中华书局 1974 年版，第 1427 页。
⑥ （唐）房玄龄等：《晋书》，中华书局 1974 年版，第 1467 页。
⑦ （唐）房玄龄等：《晋书》，中华书局 1974 年版，第 1516 页。
⑧ （唐）房玄龄等：《晋书》，中华书局 1974 年版，第 2375-2376 页。
⑨ （唐）房玄龄等：《晋书》，中华书局 1974 年版，第 1009 页。

在不同程度上受到玄学的影响，也有的士人对玄学并无研究。这也与他们入洛之后所处的士人群体有关。如张华处在重臣之位，与诸名士交游甚多，常常一起聚会谈论。《世说新语·言语》记载："诸名士共至洛水戏。还，乐令问王夷甫曰：'今日戏乐乎？'王曰：'裴仆射善谈名理，混混有雅致；张茂先论史汉，靡靡可听；我与王安丰说延陵、子房，亦超超玄箸。'"刘孝标注引《晋阳秋》曰："华博览洽闻，无不贯综。世祖尝问汉事，及建章千门万户。华画地成图，应对如流，张安世不能过也。"①张华参预到诸名士的谈论之中，并受到称赞。但也可以看到，张华以博览洽闻著称，所论为"史汉"，而并不擅长名理。

两个群体的分野形成了西晋玄学与文学的不兼容现象。《世说新语·文学》载：

> 乐令善于清言，而不长于手笔。将让河南尹，请潘岳为表。潘云："可作耳。要当得君意。"乐为述己所以为让，标位二百许语。潘直取错综，便成名笔。时人咸云："若乐不假潘之文，潘不取乐之旨，则无以成斯矣。"②

乐广是西晋时期的清谈领袖人物，与王衍共称天下言风流者之首，但他并不善于手笔。乐广将让河南尹时，请潘岳作表，乐广述意，潘岳成文。这可以很明显地看出当时玄学士人与文学士人之间对旨、文的侧重。这也是玄学与文学的相异之处。在玄学发展初期，其很难与文学和谐地融于一体，随着玄学思想本身的成熟以及文学自身的不断发展，直至唐宋时期，文人能够将思理与诗文圆融地结合起来，达到更高的境界。

---

① （南朝宋）刘义庆著，（南朝梁）刘孝标注，余嘉锡笺疏，周祖谟、余淑宜、周士琦整理：《世说新语笺疏》，中华书局 2007 年版，第 100-101 页。
② （南朝宋）刘义庆著，（南朝梁）刘孝标注，余嘉锡笺疏，周祖谟、余淑宜、周士琦整理：《世说新语笺疏》，中华书局 2007 年版，第 299 页。

　　玄学的产生与盛行也影响了诗文的创作。邺下之后诗风的浮华、浅淡，辞不雅切，似与当时的何晏等士人崇尚玄学有关。何晏的拟古诗和言志诗，如《言志》二首，其诗旨高旷，却缺乏飘逸的词气。相较而言，阮籍咏怀诗寄托遥深，主题包含荣衰、忧思、坏人、登览、怀古、悯世等现实题材，也有理想人格与理想精神境界的题材。阮籍有奇特之性情，有一往之逸气，他追寻宇宙之本初，以这种生命情调撰写了《达庄论》《大人先生传》，将超现实的理想人物与理想境界叙说出来。相较于何晏、嵇康而言，他更具有浪漫文人的性格。因而他在《咏怀诗》中，又将这种理想人物和境界超越现实形象与情感而表达出来。这是他的诗歌中最为奇丽的，最具有永恒魅力的部分。而阮籍将这些虚灵的东西以"兴寄"的方式展现在诗文作品中，在现实的形象里刻画真实情感，意寄象外，《咏怀》其一便是典型。《咏怀》其一曰："夜中不能寐，起坐弹鸣琴。薄帷鉴明月，清风吹我襟。孤鸿号外野，翔鸟鸣北林。徘徊将何见，忧思独伤心。"①陈祚明评阮籍诗"直取自然""悲在衷心"（《采菽堂古诗选》卷八）②，实为对阮籍诗歌风格的精辟概括。一是自然，不加雕饰，诗中描写一系列起坐、弹琴、顾望、徘徊等动作，以及对清夜景物的环境描写，自然抒发诗人的忧郁内心。二是兴寄，即忧郁心怀乃是源自宇宙自然秩序的破坏，未能任其自然而然的状态发展，其旨意是深邃的。阮籍擅诗文，受到诸多方面的影响：在玄学士人的群体中，他受到父亲阮瑀的影响，在文学上颇有造诣。但他又不似建安七子那般慷慨多风，而是多一些深邃玄远之逸气，这是玄学士人与文学士人的区别。同时他又不同于嵇康，正是由于他们的个体气质所秉和对待政治的不同态度；如牟宗三所评："阮以气胜，嵇以理胜，虽同归老庄，而音制有异。气胜，则以文人生命冲向原始之苍茫，而只契接庄生之肤廓，寥廓洪荒，而不及其玄徼；理胜，则持论多方，曲尽其致，故《传》称其'善

---

　　① 逯钦立辑校：《先秦汉魏晋南北朝诗》，中华书局1983年版，第496页。
　　② （清）陈祚明评选，李金松点校：《采菽堂古诗选》，上海古籍出版社2019年版，第236页。

谈理'也。阮为文人之老庄，嵇则稍偏于哲人之老庄……"①而自阮籍之后，在西晋时期的玄学与文学间似乎有不可逾越的沟壑，玄学士人在文学上的成就颇少，而对西晋文坛具有突出贡献的士人主要来自寒门，且以儒为主，少通玄学。他们发展了西晋独有的"雅"的诗风。

第二节　围绕政治中心的文士群体与"雅正"诗风

西晋初年，围绕在司马氏政权周围的士人并未形成明确的、关系紧密的群体，有的反而在政治上是站在相互对立的立场上的。虽然他们都与权力中心保持紧密的联系，但相互之间的交游较少，其文学活动也主要围绕权力中心展开。这一时期的玄学士人群体主要是政治、经济地位都较高的大族子弟，而文学士人则更多表现出对皇权的依赖，他们的主要文学活动集中在以司马氏为中心的制礼作乐、朝臣集会、公宴游乐等方面，展现出"雅正"的文学趣味。

一、晋初政治风貌与雅颂风格的奠定

历来研究者对《诗经》之《大雅》《小雅》的探究颇为深入，对"雅"之字义的考察亦细致入微。综而观之，主要有以下几种说法：雅者正也；雅为万舞；雅为乐歌；雅者乌鸦之鸦；雅是一种乐器；雅者秦声乌乌；雅者中原正声。② 结合先秦时期的史料及后人对《诗经》《论语》的注疏不难看出，"雅者，正也"的阐释正是"雅"的哲学蕴含与美学蕴含的基本。《论语》中孔子曾多次强调诗书礼乐的雅正：

　　子所雅言，诗、书、执礼，皆雅言也。(《述而》)③

---

① 牟宗三：《才性与玄理》，广西师范大学出版社 2006 年版，第 255 页。
② 张西堂：《诗经六论》，商务印书馆 1957 年版，第 109-110 页。
③ (清)阮元校刻：《十三经注疏·论语注疏》，中华书局 1980 年版，第 2482 页。

　　子曰:"行夏之时,乘殷之辂,服周之冕,乐则韶舞。放郑
声,远佞人,郑声淫,佞人殆。"(《卫灵公》)①

　　恶紫之夺朱也,恶郑声之乱雅乐也,恶利口之覆邦家者。
(《阳货》)②

　　雅言即正言,雅声即正声。孔子提倡雅乐,推崇曲调平和中正、节
奏缓慢的音乐,由于这一类音乐可以陶冶人的情感,使之正而不邪,以
此培养君子的高尚道德人格。相反,郑声则使人情感无节制,容易诱发
人的私欲。而孔子的雅正观念具体表现在文艺批评的标准上,即是他的
"思无邪"和"乐而不淫,哀而不伤"的中和观念。他在《论语·为政》中
说:"诗三百,一言以蔽之,曰:'思无邪。'"何晏注:"归于正",邢
昺疏:"诗之为体,论功颂德,止僻防邪,大抵皆归于正,故此一句可
以当之也。"③朱熹注曰:"凡《诗》之言,善者可以感发人之善心,恶者
可以惩创人之逸志,其用归于使人得其情性之正而已。"④都是强调
"正",这与雅的基本意义是一致的。同时,孔子还赞美《关雎》"乐而不
淫,哀而不伤",朱熹解释道:"盖其忧虽深而不害于和,其乐虽盛而
不失其正,故夫子称之如此。欲学者玩其辞,审其音,而有以识其性情
之正也。"⑤性情之正、声气之和,亦即内容、形式上的中正平和,是雅
乐、雅言的重要特征。

　　在汉代,雅的教化精神更为突出。《毛诗序》中说:"雅者,正也,

---

　　① (清)阮元校刻:《十三经注疏·论语注疏》,中华书局1980年版,第2517
页。
　　② (清)阮元校刻:《十三经注疏·论语注疏》,中华书局1980年版,第2525
页。
　　③ (清)阮元校刻:《十三经注疏·论语注疏》,中华书局1980年版,第2461
页。
　　④ (宋)朱熹:《四书章句集注》,中华书局1983年版,第53页。
　　⑤ (宋)朱熹:《四书章句集注》,中华书局1983年版,第66页。

言王政之所由废兴也。政有大小，故有小雅焉，有大雅焉。"①梁启超《释四诗名义》中指出："依我看，小、大《雅》所合的音乐，当时谓之正声，故名曰雅……然则正声为什么叫做'雅'呢？'雅'与'夏'古字相通……雅音即夏音，犹言中原正声云尔。"②雅与风相较，更具有正统意义，从内容上而言，风是属于某一个地域，而雅则讲述周王朝的王政废兴。同时汉儒也主要从政教美刺的角度出发进行讨论。郑玄谈道："雅，正也，言今之正者，以为后世法。"③具有浓厚的教化色彩，也指出了"正"即为规范，突出经典的模范作用。这种模范作用从道德修养、政治教化转向文学艺术领域。后来刘勰在《文心雕龙》中即反复强调经典的"雅"的特征，一方面是作品意蕴的雅正，"风雅之兴，志思蓄愤，而吟咏情性，以讽其上"④，另一方面则是"风清而不杂""文丽而不淫"⑤，他推崇"圣文之雅丽"⑥，要求文章符合先秦儒家所提倡的中和之美。

因此，从诗文的主要内容来看，诗文的雅颂趣味主要包含赞颂皇室、褒扬重臣，以及君臣公宴等内容。从诗文的审美格调上来看，雅颂之音中正典雅。这是晋初文士群体的诗文创作所呈现出来的最显著的特点。西晋初年的雅颂之风与这一时期的政治风貌紧密相关。

（一）西晋初期士族的国家认同

国家认同一般是指对整个国家制度、文化等各方面的接受，并产生

---

①　（清）阮元校刻：《十三经注疏·毛诗正义》，中华书局 1980 年版，第 272 页。

②　梁启超：《中国之美文及其历史》，东方出版社 2012 年版，第 109 页。

③　（清）阮元校刻：《十三经注疏·周礼注疏》，中华书局 1980 年版，第 796 页。

④　（南朝梁）刘勰撰，范文澜注：《文心雕龙注》，人民文学出版社 1958 年版，第 538 页。

⑤　（南朝梁）刘勰撰，范文澜注：《文心雕龙注》，人民文学出版社 1958 年版，第 23 页。

⑥　（南朝梁）刘勰撰，范文澜注：《文心雕龙注》，人民文学出版社 1958 年版，第 16 页。

归属感和认可的心理状态。在中国古代,国家认同主要包含"在改朝换代之际,或者在多个政权长期并立的政治局面下,人们对新旧政权或各个并立政权的辨识与选择",以及"对所选择、所归属政权的热爱与依恋"①。咸熙年间,司马炎受到当时的礼法之士和玄学之士的共同拥立,成为世子,确立了地位。他即位以后加强诸王权力,平衡玄儒两派士人力量,使他们共同巩立一个高高在上的皇权。入晋以后的新一代礼法之士如陈骞、荀颛等,本就依附司马氏政权,是魏晋禅代之际的司马氏集团政治当权派。而对于在禅代过程中葬身的玄学名流后代,司马炎也是关怀备至,先后变相地为许允、王凌、王经三位反对司马氏政权而被杀害的名士恢复名誉,善待玄学名士的亲属。新一代玄学之士如和峤、何劭、王济、羊琇等,都积极参加新王朝的建设。虽然两派之间争斗不断,但始终此消彼长。到了新一代礼法之士的子侄辈时,傅咸、何劭、贾谧、石崇等人已经与当时太原王氏、琅邪王氏、河东裴氏子孙紧密融为一体了。

太康元年(280),西晋灭吴,基本上完成了南北统一的大业,东吴、蜀地士人征辟进入西晋的官僚体系之中,逐渐完成了对新政权的选择。《晋书》卷二十一《礼志下》载,武帝平吴后,太康元年九月庚寅,尚书令卫瓘、尚书左仆射山涛、右仆射魏舒、尚书刘寔、司空张华等屡次奏请封禅,以为晋廷"云覆雨施,八方来同,声教所被,达于四极",西晋疆土"东渐于海,西被流沙,大漠之阴,日南北户,莫不通属,芒芒禹迹,今实过之……"②因此应封泰山、禅梁父,以宣扬武帝之功。这是晋初群臣对司马氏政权合法性的认可,希望通过封禅来强调西晋地位之正统。另一方面,司马氏政权也采取了诸多手段论证王朝的正统性,讨论了西晋的正朔与服色问题,认为西晋是由曹魏禅让而来,当不改服色。也对曹魏君臣在表面上礼遇有加,并吸纳了大批蜀汉、孙吴政

---

① 彭丰文:《东汉士人的国家认同及其历史意义》,《河北学刊》2017年第6期,第76页。

② (唐)房玄龄等:《晋书》,中华书局1974年版,第655页。

权的文臣武将。

晋廷初立时，大多数士人接受了司马氏政权并对其表示认可，采取了一系列的政治措施以证实正统、宣扬合法性。这也在一个方面促进了围绕在司马氏周围的文士群体的雅颂文学的创作。

(二)晋廷推崇儒学

东汉末年，朝廷的政治腐朽、动乱频仍，残酷的现实与汉王朝所竭力宣扬的儒家思想出现了强烈的对比。士人们对儒学的信仰开始动摇，在汉末魏时逐渐被引向玄学。士人们对世间的黑暗、人生的痛苦等进行激烈的批判，并从中积极探寻人生的意义。晋武帝司马炎篡魏以晋代之，统一了中原地区，在政治上出现了相对稳定的短暂局面，建国之初便有意崇兴儒学。

泰始二年（266），晋武帝建明堂、辟雍，告朔班政，乡饮大射。《晋书》卷七十五《荀崧传》记载了建国之初的兴儒情景："台省有宗庙太府金墉故事，太学有石经古文先儒典训。贾、马、郑、杜、服、孔、王、何、颜、尹之徒，章句传注众家之学，置博士十九人。九州之中，师徒相传，学士如林，犹选张华、刘寔居太常之官，以重儒教。"①次年（267），武帝又封孔子后裔，置圣祀。武帝又诏曰礼仪久废，须复讲肄旧典，并于泰始六年（270）、咸宁三年（277）幸辟雍，行乡饮酒之礼，优厚儒士。咸宁四年（278），武帝初立国子学，"定置国子祭酒、博士各一人，助教十五人，以教生徒。博士皆取履行清淳，通明典义者"。②西晋孝怀帝司马炽亦多重儒学，其为太子，"在东宫，恂恂谦损，接引朝士，讲论书籍。及即位，始遵旧制，临太极殿，使尚书郎读时令，又于东堂听政。至于宴会，辄与群官论众务，考经籍"③。

《晋书》卷十九《礼志上》提到释奠礼，此礼自魏始，即立学之前必先释奠于先圣先师。志中随后便讲到两晋皇帝或太子讲经的情况。"魏

---

① （唐）房玄龄等：《晋书》，中华书局1974年版，第1977页。
② （唐）房玄龄等：《晋书》，中华书局1974年版，第736页。
③ （唐）房玄龄等：《晋书》，中华书局1974年版，第125页。

齐王正始二年二月，帝讲《论语》通，五年五月，讲《尚书》通，七年十二月，讲《礼记》通，并使太常释奠，以太牢祠孔子于辟雍，以颜回配。武帝泰始七年，皇太子讲《孝经》通。咸宁三年，讲《诗》通，太康三年，讲《礼记》通。惠帝元康三年，皇太子讲《论语》通。元帝太兴二年，皇太子讲《论语》通。太子并亲释奠，以太牢祠孔子，以颜回配。成帝咸康元年，帝讲《诗》通。穆帝升平元年三月，帝讲《孝经》通。孝武宁康三年七月，帝讲《孝经》通。并释奠如故事，穆帝、孝武并权以中堂为太学。"①《晋书》卷八十三《车胤传》中还详细介绍了宁康三年(375)孝武帝讲《孝经》时的景象："孝武帝尝讲《孝经》，仆射谢安侍坐，尚书陆纳侍讲，侍中卞耽执读，黄门侍郎谢石、吏部郎袁宏执经，(车)胤与丹杨尹王混摘句，时论荣之。"②这是一幅君臣讲儒的典雅画面，其雅正高致之情态丝毫不逊于玄学清谈的玄远飘逸。

两晋时期，亦有众多儒学之士。庾峻是历魏仕晋的儒士，在魏时，太常郑袤便将其举为博士。"时重《庄》《老》而轻经史，峻惧雅道陵迟，乃潜心儒典。属高贵乡公幸太学，问《尚书》义于峻，峻援引师说，发明经旨，申畅疑滞，对答详悉。……武帝践阼，……常侍帝讲《诗》，中庶子何劭论风雅正变之义，峻起难往反，四坐莫能屈之。"③至永熙元年，惠帝即位，"时天下暂宁，(裴)頠奏修国学，刻石写经。皇太子既讲，释奠祀孔子，饮飨射侯，甚有仪序。又令荀藩终父勖之志。铸钟凿磬，以备郊庙朝享礼乐"④。逮至东晋，中国丧乱，儒学尤寡。"元帝践阼，……时方修学校，简省博士，置《周易》王氏、《尚书》郑氏、《古文尚书》孔氏、《毛诗》郑氏、《周官礼记》郑氏、《春秋左传》杜氏服氏、《论语》《孝经》郑氏博士各一人，凡九人，其《仪礼》《公羊》《谷梁》及郑

① (唐)房玄龄等：《晋书》，中华书局1974年版，第599页。
② (唐)房玄龄等：《晋书》，中华书局1974年版，第2177页。
③ (唐)房玄龄等：《晋书》，中华书局1974年版，第1392页。
④ (唐)房玄龄等：《晋书》，中华书局1974年版，第1042页。

《易》皆省不置。"①其时太常荀崧上疏止之，陈言儒学之重要性，"以为
《三传》虽同曰《春秋》，而发端异趣，案如三家异同之说，此乃义则战
争之场，辞亦剑戟之锋，于理不可得共。博士宜各置一人，以博其
学"。② 但总的来说，东晋时期的重儒之风实不如西晋。

此外，晋武帝在治国之策上也强调以儒治国。咸熙二年（265）八月
司马炎嗣相国、晋王位时，便令诸中正以六条标准举淹滞之才："一曰
忠恪匪躬，二曰孝敬尽礼，三曰友于兄弟，四曰洁身劳谦，五曰信义可
复，六曰学以为己。"③受禅之后，泰始四年（268），又下诏令责成地方
官吏："郡国守相，三载一巡行属县，必以春，此古者所以述职宣风展
义也。见长吏，观风俗，协礼律，考度量，存问耆老，亲见百年。录囚
徒，理冤枉，详察政刑得失，知百姓所患苦。无有远近，便若朕亲临
之。敦喻五教，劝务农功，勉励学者，思勤正典，无为百家庸末，致远
必泥。士庶有好学笃道，孝弟忠信，清白异行者，举而进之；有不孝敬
于父母，不长悌于族党，悖礼弃常，不率法令者，纠而罪之。"④而晋武
帝贤良策问的主要内容亦是经化之务、王道之本。值得注意的是，他在
选拔官吏时也关注当时士人的个性人格，表现出一定的崇儒融道的特
征。这与他力求平衡儒玄两派士人的政治力量有关。他或力求建立起一
种以道守身、以儒事君的理想士人人格。

西晋建立之初的朝廷崇儒之风使得西晋文士中兴起了一阵典雅端正
的文学趣味。加之晋初制礼作乐，新造多篇雅颂诗歌，对文士的文学创
作产生了一定的影响，也使得雅正之风在西晋文士中一直得以发展。

（三）以傅玄为代表的文士的政治态度

西晋初期的文学士人以儒学立，紧密地围绕在司马氏政权的周围。
我们从傅玄的家学、儒业、仕宦等方面可以看出当时向心于政权中心的

---

① （唐）房玄龄等：《晋书》，中华书局 1974 年版，第 1976-1977 页。
② （唐）房玄龄等：《晋书》，中华书局 1974 年版，第 1978 页。
③ （唐）房玄龄等：《晋书》，中华书局 1974 年版，第 50 页。
④ （唐）房玄龄等：《晋书》，中华书局 1974 年版，第 57 页。

文士群体的特点。

傅玄出自北地傅氏。北地泥阳在今陕西耀县东南,乃是傅氏郡望所在,但傅玄没在北地郡待过,他的父祖、子孙也与北地郡很少有关系。魏明安《傅玄评传》中说:"汉末以降,维系士人与郡望的纽带,一是强烈的乡土感情,二是初仕要经本郡官吏或中正察举提名。"①傅玄的祖父傅燮参加镇压黄巾起义,功绩卓著,后出任汉阳太守,在平镇羌胡叛军的战斗中以身殉职,刚直而忠义,是东汉末年难得的忠臣义士,却不容于朝。傅幹在建安年间为扶风太守,又先后任丞相府参军、仓曹属等职,行事机敏而乘时。傅玄父祖生前显职不过五品,傅幹入魏前职秩卑微,与傅嘏一支有着很大的差别。首先,两支傅氏关系当不甚密切。傅幹十三岁丧父,留居关中,三年后,傅巽、傅允随汉献帝西迁长安,傅幹并未投靠;关中大乱时,傅巽、傅允合家南奔荆州,傅幹亦未同行。直至后来曹操平刘表后,傅巽一支北上邺城,傅幹也到达邺城,两支才聚在一起。其次,从两支族人的政治地位来看,傅巽在汉魏之际已是散骑常侍(三品),又参与了禅代劝进,魏文帝黄初中进侍中,已接近从公之位。其侄傅嘏官至尚书仆射(三品),封爵阳乡侯,死后追赠太常,在晋已入二品。而傅幹入魏之前职位很低,子傅玄比傅嘏小八岁,傅嘏去世这一年(255),傅玄由参军(八品)转温县令。傅嘏子祗为雍州大中正,而玄子咸年长于傅祗,仅为北地郡中正。历代居官即如此悬隔。

傅幹去世时,傅玄年仅三岁,幼年丧父,处世维艰,避难于河内,专心诵学。魏文帝黄初五年(231),约十五岁的傅玄进入洛阳太学。当时的太学师生已经分为两派,一是"贵尚敦朴忠信之士","以学问为本";一是"虚伪不真之人","以交游为业"②。后者多为高门士族子弟,而前者则多孤贫士子。傅玄当属后一派。约景初三年(239)初,傅玄初入仕,为中书著作,撰集《魏书》。十年后,正始十年(249)发生高

---

① 魏明安、赵以武:《傅玄评传》,南京大学出版社1996年版,第12页。
② (晋)陈寿撰,陈乃乾校点:《三国志》,中华书局1959年版,第442页。

平陵事变，司马昭由散骑常侍进位安西将军、持节，屯关中，傅玄以参军身份随军前往。嘉平二年(250)，司马昭"转安东将军、持节，镇许昌"，傅玄随至许昌。嘉平五年(253)，司马昭"行征西将军，次长安"①，后又至新平、灵州，傅玄随行至故土，后匆匆返回。嘉平六年(254)九月，司马氏废了齐王曹芳，改立高贵乡公曹髦为帝。正元二年(255)，毌丘俭、文钦反叛，司马师病逝，司马昭南下许昌又急返洛阳。这七年身处司马昭麾下，傅玄经历了禅代之际的政治巨变。正元二年(255)二月初，司马昭在洛阳独揽朝政。傅玄"转温令，再迁弘农太守，领典农校尉"，出京任职。直至咸熙元年(264)五月回朝。任县令、郡太守期间，傅玄对政治经济上的重大问题提出了有益的建议，"数上书陈便宜，多所匡正"②。

咸熙元年(264)三月，司马昭由晋公进爵为王，傅玄时任郡太守，兼领屯田校尉，封鹑觚男。次年，傅玄为散骑常侍。傅玄"博学善属文，解钟律"③，协助荀颛、荀勖参与制作礼乐。在禅代仪式中，礼乐之事是具有十分重要地位的，傅玄撰定了大量乐辞，功劳卓著，"及(武帝)受禅，进爵为子，加驸马都尉"④。泰始二年(266)，傅玄初掌谏职，上疏给晋武帝，对置官分职、选用课考等具体制度作了阐明，不就即迁侍中。约泰始三年(267)，傅玄与皇甫陶争论，"言喧哗，为有司所奏，二人竟坐免官"⑤，泰始四年(268)七月，傅玄被起用御史中丞，迁太仆。约咸宁元年(275)，傅玄转任司隶校尉。咸宁四年(278)六月，献皇后病逝，傅玄因不满丧位安排而"对百僚而骂尚书以下"，被免官，"寻卒于家，时年六十二，谥曰刚"，"其后追封清

① (唐)房玄龄等：《晋书》，中华书局 1974 年版，第 32 页。
② (唐)房玄龄等：《晋书》，中华书局 1974 年版，第 1317 页。
③ (唐)房玄龄等：《晋书》，中华书局 1974 年版，第 1317 页。
④ (唐)房玄龄等：《晋书》，中华书局 1974 年版，第 1317 页。
⑤ (唐)房玄龄等：《晋书》，中华书局 1974 年版，第 1320 页。

泉侯"①。

《晋书》本传记载傅玄"性刚劲亮直，不能容人之短"，"天性峻急，不能有所容；每有奏劾，或值日暮，捧白简，整簪带，竦踊不寐，坐而待旦。于是贵游慑伏，台阁生风"②。傅玄嫉恶如仇，正直敢言，不避权贵，《晋书》本传后史臣曰："傅玄体强直之姿，怀匪躬之操，抗辞正色，补阙弼违，谔谔当朝，不忝其职者矣。及乎位居三独，弹击是司，遂能使台阁生风，贵戚敛手。虽前代鲍葛，何以加之！然而惟此褊心，乏弘雅之度，骤闻竞爽，为物议所讥，惜哉！古人取戒于韦弦，良有以也。"③

傅玄子傅咸，在泰始九年(273)始举孝廉，"以太子洗马兼司徒"④，这年傅咸已经35岁了。咸宁元年(275)正式拜太子洗马，此后任职侍御史、尚书右丞，司徒左长史，车骑司马，尚书左丞(以上均六品)；太子中庶子(五品)，御史中丞(四品)，议郎长兼司隶校尉(三品)。咸宁初，傅咸袭爵鹑觚子。傅咸有"守道"的君子修养，他在《论语诗》中说道："守死善道，磨而不磷。直哉史鱼，可谓大臣……克己复礼，学优则仕……以道事君，死而后已。"⑤《周易诗》中也有："小人勿用，君子道长。"⑥傅咸的儒士之风主要表现在其"孝道"与"直正"两个方面。他在《孝经诗》中写道："立身行道，始于事亲。"⑦咸宁初，朝廷征傅咸出为冀州刺史，傅咸因继母杜氏不肯随其任官便上表请求解除此职务。后来继母去世，傅咸也坚决辞让官职，不肯到任。傅咸的刚直，继承了

① (唐)房玄龄等：《晋书》，中华书局1974年版，第1323页。
② (唐)房玄龄等：《晋书》，中华书局1974年版，第1317、1323页。
③ (唐)房玄龄等：《晋书》，中华书局1974年版，第1333页。
④ (清)严可均辑：《全上古三代秦汉三国六朝文》，中华书局1958年版，第1750页。
⑤ 逯钦立辑校：《先秦汉魏晋南北朝诗》，中华书局1983年版，第603-604页。
⑥ 逯钦立辑校：《先秦汉魏晋南北朝诗》，中华书局1983年版，第604页。
⑦ 逯钦立辑校：《先秦汉魏晋南北朝诗》，中华书局1983年版，第604页。

其父傅玄的遗风,为西晋时期少有的直谏之臣。

　　傅咸为官中正,秉公行事,劲直忠毅。太康中,大中正夏侯骏任官与夺情全据己意,傅咸便奏免其官职,且据理力争直接上疏给朝廷。当时的司徒魏舒是夏侯骏的姻属,魏舒劾奏傅咸激讪不直,朝廷便下诏调换了他的官职。元康初,晋武帝既崩,惠帝即位,杨骏辅政。由于杨骏专政,傅咸曾直言,武帝山陵之事结束以后就要考虑惠帝亲政之事,希望杨骏让权于惠帝。后来杨骏被诛,汝南王司马亮辅政,傅咸又向其进谏,希望他能汲取杨骏被杀的教训,居中正之位,坐观得失。后来司马亮专政,傅咸再次上谏,却仍得不到采纳。杨骏专政时,司隶荀恺的堂兄去世,朝廷给他的赴丧诏令还未下达,他就急于拜谒权臣杨骏。傅咸见此谄媚之态便上奏贬斥荀恺,以隆风教。又上疏杨骏,讽劝切责之。杨骏之弟杨济是傅咸的好友,他劝诫傅咸:"生子痴,了官事,官事未易了也。了事正作痴,复为快耳!"而傅咸却答道:"逆畏以直致祸,此由心不直正,欲以苟且为明哲耳!"①其刚正直谏可见一斑。傅咸还对当时奢侈的世俗风气进行了批判,傅咸指出"奢侈之费,甚于天灾"。②他提出要从为政者做起,戒奢尚简,改移风俗。在朝廷政事上傅咸最关心的便是官吏的整治与管理。武帝时,军国未强,百姓不丰,傅咸专门上疏,言其原因是官员繁冗,很多官职虚设,百姓承受的压力太大。他提出要并官省事唯农是务。惠帝时,傅咸又上疏言整治官吏的重要性。当时"朝廷宽弛,豪右放恣,交私请托,朝野溷淆"③,面对朝廷的这种状况,傅咸上疏奏免了河南尹澹、左将军倩、廷尉高光、兼河南尹何攀等人,一时间"京都肃然,贵戚慑伏"④。由于其时王戎兼管吏部,傅咸便奏免王戎官职未许。傅咸还提出希望以《周礼》中的"三年大比"制度来考核官员成绩后又上疏奏明了具体的官员裁纠办法。他的《周官

---

① (唐)房玄龄等:《晋书》,中华书局 1974 年版,第 1326 页。
② (唐)房玄龄等:《晋书》,中华书局 1974 年版,第 1324 页。
③ (唐)房玄龄等:《晋书》,中华书局 1974 年版,第 1329 页。
④ (唐)房玄龄等:《晋书》,中华书局 1974 年版,第 1329 页。

诗》便反映了他对《周礼》中官员制度的赞许和对现在朝廷官制的期望。"惟王建国，设官分职。进贤兴功，取诸易直。除其不蠲，无敢反侧。以德诏爵，允臻其极。辨其可任，以告于正。掌其戒禁治其政令。各修乃职，以听王命。"①

傅玄与傅咸是西晋初期持儒学思想为政的典型，他们的这种思想倾向与政治态度也影响到了其诗文创作。傅玄身处皇室及大族士人之间，表现出宫廷侍从文人的风气。他们对于儒者的自持以及对政权中心的拥护与依赖，在诗文中表现为内容纯正、语言平直的雅正之风，同时也多了些耽乐富贵、歌功颂德、粉饰太平的意味。

二、雅颂诗文的创作与雅正之风

西晋初年围绕在司马氏权力中心周围的士人，在诗文创作上表现出雅正的风貌。就诗歌而言，这一时期长用四言诗，正是由雅颂文学的主旨所决定的。葛晓音说道："西晋的庙堂雅乐歌辞，一般文人的应酬赠答之作，大多采用典重奥博的四言雅颂体。……每逢王宫上寿举食、庆祝大小节令、进献祥瑞之物，四言颂诗更是不可或缺。"②西晋雅颂诗文的创作主要表现在雅颂乐章、公宴诗、四言赠答诗等方面。

（一）雅颂乐章

河内温县司马氏家族是河洛地域的儒家大族，一方面司马氏承继河洛地区礼乐文化传统，另一方面则出于建晋之初立国的需要，司马氏在西晋初年多崇尚儒学、重兴礼乐。因此雅颂乐章的制作便成为围绕在权力中心周围的士人群体的主要文学活动。

雅乐是用于祭祀、宴飨、出征、庆典等场合的音乐，其乐章内容主要以颂美为主。司马炎建晋之初，重新制礼作乐。《晋书》卷二十二《乐志上》记载：

---

① 逯钦立辑校：《先秦汉魏晋南北朝诗》，中华书局1983年版，第604页。
② 葛晓音：《汉唐文学的嬗变》，北京大学出版社1990年版，第24页。

及武帝受命之初，百度草创。泰始二年，诏郊祀明堂礼乐权用魏仪，遵周室肇称殷礼之义，但改乐章而已，使傅玄为之词云。①

至泰始五年，尚书奏，使太仆傅玄、中书监荀勖、黄门侍郎张华各造正旦行礼及王公上寿酒、食举乐歌诗。……诏又使中书侍郎成公绥亦作焉。②

泰始九年，光禄大夫荀勖始作古尺，以调声韵，仍以张华等所制高文，陈诸下管。③

泰始九年……使郭夏、宋识等造《正德》《大豫》二舞，其乐章亦张华之所作云。④

汉时有《短箫铙歌》之乐……及武帝受禅，乃令傅玄制为二十二篇，亦述以功德代魏。⑤

今存有傅玄郊庙歌辞《郊祀歌五首》《天地郊明堂歌五首》《晋宗庙歌十一首》，皆为祝颂赞美之词，充满着浓郁的政治色彩，以阐述西晋政权的合法化，企求天地保佑。在燕射歌辞上，傅玄、荀勖、张华、成公绥所作的四组《晋四厢乐歌》取代了周代一直以来使用的《鹿鸣》，此外还有张华《晋冬至初岁小会歌》《晋宴会歌》《晋中宫所歌》《晋宗亲会歌》等，也多为歌功颂德之作。鼓吹歌曲中傅玄的《鼓吹曲辞》也全然避免抒写主体悲情，而宣扬帝功。因此，西晋时期的雅乐歌辞多服务于郊庙祭祀、朝廷宴飨等，其政治功能性增强。

西晋初年乐章修改之标准是：第一，"郊祀明堂礼乐权用魏仪"，"但改乐章而已"。第二，重调声韵。在雅颂乐章的体制上诸人曾有过争论，《晋书》卷十九《乐志》载：

① （唐）房玄龄等：《晋书》，中华书局1974年版，第679页。
② （唐）房玄龄等：《晋书》，中华书局1974年版，第685页。
③ （唐）房玄龄等：《晋书》，中华书局1974年版，第676-677页。
④ （唐）房玄龄等：《晋书》，中华书局1974年版，第692页。
⑤ （唐）房玄龄等：《晋书》，中华书局1974年版，第701-702页。

晋武泰始五年，尚书奏使太仆傅玄、中书监荀勖、黄门侍郎张华各造正旦行礼及王公上寿酒食举乐哥诗。诏又使中书郎成公绥亦作。张华表曰："按魏上寿食举诗及汉氏所施用，其文句长短不齐，未皆合古。盖以依咏弦节，本有因循，而识乐知音，足以制声，度曲法用，率非凡近所能改。二代三京，袭而不变，虽诗章词异，兴废随时，至其韶逗曲折，皆系于旧，有由然也。是以一皆因就，不敢有所改易。"荀勖则曰："魏氏哥诗，或二言，或三言，或四言，或五言，与古诗不类。"以问司律中郎将陈颀，颀曰："被之金石，未必皆当。"故勖造晋哥，皆为四言，唯王公上寿酒一篇为三言五言，此则华、勖所明异旨也。九年，荀勖遂典知乐事，使郭琼、宋识等造《正德》《大豫》之舞，而勖及傅玄、张华又各造此舞哥诗。勖作新律笛十二枚，散骑常侍阮咸讥新律声高，高近哀思，不合中和。勖以其异己，出咸为始平相。晋又改魏《昭武舞》曰《宣武舞》，《羽龠舞》曰《宣文舞》。咸宁元年，诏定祖宗之号，而庙乐同用《正德》、《大豫》之舞。①

张华主张参照魏代食举歌诗的章制，他所言主要包含以下几个方面：第一，魏代上寿食举诗文句是长短不齐的，"未皆合古"；第二，食举歌诗的创作首先需要"依咏弦节"，依照音乐而制歌词，因此每个时代的诗章内容可以不同，但"韶逗曲折，皆系于旧"。第三，因此，当今之世，弦节上不敢有所改易，仅重新造词即可。我们看到张华、成公绥所作之《王公上寿酒歌》《食举东西厢乐诗》《正旦大会行礼诗》等，均为三四五言夹杂。而荀勖的意见则不同，荀勖认为魏代歌诗杂言与古诗不类，主张回复到《诗经》及汉初《郊祀歌》的传统，以四言为雅正。荀勖、傅玄所作《食举东西厢乐诗》《正旦大会行礼诗》均为四言。从荀

---

① （唐）房玄龄等：《晋书》，中华书局 1974 年版，第 539-540 页。

勖的政治立场来看，他与张华站在不同的阵营，荀勖所处的群体大多是贵戚华族、礼法之士，对于晋代的正统性、对古制的继承性尤为看重。而傅玄自高平陵事变后，坚定地站在司马氏一边，为其出谋划策，著书立言，西晋立国之后随即成为武帝身边的宠臣，地位不凡。另一方面，傅玄"博学善属文，解钟律"①，成为创作庙堂歌诗的首要人选。西晋时期的庙堂雅乐歌诗绝大多数是傅玄所作。傅玄雅乐歌诗作品现存 61首(另有 5 首"藉田歌诗"无存)，是荀勖、张华、成公绥、夏侯湛等创作作品合计的约两倍。傅玄入晋之后，已然成为宫廷文人的代表。因此刘勰称他"创定雅歌"②。

　　傅玄在《傅子》中即谈到宗经的观点，《傅子》中有："《诗》之雅、颂，《书》之典、谟，文质足以相副，玩之若近，寻之若远，陈之若肆，研之若隐，浩浩乎其文章之渊府也。"③他认为欣赏与写作都应该宗经，诗以《诗》之雅颂为宗，文以《尚书》之典谟为宗，它们在辞采和意旨上是"相副"的，内容纯正，风格典雅，是有益于圣人之政的。傅玄宣扬圣人之至教，并把文艺作品作为宣扬儒家礼教的手段。他在《鼙舞歌》五首中，分别歌颂了司马氏创业立基的过程和有晋立国的景象，反映了他拥戴司马氏的基本思想倾向和政治立场。他的大量庙堂乐府诗及奏疏类文章中也表达了一定的政治主张，刘勰《文心雕龙·才略》中讲到晋代文人时，评价"傅玄篇章，义多规镜"④，这是傅玄紧密围绕司马氏政权成为重要的宫廷文人的结果。

　　而后人所评傅玄"善言儿女"的倾向，正是在他的政治思想基础之上形成的。明人张溥在《傅鹑觚集·题辞》中评价："休奕天性峻急，正

---

　　①　(唐)房玄龄等：《晋书》，中华书局 1974 年版，第 1317 页。
　　②　(南朝梁)刘勰著，范文澜注：《文心雕龙注》，人民文学出版社 1958 年版，第 102 页。
　　③　(清)严可均辑：《全上古三代秦汉三国六朝文》，中华书局 1958 年版，第 1740 页。
　　④　(南朝梁)刘勰著，范文澜注：《文心雕龙注》，人民文学出版社 1958 年版，第 701 页。

色白简，台阁生风。独为诗篇，新温婉丽，善言儿女，强直之士怀情正深，赋好色者何必宋玉哉。"①魏明安解释道："所谓'善言儿女'，既可能得情之正，又可能伤于轻艳。""傅玄'善言儿女'的乐府诗作中，对思妇、怨妇的情态与内心世界，作了深入细腻的刻画。其中寄托着作者深切的同情，是对现实社会问题严肃的反映。"②清人叶德辉甚至将其抬高到与曹操、刘琨鼎足的高度。

而傅玄子傅咸刚简直正的儒士之风使得他在诗文创作上对于儒学经典有更多的偏好，其为文"虽绮丽不足，而言成规鉴"③。刘勰评："傅咸劲直，而按辞坚深。"（《文心雕龙·奏启》）④"长虞笔奏，世执刚中。"（《文心雕龙·才略》）⑤傅咸所作《七经诗》今所存六经有《孝经诗》《论语诗》《毛诗诗》《周易诗》《周官诗》和《左传诗》，每一句都是据经典而来。或言傅咸《七经诗》缺乏诗歌艺术性，诗味全无，干涩枯槁，乏善可陈，但从诗歌内容上来看《七经诗》将儒学士大夫的自我修养以及对现实的忧患与关怀融入其中。《论语诗》《毛诗诗》《周易诗》《左传诗》体现其自我修养、反躬自省的君子人格。《周官诗》是傅咸一直在吏治上效法《周礼》的最好例证。傅咸对于经典的认同感使得他在为文作诗上与当时华美清丽的文风不同，而更增添了雅颂之意，在时代大潮中激起一缕儒学趣味。他的《七经诗》作为集句权舆成为当时的一种儒学雅癖。今人有文章说"集句既是一种文学体式，又是一种创作心态，晋代集句文体的出现与崇尚儒家经典、拘守成句的复古思潮密切相关，它以作者娴熟掌握经典出处并充分融会贯通为前提，体现的是以文学形式展

---

① （明）张溥著，殷孟伦注：《汉魏六朝百三家集题辞注》，中华书局2007年版，第138页。

② 魏明安、赵以武：《傅玄评传》，南京大学出版社1996年版，第360页。

③ （唐）房玄龄等：《晋书》，中华书局1974年版，第1323页。

④ （南朝梁）刘勰著，范文澜注：《文心雕龙注》，人民文学出版社1958年版，第423页。

⑤ （南朝梁）刘勰著，范文澜注：《文心雕龙注》，人民文学出版社1958年版，第701页。

现儒学素养的雅癖,经学文学化的同时当然也是文学经典化的过程"。①
这也是时人庾纯评价"长虞之文近乎诗人之作矣"的原因。除《七经诗》
外,傅咸还有四言《御史中丞箴》与《七经诗》相类,诗句用典多出于《诗
经》《论语》《左传》《汉书》等。而在傅咸仅存的两首五言诗中,《赠何劭
王济诗》"深婉,得陈思一体"(何焯《义门读书记》)②,其诗感怀身世,
语言典雅哀怨,亦有儒士之诗的尚古趣味。太康五年(284),傅咸因奏
劾夏侯骏事被司徒魏舒弹劾而转为车骑司马,而他的从内兄何劭于太康
四年(283)已迁侍中,从姑之外孙王济也于太康五年复为侍中。傅咸深
受排挤,感怀舛途,便在与何劭王济的赠诗中抒幽婉之情。其中以《诗
经》中得风而落的木叶槁自拟,悲叹如今的命运,并以西汉直臣诸葛丰
刚直不阿的人格和儒家乐道忘忧的修养来自我调解,最后发出"但愿隆
弘美,王度日清夷"③的意愿,希望自己如金如玉的儒士人格不被掩盖,
同时也表达了其清静恬淡的心境。傅咸在一首抒发离别之情的《感别
赋》中,也以"兰蕙""龙骥"等形容友人鲁庶叔的雅量弘济,并多化用
《周易》典故。

士人雅乐歌诗的创作主要是围绕司马氏政治中心所作的颂美之辞,
其"雅正"之风也会影响到他们的自作诗词,并表现出雅重的儒者情怀。

(二)华林园赋诗

文人群体围绕在皇权中心周围而开展的文学活动,多在宫廷宴会场
合中进行。史书中多有记载,如《晋书》卷八十八《李密传》曰:"密有才
能,常望内转,而朝廷无援,乃迁汉中太守,自以失分怀怨。及赐饯东
堂,诏密令赋诗,末章曰:'人亦有言,有因有缘。官无中人,不如归
田。明明在上,斯语岂然!'武帝忿之,于是都官从事奏免密官。"④东

---

① 孙宝:《傅咸家风与魏晋文风流变》,《兰州学刊》,2008 年第 1 期,第
201 页。

② (清)何焯:《义门读书记》,中华书局 1987 年版,第 908 页。

③ 逯钦立辑校:《先秦汉魏晋南北朝诗》,中华书局 1983 年版,第 607 页。

④ (唐)房玄龄等:《晋书》,中华书局 1974 年版,第 2276 页。

堂是晋宫的正殿。大约在太康八年（287）时，晋武帝曾赐饯东堂。在筵席上命李密赋诗。李密因诗之末章带有讽刺朝政之意，而被免官。除在这些比较重要的朝堂举行正式活动之外，华林园是当时君臣宴饮的主要场所。华林园在洛阳内城东北部，初名芳林园，是汉代旧苑。在曹魏时期基本形成，为避魏少帝曹芳讳而改名华林园，一直沿用到北魏时期，是洛阳城中最大的一座帝王园苑。可以说，华林园的造景、游宴与山水审美趣味塑造了西晋士人群体的山水审美品格，进而也影响了华林园赋诗的风格。

1. 华林园的山水园林之美

华林园始建于汉代，原名芳林园，曹魏时期在汉苑基础之上进行了扩建，为避魏少帝曹芳讳改作华林园。魏文帝曹丕黄初五年（224），在华林园中穿天渊池，黄初七年（336）三月又筑九华台。《洛阳伽蓝记》卷一《城内·建春门》记："泉（翟泉）西有华林园，高祖以泉在园东，因名苍龙海。华林园中有大海，即魏天渊池。池中犹有文帝九华台。"①魏明帝曹睿时期，大肆修建宫殿，《三国志》卷三《魏书·明帝纪》裴松之注引《魏略》曰："是年（青龙三年）起太极诸殿，筑总章观，高十余丈，建翔风于其上；又于芳林园中起陂池，楫棹越歌；又于列殿之北，立八坊，诸才人以次序处其中，贵人夫人以上，转南附焉，其秩石拟百官之数。帝常游宴在内，乃选女子知书可付信者六人，以为女尚书，使典省外奏事，处当画可，自贵人以下至尚保，及给掖庭洒扫，习伎歌者，各有千数。通引谷水过九龙殿前，为玉井绮栏，蟾蜍含受，神龙吐出。使博士马均作司南车，水转百戏。岁首建巨兽，鱼龙曼延，弄马倒骑，备如汉西京之制，筑阊阖诸门阙外罘罳。"②又有景初元年（237）"徙长安诸钟虡、骆驼、铜人、承露盘。盘折，铜人重不可致，留于霸城。大发

---

① （魏）杨衒之撰，周祖谟校释：《洛阳伽蓝记校释》，中华书局 2010 年版，第 50-51 页。

② （晋）陈寿撰，陈乃乾校点：《三国志》，中华书局 1959 年版，第 104-105 页。

铜铸作铜人二，号曰翁仲，列坐于司马门外。又铸黄龙、凤皇各一，龙高四丈，凤高三丈余，置内殿前。起土山于芳林园西北陬，使公卿群僚皆负土成山，树松竹杂木善草于其上，捕山禽杂兽置其中"。①《三国志》卷二十五《魏志·高堂隆传》有："景初元年……帝愈增崇宫殿，雕饰观阁，凿太行之石英，采谷城之文石，起景阳山于芳林之园，建昭阳殿于太极之北，铸作黄龙凤皇奇伟之兽，饰金墉、陵云台、陵霄阙。百役繁兴，作者万数，公卿以下至于学生，莫不展力，帝乃躬自掘土以率之。"②魏明帝造华林园各景物展示了皇家园林的高大精美与奢侈，巨兽龙凤、金墉霄阙，都彰显着皇权的威严。

华林园中天渊池南设有"流杯石沟"③，用以曲水流觞、燕集群臣。园林中的曲水流觞之景在汉代已经兴盛，而在华林园中以人工引水入园并专设一曲水流觞之园景，史载从魏明帝时始。这也为后来士人常进行的诗会雅集创造了自然条件。历来文士进行三月三日曲水游时，常作诗兴文，魏晋南朝时期尤为盛行。华林园中的流杯石沟则是这一时期文士群体在朝廷雅宴中举行曲水诗会的重要场景，西晋时期的园林审美和东晋时期的自然山水审美都离不开这一重要场所。

西晋时期，华林园中还增设了许多殿堂，并植诸多果木。《元河南志》卷二载："内有崇光、华光、疏圃、华延、九华五殿；繁昌、建康、显昌、延祚、寿安、千禄六馆。园内更有百果园（果列作林）。林各有堂，为桃花堂、杏间堂之类。有古玉井，悉以珉玉为之。园有丁壶、蓬莱曲池。"《太平御览》引《晋宫阁名》中载，华林园中有柏、榆树、枫树、支子、白银、栗、枣、桃、白捺、樱桃、柿、林檎、榅勃、柙子、枇杷、胡桃、葡萄、木瓜、懊枣、芭蕉等树，还收录了奇花异木。唐太宗李世民在《赋得樱桃》中描述到："华林满芳景，洛阳遍阳春。朱颜含远

①　（晋）陈寿撰，陈乃乾校点：《三国志》，中华书局 1959 年版，第 110 页。
②　（晋）陈寿撰，陈乃乾校点：《三国志》，中华书局 1959 年版，第 712 页。
③　（梁）沈约：《宋书》，中华书局 1974 年版，第 386 页。

日，翠色影长津。乔柯啭娇鸟，低枝映美人。昔作园中实，今来席上珍。"①结合石崇的《金谷诗叙》，我们可以看到西晋时期士人普遍追求豪奢、夸耀财富的一面。

华林园是传统的王都内苑建筑，高大规整，规模宏大，极尽奢侈，具有皇家园林的格局与气势。西晋士人闾丘冲在《三月三日应诏诗》二首其一中写道："蔼蔼华林，岩岩景阳。业业峻宇，奕奕飞梁。垂荫倒景，若沈若翔。"②"蔼蔼""岩岩""业业""奕奕"，一方面突出山水自然和皇家建筑的高大，代表着皇权的至高无上，另一方面又给官员一种宏大庄严的氛围，以自觉个体的卑微与渺小。因此，士人在欣赏华林园时，在一定程度上兴起了内心庄严、严整的情感。闾丘冲诗其二中便描写到："浩浩白水，泛泛龙舟。皇在灵沼，百辟同游。击棹清歌，鼓枻行酬。闻乐咸和，具醉斯柔。在昔帝虞，德被遐荒。干戚在庭，苗民来王。今我哲后，古圣齐芳。惠此中国，以绥四方。元首既明，股肱惟良。乐酒今日，君子惟康。"③由眼前的景色而产生精神上的依赖与推重，并进行颂美。

晋室南迁后，司马氏政权及其周围的士人仍然在记忆中保存着华林园宴会的盛景，咸和七年（332）时，晋成帝修治宫苑时，在东吴之显明宫基础之上修缮苑城，直接将其命名为华林园。晋孝武帝太元二十一年（376）起清暑殿，到了南朝刘宋时期，清暑殿便融为华林园的一部分。元嘉、大明时期，华林园又进行了两次大的改造和扩建。后来又进行了多次的翻新和增修。东晋南朝时期建康华林园的命名与修建，正体现了洛阳华林园在南渡皇室与士人心目中的分量，它是作为一种审美趣味与旧朝情结而保存的，这在东晋士人心态中是不可或缺的一部分。

---

① （清）彭定求等编：《全唐诗》，中华书局1960年版，第12页。
② 逯钦立辑校：《先秦汉魏晋南北朝诗》，中华书局1983年版，第749页。
③ 逯钦立辑校：《先秦汉魏晋南北朝诗》，中华书局1983年版，第749-750页。

2. 华林园雅集与士人群体的文学风格

曹魏后期，华林园中就已经开始举行相关文学活动。《初学记》卷十二《黄门侍郎》引《魏高贵乡公集》曰："（高贵乡公）幸华林，赐群臣酒。酒酣，上援笔赋诗。群臣以次作，二十四人不能著诗，授罚酒。黄门侍郎钟会为上。"①从这条记载我们可以看出，在宴饮集会上，文士常需要应诏为诗；不能著诗者须罚酒；在集会中会进行评诗活动，并选出为上者或最美者。

西晋初建，晋武帝司马炎在华林园宴请群臣，干宝《晋纪》记载："泰始四年二月，上幸芳林园，与群臣宴，赋诗观志。"孙盛《晋阳秋》曰："散骑常侍应贞诗最美。"②应贞是应璩之子，在魏时与曹魏集团的士人如夏侯玄等人亲近。仕晋之后，又频历显位。《三国志》卷二十一《魏书·王粲传》注引《文章叙录》曰："贞字吉甫，少以才闻，能谈论。正始中，夏侯玄盛有名势，贞尝在玄坐作五言诗，玄嘉玩之。"③《晋书》卷九十二《应贞传》曰："夏侯玄有盛名，贞诣玄，玄甚重之。"④夏侯玄以善谈玄理而闻名，应贞与之交往，在一定程度上受到玄风熏染，其思想表现出兼采儒、道的特点。此次集会中应贞赋诗最美，是西晋士人在围绕政治中心所进行的文学活动中赋诗风格的范式。全诗以四言为诗体、以颂美为内容、庄重典雅，集中表现了西晋初期四言诗的风格。应贞赞美人物，首先从哲人秉持天地灵气而诞生开始说起，"悠悠太上，人之厥初。皇极肇建，彝伦攸敷。五德更运，应录受符。陶唐既谢，天历在虞"。后又有："天垂其象，地耀其文。凤鸣朝阳，龙翔景云。嘉禾重颖，蓂荚载芬。率土咸宁，人胥悦欣。恢恢皇度，穆穆圣容。言思其允，貌思其恭。在视斯明。在听斯聪。登庸以德，明试以

① （唐）徐坚等：《初学记》，中华书局1962年版，第283页。
② （梁）萧统编，（唐）李善注：《文选》，上海古籍出版社1986年版，第952页。
③ （晋）陈寿撰，陈乃乾校点：《三国志》，中华书局1959年版，第604页。
④ （唐）房玄龄等：《晋书》，中华书局1974年版，第2370页。

功。""文武之道，厥猷未坠。在昔先王，射御兹器。示武惧荒，过则有失。凡厥群后，无懈于位。"①《晋书》史臣曰："至于应贞宴射之文，极形言之美，华林群藻罕或畴之。"清人陈祚明《菜蔬堂古诗选》评其"选言安雅，调平无警句。"②词藻华丽、选言安雅，是应制雅诗中的最美者。此外还有荀勖《从武帝华林园宴诗》、王济《从事华林诗》似为参加此次集会所作，荀勖诗曰："思文圣皇，顺时秉仁。钦若灵则，饮御嘉宾。洪恩普畅，庆乃众臣。其庆惟何，锡以帝祉。"③王济诗曰："郁郁华林，奕奕疏圃。燕彼群后，郁郁有序。"④皆为颂美之四言雅诗。梁简文帝萧纲评价华林园赋诗曰："晋集华林，同文轨而高宴。莫不礼具义举，沓矩重规，昭动神明，雍熙钟石者也。"⑤正是对当时宴会中上下雍熙、和乐升平之象的描绘。此次赋诗观志的活动是在晋武帝登基后不久进行的，带有强烈的政治背景和目的，实为巩固皇室之威严，文人群体在其间表现出明显的主客关系，对政治中心具有强烈的政治依附性。其诗作内容主要是"宣上德而尽忠孝"，以歌功颂德为主调，点缀太平盛世，煊赫文德武功，并表达自己的政治态度与立场。

此外，晋人最乐于叙写的三月三日曲水流觞诗会，在华林园中也举行过不少。太康元年（280），武帝平吴后在华林园举行了宴饮赋诗活动。现存诗作如王济《平吴后三月三日华林园诗》、程咸《平吴后三月三日从华林园作诗》即为此次所作，闾丘冲《三月三日应诏诗》似亦为此宴会中作。平吴的胜利使得整个朝野上下气氛欢乐，一片祥和与承平。王济诗言采其兰，"仁以山悦，水为智欢"⑥；闾丘冲诗"击棹清歌，鼓枻

---

① （唐）房玄龄等：《晋书》，中华书局 1974 年版，第 2370-2371 页。

② （清）陈祚明评选，李金松点校：《采菽堂古诗选》，上海古籍出版社 2019 年版，第 292 页。

③ 逯钦立辑校：《先秦汉魏晋南北朝诗》，中华书局 1983 年版，第 592 页。

④ 逯钦立辑校：《先秦汉魏晋南北朝诗》，中华书局 1983 年版，第 597 页。

⑤ （南朝梁）萧纲著，肖占鹏、董志广校注：《梁简文帝集校注》，南开大学出版社 2015 年版，第 830 页。

⑥ 逯钦立辑校：《先秦汉魏晋南北朝诗》，中华书局 1983 年版，第 597 页。

行酬。闻乐咸和，具醉斯柔……元首既明，股肱惟良。乐酒今日，君子惟康"①，亦全是欢乐气氛，士人们甚至发出"千禄永年"的宏愿。东吴既平，更进一步建立起洛下士人优越的政治和文化心理。因此诸多文人皆有颂美之作，如张载《平吴颂》序曰："闻之前志，尧有丹水之阵，舜有三苗之诛，此圣帝明王，平暴静乱，未有不用兵而制之也。夫大上成功，非颂不显；情动于中，非言不彰。猃狁既攘，《出车》以兴；淮夷既平，《江汉》用作。斯故先典之明志，不刊之美事，乌可阙欤？"②诗作铺叙华林园的盛景，颂美统一功业，彰显帝功。但我们可以看到，平吴后的诗作中，除称赞平吴功业外，诗人的目光也开始投向身边的自然山水之上了。荀勖《三月三日从华林园诗》中便注意到了在欢饮游宴时于自然山水之中徜徉而感受到的山水清新之美，诗曰："清节中季春，姑洗通滞塞。玉辂扶渌池，临川荡苛慝。"③濯除不洁，禳除灾疠，是传统修禊之事的主要内容。而濯除不洁之山水则本身具有自然清新的特点，在身心上俱不可污秽。这在当时一种欢乐承平氛围中是特为突出的，也为后来东晋时期三月三日曲水流畅之诗文奠定了基本风调。

太康中后期，武帝多次游宴于华林园，群臣赋诗已为常事。如张华《太康六年三月三日后园会诗》曰："暮春元日，阳气清明，祁祁甘雨，膏泽流盈。习习祥风，启滞导生，禽鸟翔逸，卉木滋荣。纤条被绿，翠华含英。于皇我后，钦若昊乾。顺时省物，言观中园。宴及群辟，乃命乃延。合乐华池，袯濯清川。泛彼龙舟，溯游洪源。朱幕云覆，列坐文茵。羽觞波腾，品物备珍。管弦繁会，变用奏新。穆穆我皇，临下渥仁。训以慈惠，询纳广神。好乐无荒，化达无垠。咨予微臣，荷宠明时。忝恩于外，攸攸三期。犬马惟慕，天实为之。灵启其愿，遐愿在

---

① 逯钦立辑校：《先秦汉魏晋南北朝诗》，中华书局 1983 年版，第 749-750 页。

② （清）严可均辑：《全上古三代秦汉三国六朝文》，中华书局 1958 年版，第 1950 页。

③ 逯钦立辑校：《先秦汉魏晋南北朝诗》，中华书局 1983 年版，第 592 页。

兹。于以表情，爰著斯诗。"①全诗所用《诗经》之典，《诗经》之句式，都透露出雍容雅正的味道，在一片欢宴中歌颂"我皇"，并"灵启其愿"。值得注意的是，张华还有五言诗《上巳篇》留存。在《上巳篇》中，张华全无歌功颂德之语，而多描写天气、场景，并融入个体的人生感悟，诗篇文辞温丽，清新自然。

晋武帝司马炎出身儒学世家，是承平即位的青年皇帝，他的母亲王元姬乃经学大家王朗之孙、王肃之女。在良好的家族教育下，司马炎"宇量弘厚，造次必于仁恕；容纳谠正，未尝失色于人"②，这也使得他对待群臣的态度略有宽和。如南郊礼毕，武帝问刘毅"卿以朕方汉何帝也"，刘毅答以桓灵二帝曰："桓灵卖官，钱入官库；陛下卖官，钱入私门。以此言之，殆不如也。"而武帝只大笑："桓灵之世，不闻此言。今有直臣，故不同也。"③又武帝立司马衷为太子，朝臣都以为他不能亲政，卫瓘常想劝武帝废太子。有一次武帝在凌云台设宴，卫瓘托醉，用手抚摸武帝座位曰："此座可惜！"武帝亦未动怒，只答道："公真大醉耶？"④武帝对待周围的臣子、文士多为如此，且他雅重诗文，能够深刻认识到文治的重要性。因此在举行群臣宴饮时，多提倡文学对于当朝政治的重要意义，也对围绕在其周围的文士的创作风格有一定的启引。西晋初建时的华林园"赋诗观志"便是最好的例证。观群臣之志，并推选出应贞诗"最美"，是对应贞诗作中尊崇礼乐政治、奠定颂美基调的肯定。

与华林园赋诗相仿的，是围绕在太子、权臣等周围的文士在宴集时作诗。如晋惠帝司马衷为太子时，曾多次在宴会上令侍从文人赋诗作颂。王赞任太子舍人期间曾作有《侍皇太子宴始平王诗》《三月三日诗》

---

① 逯钦立辑校：《先秦汉魏晋南北朝诗》，中华书局 1983 年版，第 616-617 页。

② （唐）房玄龄等：《晋书》，中华书局 1974 年版，第 80 页。

③ （唐）房玄龄等：《晋书》，中华书局 1974 年版，第 1272 页。

④ （唐）房玄龄等：《晋书》，中华书局 1974 年版，第 1058 页。

《皇太子会诗》。诗作颂美的对象主要为被宴请的宾客，表现出了拉拢臣子、团结姻亲，以期得到拥护的目的。西晋愍怀太子司马遹，"幼而聪慧，武帝爱之。……惠帝即位，立为皇太子。盛选德望以为师傅，以何劭为太师，王戎为太傅，杨济为太保，裴楷为少师，张华为少傅，和峤为少保。元康元年，出就东宫"。① 据史书记载，张载、陆机、陆云、潘尼、冯文罴等人供职于太子东宫期间常有雅集诗作。晋惠帝永熙元年（290）八月，张载始为太子中舍人；元康元年（291）三月，陆机、冯文罴任太子洗马；同年潘尼、陆云任太子舍人。三年后冯文罴离任，次年，陆机、陆云离任。从现今留存的诗作来看，在此期间，东宫曾多次举行雅集。陆机有《皇太子宴玄圃宣猷堂有令赋诗》《皇太子赐宴诗》《元康四年从皇太子祖会东堂诗》等，潘尼有《七月七日侍皇太子宴玄圃园诗》《皇太子上巳日诗》《皇太子集应令诗》《皇太子社诗》等。

此外，贾谧二十四友群体的士人之间也有不少唱和之作，正式场合的赠答诗一般以赞美歌颂为主，表现出较为鲜明的典雅、中正、高贵的文学风格。贾谧二十四友中的士人多为"贵游豪戚及浮竞之徒"②，其聚合原因首先是带有政治功利性的，各士人都怀有各自的目的而聚拢在贾谧周围。其间的赠答诗作多好尚靡丽、注重雕琢，且以彰显才华、互相称美。如潘岳《为贾谧作赠陆机诗》和陆机《答贾谧诗》，以及陆机、陆云、石崇、欧阳建、杜预、挚虞等士人之间的往来赠答诗，其四言诗体表现出整齐庄重、节奏鲜明的特色。

西晋初期具有雅颂趣味的诗作以四言为主，挚虞称"雅音之韵，四言为正，其余虽备曲折之体，而非音之正也"③。四言主要大量用于正式场合下的酬唱、赠答、劝诫、颂美等，带有比较明显的政治目的；而五言体则较少用于正式场合，多表达和抒发个人感慨与情感等。因此，

① （唐）房玄龄等：《晋书》，中华书局1974年版，第1457-1458页。
② （唐）房玄龄等：《晋书》，中华书局1974年版，第1173页。
③ （清）严可均辑：《全上古三代秦汉三国六朝文》，中华书局1958年版，第1905页。

四言赠答诗更多地表现出明显的雅正风格与颂美内容。综观这一时期的四言雅颂乐章、应诏酬唱诗、文士赠答诗等，都与士人所处的政治环境密切相关。士人出于各自的目的，向某一个政治中心聚拢，并围绕这一中心开展文学活动，其文学作品必然受到相应的政治环境、士人的政治态度等的影响。从西晋初建，晋武帝在朝臣诗会中便奠定了雅颂的基调。西晋前中期的文学士人大多受此影响，兴起雅颂诗文创作的高峰。

第三节 受玄学影响的文士与"玄雅"诗风

一、孙楚与王济的诗文创作与讨论

西晋前中期的文士群体中，出身太原中都的孙楚和太原晋阳的王济当是受到当时玄学风气影响较大的。他们的交游、创作及关于文学思想的讨论，也带有玄学风味。

孙楚字子荆，祖父孙资，为魏骠骑将军；父孙宏，南阳太守。孙楚"才藻卓绝，爽迈不群，多所陵傲，缺乡曲之誉"①。四十余岁方进入仕途，任镇东将军石苞参军，与石苞有嫌。后征西将军扶风王司马骏起为参军，转梁令，迁卫将军司马。惠帝初，为冯翊太守。而王济则是太原晋阳王氏子弟，二人友善，王济曾评价孙楚曰："天才英博，亮拔不群。"②孙楚与王济的交往在《世说新语》中有载，二人之间常有品断人物、机锋敏捷的对话。《世说新语·排调》记："孙子荆年少时欲隐，语王武子'当枕石漱流'，误曰'漱石枕流'。王曰：'流可枕，石可漱乎?'孙曰：'所以枕流，欲洗其耳；所以漱石，欲砺其齿。'"③"枕石漱流"乃魏、晋人常用语，形容归隐山林的生活。而孙楚引一时口误说为

① （唐）房玄龄等：《晋书》，中华书局1974年版，第1539页。
② （唐）房玄龄等：《晋书》，中华书局1974年版，第1543页。
③ （南朝宋）刘义庆著，（南朝梁）刘孝标注，余嘉锡笺疏，周祖谟、余淑宜、周士琦整理：《世说新语笺疏》，中华书局2007年版，第918页。

"漱石枕流",王济又欲逼其认错,使得孙楚机智解释:枕流洗耳,表明高洁之旨趣与无俗世之心,而漱石砺齿,则有助于消化吸收,以虚空接纳万物。孙楚年少时受到老庄思想影响比较大,胸中有隐逸之志。且他应当受到当时洛阳学风影响,对于当时流行的品藻人物、玄谈名理等都不陌生。《世说新语·言语》有:

> 王武子、孙子荆各言其土地人物之美。王云:"其地坦而平,其水淡而清,其人廉且贞。"孙云:"其山崔巍以嵯峨,其水㳌渫而扬波,其人磊砢而英多。"①

崔巍,高峻崇积的样子。磊砢,《文选》卷八《上林赋》"水玉磊砢"郭璞注曰:"水玉,水精也。磊砢,魁礧貌也。"②刘孝标注:"按《三秦记》《语林》载蜀人伊籍称吴土地人物,与此语同。"③王济、孙楚同为太原人,其风土不应有如此相异。从风土之异与人才的联系角度来看,当是吴蜀之地的不同。吴地"坦""平""淡""清",因此人物"廉且贞";蜀地"其山崔巍以嵯峨,其水㳌渫而扬波",人物之性情、才华也都奇绝卓特。就二人之各自品语而言,蒋凡等《全评新注世说新语》中指出:"王济之言,于山水人物描摹中,渗透着一种清雅之美,颇有老、庄境界。表达了王济'有隽才,能清言'的气质修养。……孙楚以物状人,将峥嵘奇崛的精神气质和奇特英发的才思描绘如自然景象一般可睹可亲,富有内涵。孙楚的山水人物之说,也表达了其人'天才英特,亮拔

---

① (南朝宋)刘义庆著,(南朝梁)刘孝标注,余嘉锡笺疏,周祖谟、余淑宜、周士琦整理:《世说新语笺疏》,中华书局 2007 年版,第 101 页。
② (梁)萧统编,(唐)李善注:《文选》,上海古籍出版社 1986 年版,第 364 页。
③ (南朝宋)刘义庆著,(南朝梁)刘孝标注,余嘉锡笺疏,周祖谟、余淑宜、周士琦整理:《世说新语笺疏》,中华书局 2007 年版,第 101-102 页。

不群'的才俊。"①王济、孙楚的玄学气质使得他们的言语精妙，展现出山水与人物美的内在气韵的沟通。孙楚更是表现出文学家的特质，在描摹景物、人物时充满灵动可感的妙处。

《世说新语》也记载了他们关于诗文的讨论。《世说新语·文学》记载：

> 孙子荆除妇服，作诗以示王武子。王曰："未知文生于情，情生于文。览之凄然，增伉俪之重。"
>
> 刘孝标注引孙楚《集》云："妇胡毋氏也。"其诗曰："时迈不停，日月电流。神爽登遐，忽已一周。礼制有叙，告除灵丘。临祠感痛，中心若抽。"②

孙楚为妻子服丧一年期满，除去丧服，作《除妇服诗》以示王济，王济因此与之讨论情与文的关系。受到玄学的影响，魏晋士人着力探讨文学本体的问题。而孙楚王济则谈到了对情与文的真切感受。一是作文，一是阅文，作文者为情而造文，文生于情，阅文者披文以入情，情生于文。二者经由文而能够有情感的沟通。孙楚王济本是知己，更能够在诗文中去达到情感交通的境界。这也是魏晋时人重情的体现。后来刘勰在《文心雕龙·情采》中着重讨论了这个问题："故情者，文之经，辞者，理之纬；经正而后纬成，理定而后辞畅，此立文之本源也。昔诗人什篇，为情而造文，辞人赋颂，为文而造情。何以明其然？盖风雅之兴，志思蓄愤，而吟咏情性，以讽其上，此为情而造文也；诸子之徒，

---

① 蒋凡、李笑野、白振奎评注：《全评新注世说新语》，人民文学出版社2009年版，第88页。

② （南朝宋）刘义庆著，（南朝梁）刘孝标注，余嘉锡笺疏，周祖谟、余淑宜、周士琦整理：《世说新语笺疏》，中华书局2007年版，第300页。

心非郁陶，苟驰夸饰，鬻声钓世，此为文而造情也。"①余嘉锡以为此即从王济之言中悟出。

王济去世之后，孙楚前往吊唁，他与王济的友爱深情和好友逝去的悲痛之感真挚地表达出来。《世说新语·伤逝》载："孙子荆以有才，少所推服，唯雅敬王武子。武子丧时，名士无不至者。子荆后来，临尸恸哭，宾客莫不垂涕。哭毕，向灵床曰：'卿常好我作驴鸣，今我为卿作。'体似真声，宾客皆笑。孙举头曰：'使君辈存，令此人死！'"②士人好驴鸣，其音质悠长而悲戚，若合其审美者，恰是在吊丧礼仪中的悲痛氛围。但在世人看来，这一怪诞的举动是突破普通礼仪秩序的。只有作为好友的孙楚，以驴鸣的方式展现出内心深处的真情。

孙楚、王济善清谈玄理、品评人物，是玄学士人中较为显著的文人。《文选》收录孙楚诗一首、文一篇。《诗品》评"魏尚书何晏、晋冯翊守孙楚、晋著作王赞、晋司徒掾张翰、晋中书令潘尼"曰："平叔'鸿雁'之篇，风规见矣。子荆'零雨'之外，正长'朔风'之後，虽有累札，良亦无闻。季鹰'黄华'之唱，正叔'绿繁'之章，虽不具美，而文彩高丽。并得虬龙片甲，凤凰一毛。事同驳圣，宜居中品。"③他们的诗文表现出来一种玄雅风味。孙楚诗最著名的即是钟嵘所评"子荆'零雨'"一诗《征西官属送于陟阳侯作诗》。陆侃如《中古文学系年》将此诗系于太康七年(286)，本年孙楚由扶风王司马骏参军转梁令，此诗拟作于离任之时。④"零雨被秋草"一句，《宋书》卷六十七《谢灵运传论》举："子荆'零雨'之章，正长'朔风'之句，并直举胸情，非傍诗史，正以音律

①　(南朝梁)刘勰著，范文澜注：《文心雕龙注》，人民文学出版社 1958 年版，第 538 页。
②　(南朝宋)刘义庆著，(南朝梁)刘孝标注，余嘉锡笺疏，周祖谟、余淑宜、周士琦整理：《世说新语笺疏》，中华书局 2007 年版，第 750 页。
③　(梁)钟嵘著，曹旭集注：《诗品集注》，上海古籍出版社 1994 年版，第 222-223 页。
④　陆侃如：《中古文学系年》，人民文学出版社 1985 年版，第 715 页。

调韵，取高前式。"①钟嵘《诗品》评曰："子荆'零雨'之外，正长'朔风'之后，虽有累札，良以无闻。"②孙楚此诗正是直抒胸中真情实感，不依靠史典，不依傍别人诗句而做。这在当时盛行的拟古之风中突显而出。其诗文的后半段："三命皆有极，咄嗟安可保。莫大于殇子，彭聃犹为夭。吉凶如纠缠，忧喜相纷绕。天地为我炉，万物一何小。达人垂大观，诚此苦不早。乖离即长衢，惆怅盈怀抱。孰能察其心，鉴之以苍昊。齐契在今朝，守之与偕老。"③表现的全是老子思想，表达出对生死、人生的态度，"隐括《庄子》及贾生语，亦练得简醒"④，虽铺陈名理，但内中有情，是玄学士人吟咏的风味。

从西晋末到东晋，孙氏家学一直承继。过江以后，褚裒曾与孙盛二人共论南北学风之异。褚裒怀有中原学士的自负，以为北人学问特点是"渊综广博"⑤。而孙盛承继家学，善言名理，与清谈人物殷浩共擅名一时，且他还是一位史学家，所著《晋阳秋》"词直而理正"⑥。孙盛以为南人学风之清明通达、简明切要。相较于孙盛而言，孙绰更明显地受到玄风影响，是东晋中期文学士人的典型。

二、陆云诗文的玄雅之风

陆云是在太康、元康时期活跃在文坛的南士，但他较之其兄陆机而言更多地受到西晋玄风的影响。陆云的很多四言诗在雅正之体基础之上

① （梁）沈约：《宋书》，中华书局1974年版，第1779页。
② （梁）钟嵘著，曹旭集注：《诗品集注》，上海古籍出版社1994年版，第222页。
③ 逯钦立辑校：《先秦汉魏晋南北朝诗》，中华书局1983年版，第599-600页。
④ （清）吴淇撰，汪俊、黄进德点校：《六朝选诗定论》，广陵书社2009年版，第221页。
⑤ （南朝宋）刘义庆著，（南朝梁）刘孝标注，余嘉锡笺疏，周祖谟、余淑宜、周士琦整理：《世说新语笺疏》，中华书局2007年版，第255页。
⑥ （唐）房玄龄等：《晋书》，中华书局1974年版，第2148页。

融入玄风结合，呈现出玄雅之风。

1. 江东儒学与洛下玄言的交融

两汉之际，中原地区动乱，许多北方士人南迁，有的甚至是较大规模的家族式的迁徙。至东汉时，一些士族留居江东，逐渐发展成为江东大族。东汉末年，又有大批中原士人南迁。这些家族在入江东之前，有的便具有一定的文化积累，继续繁衍，有的是在汉代朝廷以经术取仕的引导下重视文化教育，以通经取仕。于是形成了江东地区尚儒习文的整体风气。以江东吴郡陆氏家族为例，陆氏具有深厚的文化基础，早在汉代便有严格的儒学教育。如汉魏之际的陆绩，《三国志》本传记载：“绩容貌雄壮，博学多识，星历算数无不该览。虞翻旧齿名盛，庞统荆州令士，年亦差长，皆与绩友善。……绩既有躄疾，又意存儒雅，非其志也。虽有军事，著述不废，作《浑天图》，注《易》释《玄》，皆传于世。豫自知亡日，乃为辞曰：‘有汉志士吴郡陆绩，幼敦《诗》、《书》，长玩《礼》、《易》，受命南征，遘疾逼厄，遭命不永，呜呼悲隔！’”①陆绩的儒学修养在于天文历法以及《周易》《太玄》的研究。他与虞翻、庞统友善，代表了当时江东地区的学术风尚。至孙吴之世，陆氏家族又有一位研究《诗经》的儒士，即陆玑。陆玑精研《诗经》，另辟蹊径，著《毛诗草木鸟兽虫鱼疏》，开后世《诗》家辩证名物一派，在学术上具有开创意义。陆氏的经学研究奠定了其儒学家风的深厚基础。

江东大族顾氏亦是一个从两汉之际开始接受儒学的大家族。东汉时顾奉曾受业于大儒程曾，程曾习《严氏春秋》，著书皆《五经》通难，又有《孟子章句》。程曾受业长安十余年，还家讲授，便有顾奉等数百人常居于其门下学习。汉末时期的顾雍，亦继承了其厚德门风，践守儒道规范，弘扬儒学。《三国志》本传中载汉末儒学名士蔡邕“曾避怨于吴，雍从学琴书”，顾雍还受到蔡邕的称赞而流誉士林。顾雍长子顾邵亦

---

① （晋）陈寿撰，陈乃乾校点：《三国志》，中华书局 1959 年版，第 1328-1329 页。

"博览书传，好乐人伦。少与舅陆绩齐名，而陆逊、张敦、卜静等皆亚焉"。① 西晋灭吴以后，顾氏家族中的顾荣与陆机、陆云并称三俊，一同入洛仕职，便将江东大族的儒学家风携至洛下。

时洛阳正经历了汉末魏时的思想动荡，儒学体系已不似江东那般厚重坚固，士人们选择了新的人生哲学来弥补空缺。虽然西晋王朝建立，朝廷崇兴儒学，但是在大多数士人眼中，儒学并不能支撑整个生命。伴随着庄学的兴起，不著于实物的玄远大道及阴阳五行、象数之谈在洛下兴盛起来。陆机、陆云、顾荣等大多数江南才士入洛之时，西晋王朝约已去半，玄谈正是方兴未艾。因此，立儒的文士与谈玄的文士必定会有碰撞、交融与妥协。这也使得文士的儒学趣味有新的变化。

《晋书》卷五十四《陆云传》中记载了陆云与王弼谈玄之事：

> 初，云尝行，逗宿故人家，夜暗迷路，莫知所从。忽望草中有火光，于是趣之。至一家，便寄宿，见一年少，美风姿，共谈《老子》，辞致深远。向晓辞去，行十许里，至故人家，云此数十里中无人居，云意始悟。却寻昨宿处，乃王弼冢。云本无玄学，自此谈《老》殊进。②

陆云来自江东儒学世族陆氏，"本无玄学"，而遇到王弼冢，与之谈老，得益于此，后玄风大进。此神异故事还有一种说法，而主人公是陆机。

> （尸乡）其泽，野负原，夹郭多坟陇焉。即陆士衡会王辅嗣处也。袁氏《王陆诗叙》，机初入洛，次河南之偃师，时忽结阴，望道左若民居者，因往逗宿，见一少年，姿神端远，与机言玄，机服

---

① （晋）陈寿撰，陈乃乾校点：《三国志》，中华书局 1959 年版，第 1229 页。
② （唐）房玄龄等：《晋书》，中华书局 1974 年版，第 1485-1486 页。

其能而无以酬折，前致一辩，机题纬古今，综检名实，此少年不甚欣解。将晓，去，税驾逆旅，妪曰：君何宿而来？自东数十里无村落，止有山阳王家墓。机乃怪怅，还睇昨路，空野霾云，攒木蔽日，知所遇者，审王弼也。①

从此故事中，我们更能看出儒学与玄风的碰撞交融。王弼"姿神端远"，与陆机谈玄，而陆机则是"题纬古今，综检名实"。陆机对玄学心有赞赏，王弼对儒学"不甚欣解"。这一场谈话便是洛下玄风与江东儒学的对话。从这两则材料来看，同是与王弼谈玄，陆云与之谈老，且强调此谈话的裨益便是玄学修养有所长进；而陆机于王弼各言玄儒，互为赞叹。这也许是代表了由吴入洛之士的两种思想倾向。一是为了融入西晋士人群体，在政治上立足，而大修玄养，努力在思想上与之靠近；一是坚持儒家士风，没有或少有学习玄学。这两者都体现了玄儒的融合，而只是程度不一矣。

从江东来的文士崇尚儒学，所作之文辞体雅正，语言典丽，正契合了北方儒学士人的雅正观念与尚古趣味。但是随着玄学的越来越兴盛，这种趣味受到一定的影响，从而产生了新的面貌。

2. 模仿诗经与玄风趣味——陆云《赠郑曼季诗》

陆云的儒学趣味深厚，表现在他的诗文创作中。他多作四言诗，其语词、用典、诗意均具有浓厚的儒学趣味。他还模仿诗经作了《赠郑曼季诗》四首。分别为《谷风》《鸣鹤》《南衡》《高冈》。就诗名来看，其中《谷风》是完全用《邶风·谷风》之名；《鸣鹤》取于《周易·中孚》"鸣鹤在阴"之辞，而《小雅》中亦有《鹤鸣》篇；《南衡》取《左传·昭公四年》"四衡三塗"之"南岳衡"之语；《高冈》有《大雅·卷阿》"凤皇鸣矣，于彼高冈。梧桐生矣，于彼朝阳"语。在诗义方面，我们可以从其小序中剖析。

① （北魏）郦道元著，陈桥驿校证：《水经注校证》，中华书局 2007 年版，第 404 页。

《谷风》，怀思也。君子在野，爱而不见，故作是诗，言其怀而思之也。①

《鸣鹤》，美君子也。太平之世，君子犹有退而穷居者，乐天知命，无忧无欲。收硕人之考槃，伤有德之遗世，故作是诗也。②

《南衡》，美君子也。言君子遁世不闷，以德存身。作者思其以德来仕，又愿言就之宿，感白驹之义，而作是诗焉。③

《谷风》一诗虽用《邶风·谷风》诗名，而实以《小雅·隰桑》为诗义。《小雅·隰桑》诗小序曰："刺幽王也。小人在位，君子在野。思见君子，尽心以事之。"④《谷风》小序言怀思，即抒写对栖迟在野的君子郑曼季的怀念之情。《鸣鹤》篇是赞美君子之德，实以《卫风·考槃》小序"刺庄公也。不能继先公之业，使贤者退而穷处"⑤为义。序中言"硕人之考槃"，即《卫风·考槃》云："考槃在涧，硕人之宽。"郑玄笺："有穷处成乐，在于此涧者，形貌大人，而宽然有虚之之色。"⑥诗篇赞美太平盛世之君子退而穷居，乐天知命，遗世独立，又对其怀德而不遇表示嗟叹。《南衡》篇取《小雅·白驹》诗意，郑玄笺："宣王之末，不能用贤，贤者有乘白驹而去者。"⑦全诗赞颂君子之德，又表达了作者对郑曼季的思念之情，并劝其出仕。《高冈》篇小序脱佚，但纵观全诗，亦是赞美郑曼季君子之德，并期望其出仕。综上观之，四首诗之诗义亦多转

---

① （晋）陆云撰，黄葵点校：《陆云集》，中华书局 1988 年版，第 55 页。
② （晋）陆云撰，黄葵点校：《陆云集》，中华书局 1988 年版，第 58 页。
③ （晋）陆云撰，黄葵点校：《陆云集》，中华书局 1988 年版，第 61 页。
④ （清）阮元校刻：《十三经注疏·毛诗正义》，中华书局 1980 年版，第 495 页。
⑤ （清）阮元校刻：《十三经注疏·毛诗正义》，中华书局 1980 年版，第 321 页。
⑥ （清）阮元校刻：《十三经注疏·毛诗正义》，中华书局 1980 年版，第 321 页。
⑦ （清）阮元校刻：《十三经注疏·毛诗正义》，中华书局 1980 年版，第 434 页。

用自《诗经》，但是又以古意表达作者现实的思想情感，即陆云在与郑曼季赠答过程中所需要表达的对郑曼季的思念、赞美及劝仕之情。

从诗篇体式上来看，陆云也极力模仿诗经行文风格。如《谷风》五章，每章均以"习习谷风"入笔，采用叠章形式，反复吟唱，形成重章叠句的动人美感。且文中多采用双声叠韵叠字等词汇，形成声韵之美。而更加重要的是，四章均以风、鹤、山、高冈等物像巧妙起兴，含蓄委婉且有韵致，别有一番古之趣味。

又以诗篇行文、用语及采典来看，更是以《诗经》作为蓝本极力模仿，使得用语雅奥，表达感情深婉动人。复以《谷风》①为例析之。

习习谷风，扇此暮春。	习习谷风，以阴以雨。	《邶风·谷风》
霖雨嘉播，有渰凄阴。	有渰萋萋，兴雨祁祁。	《小雅·大田》
嗟我怀人，其居乐潜。	嗟我怀人，寘彼周行。	《周南·卷耳》
	鱼潜在渊，或在于渚。乐彼之园，爰有树檀。	《小雅·鹤鸣》
明发有想，如结予心。	明发不寐，有怀二人。	《小雅·小宛》
	淑人君子，其仪一兮。其仪一兮，心如结兮。	《曹风·鳲鸠》
习习谷风，以温以凉。	习习谷风，以阴以雨。	《邶风·谷风》
明发有思，凌彼褰裳。	子惠思我，褰裳涉溱。	《郑风·褰裳》
嗟我怀人，于焉逍遥。	所谓伊人，于焉逍遥。	《小雅·白驹》
习习谷风，其音孔嘉。	其新孔嘉，其旧如之何。	《豳风·东山》
所谓伊人，在谷之阿。	所谓伊人，在水一方。	《秦风·蒹葭》
维南有箕，匪休其和。	维南有箕，不可以簸扬。维北有斗，不可以挹酒浆。	《小雅·大东》
有捄斯毕，载尔滂沱。	有捄天毕，载施之行。	《小雅·大东》
	月离于毕，俾滂沱矣。	《小雅·渐渐之石》
	寤寐无为，涕泗滂沱。	《陈风·泽陂》

---

① （晋）陆云撰，黄葵点校：《陆云集》，中华书局 1988 年版，第 55 页。

对比可以得知，《谷风》一诗几乎每句都使用了《诗经》的语言，或直接采用，或化用，其语言风格和语义都充满了诗经之美。

陆云《赠郑曼季诗》中不仅以诗名、诗义、诗体、用典等来模仿诗经，呈现出雅正的儒学趣味；而且还在意境的塑造、意象的选择以及情感表达上充满了自然清妙的玄风趣味，形成了"雅""玄"的结合，这也是陆云诗歌"玄雅"的表现。我们从以下几个方面可以窥见陆云《赠郑曼季诗》中的玄风趣味。

一是清净逍遥的玄学人生美。玄学人生重在对理想人格本体的追求，魏晋时期，逍遥自适的闲暇生活是玄学人生的一种选择。士人们注重对于人生、自然的审美享受，不重事功，有的在世俗社会中抱有此种生活，而有的则是退隐山野，但他们的相同点都是心灵的自由与超脱。早在魏时，阮籍、嵇康等就努力寻求并实践着这种玄学式的人生方式。陆云的《赠郑曼季诗》四首中，有很多诗句都描写了这种玄学人生的逍遥之乐。

《鸣鹤》一诗中有："垂翼兰沼，濯清芳池。"这是描写郑曼季的隐逸生活之一，在种满幽兰的塘边止息，在芬芳清灵的水池旁洗濯，超然尘世，志高气节，就如"朝挹芳露，夕玩幽兰"①。山林之中生活恬静、清澈，有如仙境一般。《南衡》一诗又有："沉波涌奥，渊芳馥风。傃虚养恬，照日遗踪。考槃遵渚，思乐潜龙。"②郑曼季隐于山林，一向虚静恬淡，面对陆云的劝仕，仍然逍遥山泽，留恋恬静人生之乐。而他的德行犹如"和璧在山，荆林玉润。之子于潜，清辉远振"③。《高岗》中亦有："泳此明流，清澜川通。陟彼衡林，味其回芳。"④陆云赞叹其美好的德行，在纯净清澈的兰池芳野之中，留恋隐逸之乐趣，而拒绝出仕。

---

① （晋）陆云撰，黄葵点校：《陆云集》，中华书局1988年版，第2页。
② （晋）陆云撰，黄葵点校：《陆云集》，中华书局1988年版，第62页。
③ （晋）陆云撰，黄葵点校：《陆云集》，中华书局1988年版，第62页。
④ （晋）陆云撰，黄葵点校：《陆云集》，中华书局1988年版，第64页。

陆云在《逸民赋》中，详细描写了此种玄学人生的自然幽处："寂然尸居，俨焉山立。遵渚龙见，在林凤戢。遁绵野以宅心，望空岩而凯入。明发悟歌，有怀在昔。宾濮水之清渊兮，仪磻溪之一壑。毒万物之喧哗兮，聊渔钓于此泽。"①陆云描写了隐者居处的环境之清幽，意境之玄远，而隐者挹清源、餐秋菊，立于山，行于林，心灵得到了极大的净化与自由的快乐。

二是审美对象的清妙之美。陆云在《赠郑曼季诗》中，描写了多个清莹剔透充满玄风的意象，用语简约清妙，充满了玄学妙赏之美。特别是其中的《谷风》一诗，对自然万物的审美充满清新妙赏，玄心洞见。如其中的一二两章：

> 习习谷风，扇此暮春。玄泽坠润，灵爽烟煴。高山炽景，乔木兴繁。兰波清涌，芳浒增凉。感物兴想，念我怀人。
> 习习谷风，载穆其音。流莹鼓物，清尘拂林。霖雨嘉播，有凄凄阴。归鸿逝矣，玄鸟来吟。嗟我怀人，其居乐潜。明发有想，如结予心。②

谷风，为和舒之东风。东风吹拂暮春之季，让人很容易感受到孔子暮春时节"风乎舞雩"的逍遥人生境界。而这种儒者的人生境界在陆云这里与玄心的清新融于一诗。"玄泽坠润，灵爽烟煴"，天地恩泽降为雨露，山色雾霭一片。接着山顶出现日光，将高大繁茂的树木照耀；山中荫深之处，幽兰清波、花芳水岸。而其中景致灵动清爽，大有神仙之气。第二章又有"流莹鼓物，清尘拂林"，软风轻拂林间，鼓动世间万物，犹如温润淳朴的玉石之色，在光影中流动。而在这样的远离尘世俗扰之境，正是适于逍遥自放的玄学人生之地，与万物为一体，以自由与

---

① （晋）陆云撰，黄葵点校：《陆云集》，中华书局1988年版，第2页。
② （晋）陆云撰，黄葵点校：《陆云集》，中华书局1988年版，第55页。

美为人生。

三是一往情深的真情之美。陆云作《赠郑曼季诗》三首，是对郑曼季表达自己的思念之情，同是劝其出仕。陆云与郑曼季的一往情深在诗中浓郁可见。《谷风》一诗整首都是怀人之情，诗人以暮春山林之景生怀人之感，以天地交泰、万物生息而生怀人之感。诗中言："明发有想，如结予心。"日夜思念郁积在心中不得而发。甚至希望"凌波褰裳"前往相见，忧思成疾。《鸣鹤》《南岳》也都有深切的怀人之语，如"嗟我怀人，启襟以晞""嗟我怀人，心焉忡忡""嗟我怀人，惟用伤情"①。

陆云的《赠郑曼季诗》四首以诗经的诗义、体式、用典、用语等，融合了玄学人生、清妙意象等玄风趣味，体现了其"玄雅"的诗文特征，对东晋诗歌风调也产生了重要的影响。

第四节　文士的个体抒情与诗文的"博雅"趣味

在西晋前期还有一位重要的文士张华，他在司马氏政权中是一位庶族名臣，参与了雅乐歌诗的创作，也有很多宴饮和赠答诗文，总体呈现出从魏到晋过渡的诗风，并奠定了西晋"流韵绮靡"诗风的基调。围绕在政治中心周围的文士群体，一直延续雅颂趣味，维持"雅正"诗风；同时受到这一时期的社会思潮的推动与促进，群体中的士人在表达个体情感时，又多表现出"博""丽"的风格。这突出表现在以张华为核心的文士群体中。

一、张华及其周围的文学士人

张华，字茂先，出自范阳张氏。《晋书》称："张华字茂先，范阳方城人也。父平，魏渔阳郡守。"②范阳郡在汉时称涿郡，魏文帝时改名为

---

① （晋）陆云撰，黄葵点校：《陆云集》，中华书局 1988 年版，第 59 页。

② （唐）房玄龄等：《晋书》，中华书局 1974 年版，第 1068 页。

范阳郡。魏初时,"涿郡领户三千,孤寡之家,参居其半"①,其孤贫情况可知。张华生于魏明帝太和六年(232),约八岁时父亲去世,少自牧羊,而笃志好学。史载张华"为人少威仪,多姿态"②,"少自修谨,造次必以礼度。勇于赴义,笃于周急。器识弘旷,时人罕能测之"。③张华学业优博,朗赡多通,好文义,博览坟典,他的所学与所长是当时寒门士人的典型,他的仕进之路却也是当时寒门士人中独一的。

(一)张华早年得遇于卢钦、刘放

张华得卢钦知遇,又为乡人刘放器重,与刘放女结婚。约魏高贵乡公甘露三年(258),司马昭首封晋公,为相国,卢钦荐张华于司马昭,除佐著作郎。卢钦字子若,范阳涿人,"清澹有远识,笃志经史,举孝廉,不行,魏大将军曹爽辟为掾",卢钦卒,"诏曰:'钦履道清正,执德贞素。文武之称,著于方夏。入跻机衡,惟允庶事。肆勤内外,有匪躬之节。'……谥曰元"。"又以钦忠清高洁,不营产业,身没之后,家无所庇,特赐钱五十万,为立第舍。……其家大匮,其各赐谷三百斛。"④卢钦廉正清贫,对晋室忠贞,似都对张华产生一定的影响。刘放虽仕至魏侍中、光禄大夫,为魏室机要重臣,但引张华为婿后不久即卒,其社会政治地位似未对张华产生明显的影响。

(二)张华任中书令,参与修订乐律,做庙堂歌诗

泰始七年(271),张华由黄门侍郎拜中书令,与秘书监荀勖依刘向《别录》整理记籍。泰始八年(272)张华举陈寿为孝廉,除佐著作郎。泰始九年(273),荀勖为光禄大夫,典知乐事,作古尺以调声韵,又"使郭夏、宋识等造《正德》《大豫》二舞,其乐章亦张华之所作云"⑤。张华

---

① (晋)陈寿撰,陈乃乾校点:《三国志》,中华书局1959年版,第680页。

② (南朝宋)刘义庆著,(南朝梁)刘孝标注,余嘉锡笺疏,周祖谟、余淑宜、周士琦整理:《世说新语笺疏》,中华书局2007年版,第919页。

③ (唐)房玄龄等:《晋书》,中华书局1974年版,第1068页。

④ (唐)房玄龄等:《晋书》,中华书局1974年版,第1255页。

⑤ (唐)房玄龄等:《晋书》,中华书局1974年版,第692页。

作了《正德舞歌》《大豫舞歌》等，皆为颂扬祖德之作。

（三）支持晋武帝灭吴，吴平后名重一世

晋武帝自泰始五年始便开始谋划灭吴之计，咸宁二年（276），羊祜表请伐吴；三年（277），王濬又遣使至洛阳陈伐吴之计；四年（278），羊祜入朝陈伐吴之谋；五年（279），益州刺史王濬上表请伐吴，贾充等以为不可，羊祜、杜预、张华等坚持劝武帝伐吴，武帝方决意用兵。"及将大举，以华为度支尚书，乃量计运漕，决定庙算。"①伐吴之军初进之时，未有克获，贾充、荀勖等人奏请诛张华以谢天下；而吴灭之后，张华进封为广武县侯，这又加深了贾充对张华的嫉妒。

吴平之后，张华"名重一世，众所推服，晋史及仪礼宪章并属于华，多所损益，当时诏诰皆其草定，声誉益盛，有台辅之望焉。"②太康三年（282），张华为持节、都督幽州诸军事，领护乌桓校尉、安北将军。太康六年（285）任太常，后因太庙栋折，请免官，在家闲居，于晋惠帝永熙元年（290）起为太子太傅。

（四）张华居要职，举荐诸多士人

太康末，陆机、陆云、顾荣入洛，张华虽闲居在家，仍为其延誉。元康元年（291），贾后矫诏废皇太后为庶人，又使楚王司马玮杀太宰、汝南王司马亮及太保、菑阳公卫瓘。又用张华计杀楚王玮。张华"以首谋有功，拜右光禄大夫、开府仪同三司、侍中、中书监，金章紫绶"。又"贾谧与后共谋，以华庶族，儒雅有筹略，进无逼上之嫌，退为众望所依，欲倚以朝纲，访以政事。疑而未决，以问裴𫖮，𫖮素重华，深赞其事。华遂尽忠匡辅，弥缝补阙，虽当暗主虐后之朝，而海内晏然，华之功也。"③元康年间，张华领司徒，"天下所举凡十七人"，史载有元康四年（294），张华荐刘弘出督幽州；五年（295），张华见束皙《玄居释》而奇之，召之为掾；六年（296），又辟左思为祭酒，以掾束皙为贼

---

① （唐）房玄龄等：《晋书》，中华书局 1974 年版，第 1070 页。
② （唐）房玄龄等：《晋书》，中华书局 1974 年版，第 1070 页。
③ （唐）房玄龄等：《晋书》，中华书局 1974 年版，第 1072 页。

曹属。

张华作为寒门士人，以经史为长，受到举荐而进入司马氏政权，经历了不同的政治事件之后最终为西晋重臣，同时也是由于他出身庶族而为贾后所推重，虽以"悠游卒岁"的心态为政，却维持了近十年的政局平稳；也是由于他出身寒门，他大量提携寒门士人，其中不乏西晋文坛中的重要人物，推动了太康、元康时期的文学发展。

二、张华倡导的审美理想及其"博""丽"的风格

西晋时期的文学士人群体中，张华是首屈一指的人物，陆机、陆云、左思辈士人皆出其下。无论他自己的创作，还是对其他文士作品的赞誉与批评，都能见出他的审美趣味和诗学观念，以及他对西晋文坛的引导。他的学术特点、诗文观念也影响了这一时期文士群体。

（一）文士的经史修养与"博雅"风格

张华在西晋时期即以博学著称，是"博物之士"的代表。傅畅《晋诸公赞》中称张华"博识多闻，无物不知"①，《晋书》本传曰："（华）雅爱书籍，身死之日，家无馀财，惟有文史溢于机箧。尝徙居，载书三十乘。……天下奇秘，世所希有者，悉在华所。由是博物洽闻，世无与比。"②晋代初建时，张华为黄门侍郎，晋武帝问张华关于汉代宫室制度及建章千门万户，张华"应对如流，听者忘倦，画地成图，左右属目。帝甚异之，时人比之子产"③，子产是春秋时期郑国名重一时的博物君子，可见时人对张华的评价颇高，并对他充满期许。

张华的学问，一是旧代故实、典章制度等务实之学。张华参与朝政的一个重要方面即是他的博物之学，朝廷关于晋史、仪礼、宪章等内容，都需要张华参照故实典章事先草拟，而后再颁布诏诰。朝廷任张华

---

① （唐）欧阳询撰，汪绍楹校：《艺文类聚》，上海古籍出版社 1982 年版，第 891 页。

② （唐）房玄龄等：《晋书》，中华书局 1974 年版，第 1074 页。

③ （唐）房玄龄等：《晋书》，中华书局 1974 年版，第 1070 页。

为太常，掌宗庙礼仪、文化教育，统辖博士和太学，以重儒教。张华擅长经史故实，在与玄学名士相交游时，也常以此胜。《世说新语·言语》载："诸名士共至洛水戏。还，乐令问王夷甫曰：'今日戏乐乎？'王曰：'裴仆射善谈名理，混混有雅致；张茂先论《史汉》，靡靡可听；我与王安丰说延陵、子房，亦超超玄箸。'"①张华长于史、汉，又不怯于谈论。在与诸玄学名士的聚会上论史汉故实人物，确能够引起大家的兴趣，得到认可。二是图纬方伎、阴阳术数等博物之学。张华撰写了《博物志》，内容包含诸多异境奇物、神仙方术、地理知识、人物传说等，包罗万象。《拾遗记》中称："（张华）好观秘异图纬之部，捃采天下遗逸，自书契之始，考验神怪，及世间闾阎所说，造《博物志》四百卷。"②因此张华亦被后人称为"博物之儒"。时人刘讷入洛，品评了诸位名士，其中就有张华："张茂先我所不解。"③刘讷认为张华气象万千，难以情测，因此不解。这也正是张华学问之"博"的一个反映。

而我们再看张华提携的人物，大多有此特点。牵秀"任气"，"博辩有文才，性豪侠"④；陈寿"善叙事，有良史之才"⑤；索靖"少有逸群之量"，"该博经史，兼通内纬"⑥；华峤"才学深博"，"博闻多识"，著《后汉书》，"有迁固之规，实录之风"⑦；范乔"儒学精深"⑧。西晋的文学士人，或是起家寒微，或是名门衰宗之后，受当时进仕条件的影响，这些士人多偏重文学经史。他们的应策内容也以此务实之学为主。

---

① （南朝宋）刘义庆著，（南朝梁）刘孝标注，余嘉锡笺疏，周祖谟、余淑宜、周士琦整理：《世说新语笺疏》，中华书局2007年版，第100-101页。
② （晋）王嘉撰，（梁）萧绮录，齐治平校注：《拾遗记校注》，中华书局1981年版，第210-211页。
③ （南朝宋）刘义庆著，（南朝梁）刘孝标注，余嘉锡笺疏，周祖谟、余淑宜、周士琦整理：《世说新语笺疏》，中华书局2007年版，第601页。
④ （唐）房玄龄等：《晋书》，中华书局1974年版，第1635页。
⑤ （唐）房玄龄等：《晋书》，中华书局1974年版，第2137页。
⑥ （唐）房玄龄等：《晋书》，中华书局1974年版，第1648页。
⑦ （唐）房玄龄等：《晋书》，中华书局1974年版，第1263-1264页。
⑧ （唐）房玄龄等：《晋书》，中华书局1974年版，第2432页。

泰始四年(268)十一月,晋武帝诏王公卿尹及郡国守相,举贤良方正直言之士,诸多士人在此次应诏。《晋书》卷五十一《挚虞传》记载:"(挚虞)举贤良,与夏侯湛等十七人策为下第,拜中郎。"①夏侯湛、索靖等人在此次举贤良方正的对策中均中第任官。《晋书》卷五十二《郤诜传》中记载了朝廷举贤良方正时郤诜被举应诏对策之具体的内容。诏曰:"盖太上以德抚时,易简无文。至于三代,礼乐大备,制度弥繁。文质之变,其理何由?虞夏之际,圣明系踵,而损益不同。周道既衰,仲尼犹曰从周。因革之宜,又何殊也?圣王既没,遗制犹存,霸者迭兴而翼辅之,王道之缺,其无补乎?……朕获承祖宗之休烈,于兹七载,而人未服训,政道罔述。以古况今,何不相逮之远也?虽明之弗及,犹思与群贤虑之,将何以辨所闻之疑昧,获至论于谠言乎?加自顷戎狄内侵,灾害屡作,边氓流离,征夫苦役,岂政刑之谬,将有司非其任欤?各悉乃心,究而论之。上明古制,下切当今。"②策问内容围绕着上古三代文质大变之理由,孔子对于周道之因革,王霸问题,教化问题,当下之时政建议等展开。《晋书》卷五十二《阮种传》中载策问有"政刑不宣,礼乐不立"事,"戎蛮猾夏"事,"昝征作见"事,"经化之务",文武之事等③,郤诜及东平王康俱居上第,即除尚书郎。晋武帝后来又下诏曰:"省诸贤良答策,虽所言殊涂,皆明于王义,有益政道。欲详览其对,究观贤士大夫用心。"④于东堂当庭策问,所问关乎如何应对灾害,如何修正法令,如何选才,对于官员的举荐与评判等问题。晋武帝太康中,朝廷令内外群官举清能、拔寒素。此次有许多南方士人应诏入洛,包括陆机、陆云、顾荣、华谭等人。《晋书》卷五十二《华谭传》中也详细记载了华谭应策的事件,晋武帝亲策之,内容涉及"安边之术"、对吴人的政策、文武之用、法令之损益、选贤任能等方面。我们可以看到,寒

---

① (唐)房玄龄等:《晋书》,中华书局 1974 年版,第 1423 页。
② (唐)房玄龄等:《晋书》,中华书局 1974 年版,第 1439-1440 页。
③ (唐)房玄龄等:《晋书》,中华书局 1974 年版,第 1444-1446 页。
④ (唐)房玄龄等:《晋书》,中华书局 1974 年版,第 1423 页。

素应举，如果没有经史文章的真才实学，没有对时政的敏锐观察与反应能力，是很难中第的。士人深厚的儒学背景、经史文章的能力是他们进入仕途的必备条件。

而张华所推崇的学问之"博雅"在很大程度上影响了他以及围绕在他周围的文士的诗文创作风格。钱志熙在《中国诗歌通史》（魏晋南北朝卷）中即指出"两晋以下的文学家，主流的作风是以儒学与博雅为基础的"①，这是切中肯綮的，傅玄、张华这一代文人正是这种风气的显著表现。张华所欣赏的人物，大多善儒学、通经史、博学多识。这也使得西晋前中期文坛表现出儒学与博雅的风气。

束皙，字广微，阳平元城人。祖上乃是汉太子太傅疏广，王莽末年时因避难改姓。束皙祖父束混，为陇西太守，父亲束龛，为冯翊太守。束皙少时曾游国学，好学不倦。因为其兄束璆娶石鉴之从女后又弃之，为石鉴不满，从而影响了兄弟二人的仕途。束皙"性沈退，不慕荣利"②，曾作《玄居释》，为张华所奇。石鉴卒后，王戎辟束璆为掾，张华亦召束皙为掾，后束皙又为司空、下邳王司马晃所辟。元康六年（296），张华为司空，束皙任其贼曹属。与张华相似的是，束皙亦以博学著称。太康二年（281），汲郡出土了竹书数十车，其中包括《周易》《竹书纪年》《穆天子传》等古籍，束皙参与了整理这些古籍的工作，时人皆叹服他的博识。一次有人在嵩高山下拾得一枚竹简，上面有两行蝌蚪形文字，但没有人认识。司空张华询问束皙，束皙稍视片刻，便识出这是汉明帝显节陵中的策文。基于束皙的博识与对古籍的了解，他还作了著名了六首《补亡诗》。当时的补亡诗是在文士之间形成了一种风潮，束皙的补亡诗竭力模拟《诗经》的体式、文义及语言特点等。

《诗经》有笙诗六首，没有文句留下，朱熹以为此六笙诗本只有乐曲而无词句，而《诗序》则称"有其义而亡其辞"，其义言："《南垓》，

---

① 钱志熙：《中国诗歌通史》（魏晋南北朝卷），人民文学出版社 2012 年版，第 207 页。

② （唐）房玄龄等：《晋书》，中华书局 1974 年版，第 1428 页。

孝子相戒以养也。《白华》，孝子之洁白也，《华黍》，时和岁丰，宜黍稷也……《由庚》，万物得由其道也。《崇丘》，万物得极其高大也。《由仪》，万物之生各得其宜也。"①《世说新语·文学》记载夏侯湛作《周诗》，刘孝标注："湛《集》载其《叙》曰：'《周诗》者，《南陔》《白华》《华黍》《由庚》《崇丘》《由仪》六篇，有其义而亡其辞。湛续其亡，故云《周诗》也。'"又注："其诗曰：'既殷斯虔，仰说洪恩。夕定辰省，奉朝侍昏。宵中告退，鸡鸣在门。孳孳恭诲，夙夜是敦。'"②既为《诗经》之拟诗，此几句或许为刘孝标节录。葛洪在《抱朴子外篇·钧世》中说道："近者夏侯湛、潘安仁并作《补亡诗》：《白华》《由庚》《南陔》《华黍》之属，诸硕儒高才之赏文者，咸以古诗三百首，未有足以偶二贤之所作也。"③可见夏侯湛、潘岳所作均为补亡诗，乃《诗经》之补拟之诗，此二首或仅为其流光片羽。其诗全为孝悌之义，潘岳见之，亦云其温雅可见孝悌之性，因此遂作《家风诗》："缊发缊发，发亦鬓止。日祗日祗，敬亦慎止。靡专靡有，受之父母。鸣鹤匪和，析薪弗荷。隐忧孔疚，我堂靡构。义方既训，家道颖颖。岂敢荒宁，一日三省。"④潘岳《家风诗》也是极力模仿诗经体式而作。如"家道颖颖"的叠字使用；又如《诗经》典型扇对的使用，"缊发缊发，发亦鬓止。日祗日祗，敬亦慎止"；又如一三字相同的句式，"靡专靡有，受之父母"等。在诗文用词上看，潘岳以孝悌之道为核心来作诗，并且多处典出《诗经》。"隐忧孔疚"出《邶风·柏舟》"耿耿不寐，如有隐忧"⑤，《小雅·采薇》"忧心孔

---

① （宋）朱熹集撰，赵长征点校：《诗集传》，中华书局 2017 年版，第 43-44 页。

② （南朝宋）刘义庆著，（南朝梁）刘孝标注，余嘉锡笺疏，周祖谟、余淑宜、周士琦整理：《世说新语笺疏》，中华书局 2007 年版，第 299 页。

③ 杨明照：《抱朴子外篇校笺》，中华书局 1991 年版，第 75 页。

④ 逯钦立辑校：《先秦汉魏晋南北朝诗》，中华书局 1983 年版，第 631 页。

⑤ （清）阮元校刻：《十三经注疏·毛诗正义》，中华书局 1980 年版，第 296 页。

疢，我行不来"①；"鸣鹤匪和，析薪弗荷"出自《小雅·鹤鸣》及《齐风·南山》"析薪如之何，匪斧不克"②。而从全诗主要内容来看，是取《孝经·开宗明义章》之"身体发肤，受之父母，不敢毁伤，孝之始也"③之意，又有《论语·学而》"吾日三省吾身"④之意。

当时亦有其他文士怀宗经尚雅之趣味，作补拟《诗经》之诗，被《文选》收录，得以完整保存至今的，即束皙之《补亡诗》六首。束皙博学多闻，少时曾游国学，为当时博士曹志所赞赏。元康末束皙任著作，兼博士，参与整理和注释了汲冢古书。束皙才学博通，著有《晋书·纪》《志》《五经通论》等，亦是一个儒学之士。其《补亡诗序》云束皙与朋友学习乡饮酒礼，遇到此六首名存辞逸的笙诗，于是遥想古昔，补缀其文。六首诗全按《诗序》之义补出文辞，力求表达得更为明确直接，因此并不求全责备完全按照《小雅》的主题、格式等来补拟，而是更注重其雅正颂美之风的继承。

《南陔》全诗以南陔采兰为起兴，早晚供养父母，有《论语》中"色养"之义。《白华》以白华比喻纯洁的孝子，有具体的孝行如"日三省吾身"。《华黍》则描写的是"时和岁丰"的景象，所产粮食上充王库，下养民食，突出社稷之重。《崇丘》以植物生长高大茂盛赞颂王德允泰，并引申至万物得道。《由仪》赞颂仁政使得万物互得其乐，强调"文化内辑，武功外悠"。六首诗均是勉励赞颂之辞，深合《诗序》之义。

以《南陔》为例，从诗歌体式上来看，《南陔》分为三章，以南陔采兰起兴，颇具韵味。前两章相叠，回环往复，悠悠长叹。末章点名诗的

---

① （清）阮元校刻：《十三经注疏·毛诗正义》，中华书局 1980 年版，第 413 页。

② （清）阮元校刻：《十三经注疏·毛诗正义》，中华书局 1980 年版，第 353 页。

③ （清）阮元校刻：《十三经注疏·孝经注疏》，中华书局 1980 年版，第 2545 页。

④ （清）阮元校刻：《十三经注疏·论语注疏》，中华书局 1980 年版，第 2557 页。

孝道主旨。诗句多用《诗经》句法，使用叠音字，使用一三句同字等。且用词典雅，多出自《诗经》词语。如首章首句"循彼南陔，言采其兰"、次章首句"循彼南陔，厥草油油"①，用《召南·草虫》之句"陟彼南山，言采其蕨"②；又有"彼居之子，罔或游盘""彼居之子，色思其柔"③，用《王风·扬之水》"彼其之子，不与我戍申"④之语，等等。

但束皙创作《补亡诗》也有自己的特点，胡大雷《〈文选〉诗研究》中指出，束皙《补亡诗》在抒情口吻、表现主题、主题指向、格式等方面来看，并不是完全摹拟《小雅》的，而是带有了西晋文学"以雅为正声、以颂美为主"的创作风尚。⑤《补亡诗》之行文用语等又较《七经诗》更进了一步。西晋文士石崇也曾作过名为《大雅吟》的颂诗。全诗仅题名为"大雅"，歌颂晋武帝的功德。从"荡清吴会"来看，似作于太康初。其诗言："堂堂太祖，渊弘其量。仁格宇宙，义风遐畅。启土万里，志在翼亮。三分有二，周文是尚。于穆武王，奕世载聪。钦明冲默，文思允恭。武则不猛，化则时雍。庭有仪凤，郊有游龙。启路千里，万国率从。荡清吴会，六合乃同。百姓仰德，良史书功。超越三代，唐虞比踪。"⑥以晋初开国时所作郊庙祭祀的雅颂歌辞来看，石崇应是努力模仿其典正古雅的特点。

这些以《诗经》体式和语言所作的补拟模仿之作也是西晋文士宗经趣味的一个体现。《诗经》作为后世诗文之典范，列入儒家经典，其语

_____

① （梁）萧统编，（唐）李善注：《文选》，上海古籍出版社1986年版，第905-906页。
② （清）阮元校刻：《十三经注疏·毛诗正义》，中华书局1980年版，第286页。
③ （梁）萧统编，（唐）李善注：《文选》，上海古籍出版社1986年版，第905-906页。
④ （清）阮元校刻：《十三经注疏·毛诗正义》，中华书局1980年版，第331页。
⑤ 胡大雷：《〈文选〉诗研究》，广西师范大学出版社2000年版，第20页。
⑥ 逯钦立辑校：《先秦汉魏晋南北朝诗》，中华书局1983年版，第641-642页。

言、体式、风格特征等都受到后世文人的学习。而像束皙《补亡诗》这样完全摹拟并作补充的诗作仍是凤毛麟角，这也是西晋前期士人对于经典的崇慕与追求的反映，是文士有意识地学习模仿经典写作。正是文士们的写作实践的积累，使得刘勰从经典的行文立体来表明其作为文章模范的地位。

除了经典的道德与政治功用之外，经典的文体之美也为刘勰所重视。《文心雕龙·宗经》说道：

> 夫易惟谈天，入神致用。故系称旨远辞文，言中事隐，韦编三绝，固哲人之骊渊也。书实记言，而训诂茫昧，通乎尔雅，则文意晓然。故子夏叹书，昭昭若日月之明，离离如星辰之行，言昭灼也。《诗》主言志，诂训同书，摛风裁兴，藻辞谲喻，温柔在诵，故最附深衷矣。礼以立体，据事制范，章条纤曲，执而后显，采摭生言，莫非宝也。春秋辨理，一字见义，五石六鹢，以详略成文；雉门两观，以先后显旨；其婉章志晦，谅以邃矣。尚书则览文如诡，而寻理即畅；春秋则观辞立晓，而访义方隐。此圣人之殊致，表里之异体者也。①

五经之中，《周易》讲天道，含义深刻、文辞幽隐；《尚书》记言辞，文字古雅深奥；《诗经》抒情志，语言温柔婉曲、深入人心；《礼》立体制，细密详尽，成效显著；《春秋》辨是非，微言大义。因为这样，经典中的内容及语言虽然过去甚久，却发新味。刘勰随后又说："故论说辞序，则易统其首；诏策章奏，则书发其源；赋颂歌赞，则诗立其本；铭诔箴祝，则礼总其端；纪传铭檄，则春秋为根；并穷高以树表，极远

---

① （南朝梁）刘勰著，范文澜注：《文心雕龙注》，人民文学出版社 1958 年版，第 22 页。

以启疆，所以百家腾跃，终入环内者也。"①五经是后世文体之渊薮，文章各体不出其外。因此，学习五经的体式与语言，是很有必要的。早如《荀子·劝学》就对各经之内容、文体等进行大致的性质分类和特点描述："故《书》者，政事之纪也；《诗》者，中声之所止；《礼》者，法之大分，类之纲纪也，故学至乎《礼》而止矣。夫是之谓道德之极。《礼》之敬文也，《乐》之中和也，《诗》《书》之博也，《春秋》之微也，在天地之间者毕矣。"②颜之推亦云文体源流："夫文章者，原出《五经》：诏命策檄，生于《书》者也；序述论议，生于《易》者也；歌咏赋颂，生于《诗》者也；祭祀哀诔，生于《礼》者也；书奏箴铭，生于《春秋》者也。"③经书成为群言之祖，正是由于其文章言辞简约而旨意丰富，事近而喻远。

除束晳外，张华任司空时，还辟了左思为祭酒。左思撰写《三都赋》，曾向皇甫谧请教，后又向张载、陆机等访求蜀吴之事，不断删改，大约于元康五年(295)基本定稿。"司空张华见而叹曰：'班张之流也。使读之者尽而有余，久而更新。'于是豪贵之家竞相传写，洛阳为之纸贵。"④左思撰写《三都赋》，翻阅了大量的文献资料，以张衡的《西京赋》与《东京赋》为范本仔细揣摩，辛苦营构，他自己在谈到《三都赋》的创作时说："余既思摹《二京》而赋《三都》，其山川城邑，则稽之地图，其鸟兽草木，则验之方志。风谣歌舞，各附其俗，魁梧长者，莫非其旧。"⑤可见，左思《三都赋》的创作同样首先需要博识，不论山川城邑、鸟兽草木，还是风谣歌舞，均要涉猎。永康元年(300)，左思妹妹

---

① （南朝梁)刘勰著，范文澜注：《文心雕龙注》，人民文学出版社1958年版，第22-23页。
② （清)王先谦撰，沈啸寰、王星贤点校：《荀子集解》，中华书局1988年版，第11-12页。
③ 王利器：《颜氏家训集解》(增补本)，中华书局1993年版，第237页。
④ （唐)房玄龄等：《晋书》，中华书局1974年版，第2377页。
⑤ （清)严可均辑：《全上古三代秦汉三国六朝文》，中华书局1958年版，第1882页。

左芬去世，不久张华被杀，左思决意退出官场，隐居在洛阳城东的宜春里，专注于典籍。此外，陆机与潘岳并有"潘江陆海"之称，才学宏赡。张华"见其(陆机)文章，篇篇称善，犹讥其作文大治。谓曰：'人之作文，患于不才，至子为文，乃患太多也。'"①观陆机之诗文，讲究辞藻，甚至不惜流于堆砌繁冗，但描绘工巧细致，有刻炼之功。这种逞才的创作风气为时人所赏，称赞其诗文"排沙简金，往往见宝"②，对其珠玉辞采和弘博意象表示欣赏。而随着时代审美风尚的变异，后代士人虽赞其"翩翩藻秀，颇见才致"，但也讥其"俳弱"，"病在多而芜"(王世贞《艺苑卮言》)③。

儒士在经史学术上的博通以及对儒学经典的回归，形成了这一文士群体的"博雅"的文学风格。这种由儒学而来的"雅"从西晋初期开始一直贯通至东晋末年。在此基础之上，张华等士人不仅宗经、逞才，而且还因顺时代风气奠定了晋代文学风格的新调。

(二)求新尚丽的晋调的奠定

张华的诗歌创作有较为自觉的求新倾向，相较于建安慷慨悲哀之体和傅玄诗歌的质直而言，张华的诗歌表现出比较明显的新风格与新技巧，即"巧用文字，务为妍冶"(钟嵘评张华诗)，即为文的工巧、妍丽。④综览张华的诗歌创作，特别突出的地方即是它的"温丽"风格，在情感上细腻隽永、从容舒缓；在辞采上雕润精细，修辞温雅，这也为他周围的文士创作指引了发展的方向。

张华的诗文学习曹植的题材、语言风格、人物塑造等方面，但体气较弱，诗风近柔，钱志熙评"但学习曹植等人慷慨悲哀之体的作品，修

---

① (南朝宋)刘义庆著，(南朝梁)刘孝标注，余嘉锡笺疏，周祖谟、余淑宜、周士琦整理：《世说新语笺疏》，中华书局2007年版，第309页。

② (南朝宋)刘义庆著，(南朝梁)刘孝标注，余嘉锡笺疏，周祖谟、余淑宜、周士琦整理：《世说新语笺疏》，中华书局2007年版，第309页。

③ (明)王世贞著，罗仲鼎校注：《艺苑卮言校注》，齐鲁书社1992年版，第119、125页。

④ 傅刚：《魏晋南北朝诗歌史论》，吉林教育出版社1995年版，第114页。

辞温丽雅洁,而不够淋漓生动,缺乏内在的阳刚之气,有徒逞文字之感。这也是汉魏精神衰落的表现"①。但张华诗有意保持汉魏诗歌的兴寄传统。他的《轻薄篇》保留了关心现实、揭露现实的精神,对西晋时期奢侈淫逸、醉生梦死的生活予以描写。《壮士篇》则是一首抒发豪情壮志的诗,诗曰:"天地相震荡,回薄不知穷。人物禀常格,有始必有终。年时俯仰过,功名宜速崇。壮士怀愤激,安能守虚冲?乘我大宛马,抚我繁弱弓。长剑横九野,高冠拂玄穹。慷慨成素霓,啸咤起清风。震响骇八荒,奋威曜四戎。濯鳞沧海畔,驰骋大漠中。独步圣明世,四海称英雄。"②这首诗从天地宇宙之生灭始终谈起,催促功名宜速,表达一种积极进取的生活态度。后又写到壮士的立功行动、参加战斗的英雄气概。这首乐府诗的题旨从阮籍《咏怀诗》第三十九首而来,我们稍加比较,便可以发现他们各自的侧重之处。阮籍诗曰:"壮士何慷慨,志欲威八荒。驱车远行役,受命念自忘。良弓挟乌号,明甲有精光。临难不顾生,身死魂飞扬。岂为全躯士,效命争战场。忠为百世荣,义使令名彰。垂声谢后世,气节故有常。"诗中开篇便称"慷慨",慷慨,乃壮士不得志于心也,出语壮阔,却已蕴含着壮志未酬的悲叹。随后描写了壮士英武的形象和激烈的情怀。壮士之志是忠义,是"身死",是"效命";同时又带有个人价值的实现,是"垂声",是"气节"。全诗忠义气节贯穿一气,颇有建安风力。阮籍曾"登武牢山,望京邑而叹,于是赋《豪杰诗》"③,其意旨大约与此相同。而就张华《壮士篇》而言,主要从人生意义出发,重视对生命价值的阐扬。此外,张华诗中所反复描绘壮士的英武形象与英雄气概,使用了"大宛马""繁弱弓""长剑""高冠"等意象组合成壮士形象,又有"濯鳞""沧海""大漠"等阔大的意象予以烘托,还暗用了荆轲故事,对英雄的情态、气概托

---

① 钱志熙:《中国诗歌通史》(魏晋南北朝卷),人民文学出版社 2012 年版,第 209 页。

② 逯钦立辑校:《先秦汉魏晋南北朝诗》,中华书局 1983 年版,第 613 页。

③ (唐)房玄龄等:《晋书》,中华书局 1974 年版,第 1361 页。

出。全诗更重铺张、修辞，更注重形式美。此一类诗文，上可溯至曹植《白马篇》、屈原《国殇》，词旨雄杰壮阔，却也呈现出不同时代诗人的特点。

他的《杂诗》《情诗》在文字上雕润言语，情感上细腻体物，力求达到情景相生的艺术意境，"在艺术上开始趋于精细，风格上也表现出文彩温丽的特征"①。《情诗》其五曰："游目四野外，逍遥独延伫。兰蕙缘清渠，繁华荫绿渚。佳人不在兹，取此欲谁与。巢居知风寒，穴处识阴雨。不曾远别离，安知慕俦侣。"②这首诗的前六句直取《古诗十九首·涉江采芙蓉》的前四句"涉江采芙蓉，兰泽多芳草。采之欲遗谁？所思在远道"。③ 而这正是晋人乐府诗文人化的典型表现。"兰泽多芳草"被敷演成"兰蕙缘清渠，繁华荫绿渚"，意象更加密丽。而后四句则细腻地描写了思念的内心体验。巢居知风，穴处知雨，这是汉人的熟语，这里却用以描述思念爱人的滋味，情感深切，很能打动人。因此沈德潜评它"油然入人"（《古诗源》）④。而他的《情诗》其三亦有"襟怀拥虚景，轻衾覆空床。居欢惜夜促，在戚怨宵长。拊枕独啸叹，感慨心内伤"⑤，情景相生、情词相称，语言新奇，以细腻深婉的情思而得，《诗源辩体》谓"其情甚丽"⑥。

张华的诗风及其对诗文的品评对陆机、陆云的影响颇大。陆云《与兄平原书》中记："往日论文，先辞而后情，尚絜而不取悦泽。尝忆兄道张公父子论文，实自欲得，今日便欲宗其言。"⑦在江东儒学的影响

① 钱志熙：《中国诗歌通史》（魏晋南北朝卷），人民文学出版社 2012 年版，第 212 页。
② 逯钦立辑校：《先秦汉魏晋南北朝诗》，中华书局 1983 年版，第 619 页。
③ （梁）萧统编，（唐）李善注：《文选》，上海古籍出版社 1986 年版，第 1345 页。
④ （清）沈德潜：《古诗源》，中华书局 1963 年版，第 149 页。
⑤ 逯钦立辑校：《先秦汉魏晋南北朝诗》，中华书局 1983 年版，第 619 页。
⑥ （明）许学夷著，杜维沫校点：《诗源辩体》，人民文学出版社 1987 年版，第 94 页。
⑦ （晋）陆云撰，黄葵点校：《陆云集》，中华书局 1988 年版，第 138 页。

下，陆云作文论文都先辞而后情，首先注重文辞安排；且"不取悦泽"，对于诗文的愉悦心灵、启发情感的作用不够重视。而张华对诗文的审美要求则正是情辞结合，"发篇"须得"温丽"，但亦要"无乃违其情"（《答何劭诗》）①。《太康六年三月三日后园会诗》中又说："于以表情，爰著新诗。"②诗文之"新"，首先即在"表情"上，在情与辞的圆融。

　　这种细婉的情思在潘岳、陆机这里也多有表现。潘岳的悼亡诗中，这种情思可谓一脉相承。他的《悼亡诗》中，以魏晋人常有的对生命意识的体认和感慨抒发对亡妻的悼念之情，从"荏苒冬春谢，寒暑忽流易"到"望庐思其人，入室想所历"，最后"寝息何时忘，沉忧日盈积"③。内心痛苦的历程清晰而强烈，展现得细致生动。陆机诗历来为后世所诟病的，即是"不能流露性情"④，"造情既浅，抒响不高"⑤，但陆机的一些抒情诗文如《赴洛道中作二首》《招隐诗》等，虽不出典雅修辞和丰蔚辞藻，情感却真实、深切。如《赴洛道中作》其一"哀风中夜流，孤兽更我前。悲情触物感，沉思郁缠绵。伫立望故乡，顾影凄自怜"⑥，表现出其孤寂之情。而《招隐诗》最后数句"哀音附灵波，颓响赴曾曲。至乐非有假，安事浇淳朴。富贵苟难图，税驾从所欲"⑦，更是叙说内心情志，阐发人生道理，是其离家仕宦后个体情思的抒发。

　　综观晋人的情思，相较于汉魏士人而言，更多的是"一己之情怀"，且多为世俗的儿女之绮丽情思，这也正是它不同于建安的慷慨多气和正

① 逯钦立辑校：《先秦汉魏晋南北朝诗》，中华书局 1983 年版，第 618 页。
② 逯钦立辑校：《先秦汉魏晋南北朝诗》，中华书局 1983 年版，第 617 页。
③ （梁）萧统编，（唐）李善注：《文选》，上海古籍出版社 1986 年版，第 1090-1091 页。
④ （清）王夫之等撰，丁福保辑：《清诗话》，上海古籍出版社 2015 年版，第 895 页。
⑤ （清）陈祚明评选，李金松点校：《采菽堂古诗选》，上海古籍出版社 2019 年版，第 300 页。
⑥ （晋）陆机著，金涛声点校：《陆机集》，中华书局 1982 年版，第 41 页。
⑦ （晋）陆机著，金涛声点校：《陆机集》，中华书局 1982 年版，第 43 页。

始的深沉哲思之处，也是它的动人之处。张华诗学习古诗和建安诗风，引导太康、元康士人在诗文创作中情辞相融、尚工巧、尚泽悦，呈现出温丽的新特点，奠定了晋代诗文的风调。

第三章 "雅丽"与"雅壮"：西晋士族政治下的文士抉择与文学风格

西晋初年，晋武帝采取了一系列思想、政治的措施，期望建立起士人群体的皇权意识，这在晋初的雅颂文学中有一定的反映。但这种皇权意识并未有效建立起来，而随着武帝去世，惠帝即位，西晋王朝随即陷入内乱之中。从元康初年杨骏专权到贾后乱政，继而爆发了八王之乱直至西晋灭亡。在混乱的局面中，士人从对皇权的向心力中解脱出来，转而以家族的保全和个体价值的实现为最终目的，在政治浪涛中出处进退。西晋中期最重要的政治群体即是贾谧二十四友，但同时二十四友中的士人又各自有不同的宗族与群体，特别是士人的宗族、个体与皇权之间微妙的关系，影响了这一时期文士的文学风格。

第一节 贾谧二十四友中士人对"雅丽"的承续与推进

一、二十四友的群聚方式

元康年间贾后执掌朝局后，贾家气焰大盛，贾充的小女儿贾午之子贾谧继嗣贾家，袭爵，一时风头无两。《晋书》卷四十《贾谧传》记载："谧……开阁延宾。海内辐凑，贵游豪戚及浮竞之徒，莫不尽礼事之。或著文章称美谧，以方贾谊。渤海石崇欧阳建、荥阳潘岳、吴国陆机陆云、兰陵缪征、京兆杜斌挚虞、琅邪诸葛诠、弘农王粹、襄城杜育、南阳邹捷、齐国左思、清河崔基、沛国刘瑰、汝南和郁周恢、安平牵秀、颍川陈眕、太原郭彰、高阳许猛、彭城刘讷、中山刘舆刘琨皆傅会于谧，号曰二十四友，其余不得预焉。"①二十四友的称谓出现在晋惠帝时期，当时阎缵上疏批判时事曰："贾谧小儿，恃宠恣睢，而浅中弱植之徒，更相翕习，故世号鲁公二十四友。"②此外，在石崇、潘岳、刘琨等人的传记中也有记载。

　　关于二十四友的性质，沈玉成《"竹林七贤"与"二十四友"》中肯定了其与政治的密切关系③，胡大雷在《中古文学集团》中称"这个集团的构成是松散的，是以宾客相聚的形式出现的，它不是一个纯粹的文学集团，但带有相当的文学性"④，徐公持《魏晋文学史》中称之为文学集团⑤。现在诸多学者认为其既非政治集团，亦非文学群体，而他们群聚在一起，一方面因为贾谧权倾朝野，可以依凭；另一方面贾谧喜好学术、有才思，意欲招揽有才之士。因此这二十四位士人怀着各自的目的投身于贾谧门下。而关于二十四友的形成时间，历来学界看法也不一。姜亮夫《陆平原年谱》定于惠帝元康元年(291)；沈玉成则认为在元康三四年间，有一批文人政客向贾谧靠拢，到了元康五六年间，潘岳、石崇回到洛阳，谄媚贾谧，其时贾谧年过二十，有扩张权力的欲望，因此形成众星拱月的局面。⑥

　　梳理元康年间二十四友中主要人物的行踪可以看到二十四友群体的活动情况。

　　① （唐）房玄龄等：《晋书》，中华书局1974年版，第1173页。
　　② （唐）房玄龄等：《晋书》，中华书局1974年版，第1356页。
　　③ 沈玉成：《"竹林七贤"与"二十四友"》，《辽宁大学学报》，1990年第6期，第42页。
　　④ 胡大雷：《中古文学集团》，广西师范大学出版社1996年版，第73页。
　　⑤ 徐公持编著：《魏晋文学史》，人民文学出版社1999年版，第331-332页。
　　⑥ 沈玉成：《"竹林七贤"与"二十四友"》，《辽宁大学学报》，1990年第6期，第42页。

时间	石崇	欧阳建	潘岳	陆机	陆云	挚虞	左思	刘琨
元康元年(291)	荆州刺史	冯翊太守	杨骏太傅主簿，坐杨骏除名，以公孙宏救得免死	太子洗马	太子舍人	吴王友	永熙元年(290)为陇西王司马肜祭酒	
元康二年(292)			长安令					
元康三年(293)	国子博士							
元康四年(294)	大仆			吴王郎中令，离洛阳	浚仪令，离洛阳			
元康六年(296)	征虏将军、假节、监青徐诸军事，镇下邳。发起金谷诗会	顿丘太守	为贾谧作赠陆机诗，于贾谧坐讲《汉书》作诗	尚书中兵郎	吴王郎中令		张华祭酒，为贾谧讲《汉书》	司录从事
元康七年(297)			著作郎	转殿中郎	入为尚书郎			著作郎
元康八年(298)	以高诞事免官，复拜卫尉		转散骑侍郎。代贾谧议晋书限断，代乐广作让表	补著作郎。议晋书限断	迁侍御史		秘书郎	尚书郎
元康九年(299)			迁给事黄门郎		迁太子中舍人			
永康元年(300)	免官、被杀	被杀	被杀	为相国参军，赐爵关夫中侯	迁中书侍郎		退居	为赵王记室督，转转从事中郎

元康元年(290)贾谧不过十五六岁，结党擅权，为时过早。本年杨骏被杀时，潘岳正任杨骏府太尉主管，元康二年(291)被外放为长安令，约元康五年(295)重返洛阳。元康初，石崇出任荆州刺史，后返回洛阳任太仆，元康六年(296)出监青、徐军事，两年后返回洛阳。贾谧的权势依仗的是贾后，贾后自元康元年(291)杀死辅政大臣、外戚杨骏，族灭杨氏亲族及徒党之后，专权至永康元年(300)，被赵王伦废为庶人后又杀死，这一段时间，亦即贾谧得势的时期。贾谧开阁延宾、遍求名士，当时各地名士纷纷投入其门下，但亦有一些士人自持而不与之交，如嵇绍便拒绝了贾谧的邀请。而二十四友事贾谧，也带有各自的目的。太原郭彰，是郭槐的从兄弟，"及贾后专朝，(郭)彰豫参权势，物情归附，宾客盈门，世人称为'贾郭'，谓谧及彰也"[1]。在门阀士族社会中，非高门大族的普通士人一般需要攀附权贵，才能在仕途上有所发展，这一时期在权力中心发生的频繁政治斗争亦使得他们需要依靠权贵得以保全。有学者指出，"二十四友"之"友"是与魏晋官制有关。魏晋以来"友"官设立，但仅是太子、诸王等可以设置，贾谧并不具备开府资格，但他借其名号，模仿这种人员组合形式，以至于阎缵上疏批判"世俗浅薄，士无廉节，贾谧小儿，恃宠恣睢，而浅中弱植之徒，更相翕习"[2]，这可能便是因为贾谧以鲁公的身份招延了"二十四友"是对皇权的僭越。[3] 正是他们带有这种属官的性质，这一群体的形成与解散便紧密地与贾谧之权势盛衰结合于一体。左思出身寒门，他深知在门阀士族政治的时代寒士要想实现自己的抱负就必须依附权贵；陆机、陆云出身江南大族，但在晋平吴的战争中沦为"亡国之余"，门第的保全与维护、家族振兴的使命使得他们争竞于权势之间；挚虞寻找自全的避风港；石崇追求"身名俱泰"；潘岳汲汲于仕途、躁没不已，因此他们都

---

① (唐)房玄龄等：《晋书》，中华书局 1974 年版，第 1176 页。
② (唐)房玄龄等：《晋书》，中华书局 1974 年版，第 1356 页。
③ 张珊：《从魏晋官制背景看"二十四友"的出现》，《殷都学刊》，2009 年第 4 期，第 31-35 页。

选择了当时权势如日中天的贾谧。时人阎缵便指出过此种士人无操的行为："潘岳、缪徵等皆谧父党，共相沉浮，人士羞之，闻其晏然，莫不为怪。"①

士人心怀各自的目的，使得这个群体的维系非常艰难。贾谧被诛之前，陆机即已把握了政局动向，转而投向赵王伦。赵王伦篡逆，陆机与邹捷等人"俱作禅文"②，因此非但没有受到贾谧的牵连，反而因"豫诛贾谧功，赐爵关中侯"③。王鸣盛《十七史商榷》卷四十九评论："潘岳、石崇附贾谧，望尘而拜，不待言矣，而刘琨、陆机亦皆附谧，在'二十四友'之数。赵王伦之篡……而琨则为伦所信用。晋少贞臣如此。"④同时，二十四友之间也有各种嫌隙。特别是牵秀、王粹和陆机，陆机被成都王颖任命为大将军讨伐长沙王乂而战败，牵秀、王粹进谗言害陆机被杀。二十四友的各自结局也令人唏嘘。元康九年（299），赵王司马伦杀贾后，废惠帝自立，齐王冏起兵伐伦，从此开始了"八王之乱"。"'八王之乱'的目的都是争夺朝廷的大权，因此战斗集中在洛阳周围的中原地区，这时已经有一部分士人避乱离开了中原，其中有的往北到冀州等地，如张载张协兄弟、左思等；也有南逃江东的，如顾荣、张翰等吴人，及北方人郭璞等。"⑤总观二十四友士人的结局，在八王之乱中，被处死者七人：贾谧、杜斌、石崇、潘岳、欧阳建、陆机、陆云；死于叛军者六人：王粹、诸葛诠、和郁、牵秀、杜育、刘琨；辗转漂泊、潦倒以卒者四人：左思、挚虞、刘舆、邹捷；而郭彰死于八王之乱开始之前，陈眕则在乱后得以过江。

---

①　（唐）房玄龄等：《晋书》，中华书局 1974 年版，第 1356 页。

②　（唐）房玄龄等：《晋书》，中华书局 1974 年版，第 2380 页。

③　（唐）房玄龄等：《晋书》，中华书局 1974 年版，第 1473 页。

④　（清）王鸣盛编，黄曙辉点校：《十七史商榷》，上海书店出版社 2005 年版，第 366 页。

⑤　曹道衡：《南朝文学与北朝文学研究》，商务印书馆 2015 年版，第 85 页。

二、二十四友的学术活动

二十四友中的士人是"以文才降节事谧"①的，围绕在贾谧周围所进行的学术活动，比较重要的即是议《晋书》限断、讲《汉书》等。

(一) 议《晋书》限断

晋朝历史的撰写过程中，从晋武帝开始直至惠帝始终在争论一个问题，便是《晋书》限断。这是一个学术问题，亦是一个重要的政治问题，关乎晋王朝建立的合法性。《晋书》卷四十《贾谧传》中较为详细地记载了此事："（贾谧）起为秘书监，掌国史。先是，朝廷议立《晋书》限断，中书监荀勖谓宜以魏正始起年，著作郎王瓒欲引嘉平已下朝臣尽入晋史，于时依违未有所决。惠帝立，更使议之。谧上议，请从泰始为断。于是事下三府，司徒王戎、司空张华、领军将军王衍、侍中乐广、黄门侍郎嵇绍、国子博士谢衡皆从谧议。骑都尉济北侯荀畯、侍中荀藩、黄门侍郎华混以为宜用正始开元。博士荀熙、刁协谓宜嘉平起年。谧重执奏戎、华之议，事遂施行。"②贾谧任秘书监，承担着晋史的编撰工作，首先面临着的就是限断问题。贾谧随即上书，建议以泰始为断。而当时在朝臣的讨论中，还有以正始、嘉平为断的。主张正始起年者，是因为景初三年(239)，魏明帝曹叡去世，死前急诏司马懿入京，将辅佐齐王曹芳的责任交给司马懿和曹爽，曹芳即位，第二年改元正始。自此，司马氏的权势地位始盛。主张嘉平起年者，认为曹芳即位后，司马懿与曹爽两大势力不断争斗，最后在嘉平元年(249)，司马懿铲除了曹爽势力，自此独揽大权。而贾谧、张华、王戎议则以泰始起元。

在贾谧的文士群体中，陆机、束皙、潘岳等人参与了《晋书》限断讨论与写作。今存陆机《晋书限断议》残句云："三祖实终为臣，故书为臣之事，不可不如传，此实录之谓也。而名同帝王，故自帝王之籍，不

---

① （唐）房玄龄等：《晋书》，中华书局 1974 年版，第 1679 页。
② （唐）房玄龄等：《晋书》，中华书局 1974 年版，第 1173-1174 页。

可以不称纪,则追王之义。"①陆机认为司马懿、司马师、司马昭三人虽被追尊为皇帝,但在世时始终为魏臣,所以在撰写晋书时,可以称之为本纪,而采用列传写法,即不加编年。陆机所议,在起元上与贾谧无异,而在三祖纪的书法上与贾谧不合:贾谧主张以魏的年号系事编年,陆机主张如传而不编年。正因为此种不合,贾谧"请束晳为著作佐郎,难陆机《〈晋书〉限断》"。②可以看到,虽然陆机依附于贾谧,但却能够坚持与其相左的观点;而贾谧亦未以手中权力来干预此事,而是请束晳与之展开问难,表现出对文士的尊重。因此,议《晋书》限断的活动还是带有相当的学术性质的,且士人们在探讨这一明显政治问题的时候,亦以史学问题的角度加以辩论。《晋书》卷五十五《潘岳传》又载:"(贾)谧《晋书》限断,亦(潘)岳之辞也。"③二十四友中其他士人如陆云、刘琨、左思等在此间亦被贾谧招纳,任文笔之职,或当也参与了此次讨论。

(二)讲《汉书》

贾谧请讲《汉书》,其主要目的在于弘扬儒家学说,通过对旧史中存在的疑问进行研究,提出新的观点。而这个过程伴随着诸多宴会和雅集,二十四友中应有不少人参与了讲《汉书》的活动。从史料记载来看,明确参与的有左思、潘岳、陆机等人。

今存有潘岳《于贾谧坐讲汉书诗》:"治道在儒,弘儒由人。显允鲁侯,文质彬彬。笔下摛藻,席上敷珍。前疑既辨,旧史惟新。惟新尔史,既辨尔疑。延我寮友,讲此微辞。"④陆侃如《中古文学系年》系此诗于元康六年(296),这正是二十四友群体较为集中、活动较为频繁的时间。左思为贾谧讲《汉书》或亦就在此时前后。潘岳诗采用了诸多《论

---

① (晋)陆机著,金涛声点校:《陆机集》,中华书局1982年版,第181页。
② (晋)陆机著,杨明校笺:《陆机集笺》,上海古籍出版社2020年版,第970页。
③ (唐)房玄龄等:《晋书》,中华书局1974年版,第1504页。
④ 逯钦立辑校:《先秦汉魏晋南北朝诗》,中华书局1983年版,第631页。

语》《诗经》的典故，全诗却稍显浮华。因为诗中对贾谧进行了谀颂是无疑的，其中称颂他"笔下摛藻""前疑既辨，旧史惟新"，俨然一副大学者、大学问家的模样。贾谧固然好文章、有才情，但潘岳的此种夸赞的语气全然近乎阿谀。这与他汲汲于权势利禄的个性品格是紧密相关的。此外，陆机也有《讲汉书诗》，残句曰："税驾金华，讲学秘馆。有集惟髦，芳风雅宴。"①从这几句来看，他始终保持了儒学文士的气质，作品文格雅丽。

二十四友的文学活动大多是伴随着他们的政治交际、学术活动而展开的，因此也会受到相应的影响。由于二十四友群聚的政治性，他们的诗文中往往带有较为浓重的竞趣。

三、二十四友群体的"雅丽"风格

(一)潘陆赠答诗中的争竞之趣

二十四友的文学活动，围绕在贾谧周围的，大多是"著文章称美(贾)谧"②；或受贾谧之意进行公事赠答。如元康六年(296)，潘岳在贾谧授意下作诗赠陆机，陆机予以答诗。有学者认为，潘岳赠诗乃是在贾谧的授意下所作，可能出于政治意图，对陆机进行试探，想要拉拢他为己所用③。但由于潘岳本人与陆机结怨，诗中不少内容直指陆机，表现出对陆机的敌意，有学者以为这首诗既攻击了陆机，又糊弄了贾谧。

陆机《答贾谧》序曰："元康六年入为尚书郎，鲁公赠诗一篇，作此答之云尔。"④元康六年(296)，陆机由吴王郎中令改除尚书郎，回到洛阳，贾谧出于招揽陆机的目的，令潘岳作诗。潘岳《为贾谧作赠

---

① (晋)陆机著，金涛声点校：《陆机集》，中华书局1982年版，第166页。

② (唐)房玄龄等：《晋书》，中华书局1974年版，第1173页。

③ 李晓风《陆机与二十四友》，《河南社会科学》，2007年第4期，第112-113页。

④ (晋)陆机著，金涛声点校：《陆机集》，中华书局1982年版，第46页。

陆机诗》①中从遥远的"初创"开始说起，以三章篇幅叙写了从伏羲到三国的历史，直至第四章写到孙吴，"南吴伊何，僭号称王。大晋统天，仁风遐扬。伪孙衔璧，奉土归疆。婉婉长离，凌江而翔"。潘岳直接以"僭""伪"字对孙吴政权的非法性质进行判定。潘岳、贾谧所持的观点正是西晋朝廷的观点。司马氏认为魏承汉、晋承魏是正统，而视吴、蜀为僭伪政权。陈寿所作《三国志》在此时也已经上呈朝廷，得到朝廷的认可。《三国志》中即以魏为正统，为曹氏作帝纪，而孙、刘只称主。虽然诗中后来称赞陆机的文才声望、历任清贵之职，"长离云谁，咨尔陆生。鹤鸣九皋，犹载厥声。况乃海隅，播名上京。爰应旌招，抚翼宰庭。储皇之选，实简惟良。英英朱鸾，来自南冈。曜藻崇正，玄冕丹裳。如彼兰蕙，载采其芳"，并表达了贾谧与陆机在东宫的"友僚之情"，发出"发言为诗，俟望好音"的邀请，但从根本上是否定陆机的，这是全诗中最为突出的。但由于本诗是为贾谧代笔，潘岳处理得雍容典雅，他选用了雅正的四言诗体，由述史入手，转入述德，赞美陆机，期望他接受自己的延揽。在措词上，潘岳表现出了贾谧为上者的姿态和笼络士心的意图，既有气概，又不失亲昵，遣词得体、雅正典丽。

陆机出身吴郡陆氏，其家族的命运是与孙吴政权紧紧联系在一起的。陆机曾在《辨亡论》中说："以孙氏在吴，而祖、父世为将相，有大勋于江表，深慨损耗举而弃之，乃论权所以得，皓所以亡，又欲述其祖、父功业，遂作《辨亡论》二篇。"且出身大族、看重门楣的他肯定不接受潘岳的如此讽刺，对于陆机来说，贬低孙吴更是触犯他的家族的威严。面对潘岳的挑战，陆机则积极回应。陆机将上古史概括带过，从第二章就开始写从汉末三国到晋统一的这一段历史："在汉之季，皇纲幅裂。大辰匿晖，金虎习质。雄臣驰骛，义夫赴节。释位挥戈，言谋王室。王室之乱，靡邦不泯。如彼坠景，曾不可振。乃眷三哲，俾乂斯

① 逯钦立辑校：《先秦汉魏晋南北朝诗》，中华书局1983年版，第629-630页。

民。启土虽难，改物承天。"陆机称魏蜀吴是"王纲幅裂"形势下的三分"三哲"，是"言谋王室""俾乂斯民""改物承天"的。这三个政权是合法的，且平等的。因此他称"爰兹有魏，即宫天邑。吴实龙飞，刘亦岳立。"而后来，晋代禅魏，是因为"天厌霸德"，且魏是受到吴、蜀的拥护的，"庸岷稽颡，三江改献"，①从而得到天下统一。可以见出，潘陆二人在历史评价上是有分歧的。同属二十四友的左思，也是主张"抑吴、蜀而申魏"的，同时表达了"日不双丽，世不两帝，天经地纬，理有大归"（左思《魏都赋》）②的大一统思想。我们可以发现，二十四友中潘岳和陆机的对立，一方面是二人的个人仇怨，一方面也来自北方士人与吴地士人的对立。陆机的回诗铺陈整瞻，雅炼得体，相较于潘岳更加遒秀。

潘陆齐名，当时的士人对二者的诗风就有评价。《世说新语·文学》载孙绰云："潘文烂若披锦，无处不善；陆文若排沙简金，往往见宝。"③又有"潘文浅而净，陆文深而芜。"④刘勰《文心雕龙》中对潘岳的哀类作品不吝夸词，称其"情洞悲苦，叙事如传。结言摹诗，促节四言，鲜有缓句；故能义直而文婉，体旧而趣新"⑤。而对潘岳的个性人格亦有非常准确的把握："安仁轻敏，故锋发而韵流。"⑥我们翻检史书中潘岳的传记，便可以很清楚地了解他的轻敏与干没。

---

① （晋）陆机著，金涛声点校：《陆机集》，中华书局1982年版，第47-48页。
② （梁）萧统编，（唐）李善注：《文选》，上海古籍出版社1986年版，第298页。
③ （南朝宋）刘义庆著，（南朝梁）刘孝标注，余嘉锡笺疏，周祖谟、余淑宜、周士琦整理：《世说新语笺疏》，中华书局2007年版，第309页。
④ （南朝宋）刘义庆著，（南朝梁）刘孝标注，余嘉锡笺疏，周祖谟、余淑宜、周士琦整理：《世说新语笺疏》，中华书局2007年版，第318页。
⑤ （南朝梁）刘勰著，范文澜注：《文心雕龙注》，人民文学出版社1958年版，第240页。
⑥ （南朝梁）刘勰著，范文澜注：《文心雕龙注》，人民文学出版社1958年版，第506页。

刘勰评陆机"才欲窥深，辞务索广，故思能入巧，而不制繁"①，"机云标二俊之采"②，其"才欲窥深"，在《晋书》本传中"机天才秀逸，辞藻宏丽"③可以得到印证，也与张华之评语相一致。而孙绰评陆机"深""芜"，同样也是对其才华、文采的肯定。又说"思能入巧而不制繁"，这与《镕裁》篇所说"士衡才优，而缀辞尤繁"④、《体性》篇所说"士衡矜重，故情繁而辞隐"⑤的评语是一致的。刘勰不太推崇陆机文学创作中的"繁"，也是当时文坛中比较盛行的"体渐俳偶，语渐雕刻，而古体遂涓矣"⑥的创作趋势，是当时文风时尚的反映。姜剑云在《太康文学研究》中分析到，陆机的创作之所以如此之"繁"，是因为"家国与人生的多重失落，使他执意于要从文学事业中寻觅精神补偿，实现神圣不俗的自我价值。他把自己的一切的情感、林林总总的辨思，都糅而抟之，再布散消解到他诗赋文章的字里行间"。⑦ 而对《文赋》的评价，刘勰恐失偏颇。章学诚曾指出："古人论文，惟论文辞而已矣。刘勰氏出，本陆机氏说而昌论文心。"⑧刘勰《文心雕龙》全书的大体结构、基本看法等都可以从《文赋》中寻得。陆机撰写《文赋》，所提出的观点、对文学创作分析过程的分析等，都是具有先导性意义的，对后世文学评论产生重要的影响，这是带有理论分析在里面的。

---

① （南朝梁）刘勰著，范文澜注：《文心雕龙注》，人民文学出版社 1958 年版，第 700-701 页。

② （南朝梁）刘勰著，范文澜注：《文心雕龙注》，人民文学出版社 1958 年版，第 674 页。

③ （唐）房玄龄等：《晋书》，中华书局 1974 年版，第 1480 页。

④ （南朝梁）刘勰著，范文澜注：《文心雕龙注》，人民文学出版社 1958 年版，第 544 页。

⑤ （南朝梁）刘勰著，范文澜注：《文心雕龙注》，人民文学出版社 1958 年版，第 506 页。

⑥ （明）许学夷著，杜维沫校点：《诗源辩体》，人民文学出版社 1987 年版，第 87 页。

⑦ 姜剑云：《太康文学研究》，中华书局 2003 年版，第 203-204 页。

⑧ （清）章学诚撰，叶瑛校注：《文史通义校注》，中华书局 2014 年版，第 324 页。

可以说，潘岳偏感性，而陆机更显哲理，更具有理性美。潘陆所代表的士人群体分属南北，具有一定的政治含义。时人对于潘陆文风的评价亦可以见出当时南北文风的差异。潘岳是荥阳中牟人，与当时洛阳及其周围的玄学士人有一定的交往；而陆机出身江东，伏膺儒术。因而形成潘文之浅净与陆文之深芜。《世说新语·文学》中褚裒与孙盛论河南河北学风之不同，正是河南士人学问"清通简要"，河北士人学问"渊综广博"①，其实在西晋时期，除河北外，江南士人的学问亦如此。而到了东晋时期，中原士人过江，其学风影响了江南，而留在北方的河朔士人仍家世传儒，因此繁复广博之学风仍流行于北方，才有了《隋书》卷七十五《儒林传序》中所说"南人约简，得其英华；北学深芜，穷其枝叶"②的评断。

(二)二十四友赠答诗中的雅丽风格

文人对于政治中心的依凭使得他们在进行应诏诗文和公务赠答诗文的创作上始终保持了晋初以来的雅颂风貌，这是由当时的政治生态和士人在政治群体中的地位所决定的。而另一方面，这个群体中，一些士人之间存有或亲情、或友情的关联，又各自聚散，在其文学作品的创作中又显现出不一样的风格。

如陆机陆云兄弟之间、石崇欧阳建舅甥之间，流露出真挚的亲情。杜育与挚虞之间的友情也因他们的赠答诗而留存至今。杜育《赠挚仲洽诗》："之子于归，言秣其驹。矧乃斯人，乃迈乃祖。虽非显甫，饯彼百壶。虽非张仲，将脍河鱼。人亦有言，贵在同音。虽曰翻飞，曾未异林。顾恋同枝，增其慨心。望尔不遐，无金玉音。"③诗中反复地以"同音""同枝"表达二人的志同道合。挚虞《答杜育诗》："越有杜生，既文且哲。龙跃颍豫，有声彰澈。赖兹三益，如琢如切。好以义结，友以文

---

① （南朝宋)刘义庆著，(南朝梁)刘孝标注，余嘉锡笺疏，周祖谟、余淑宜、周士琦整理：《世说新语笺疏》，中华书局 2007 年版，第 255 页。

② （唐)魏徵、令狐德棻：《隋书》，中华书局 1973 年版，第 1706 页。

③ 逯钦立辑校：《先秦汉魏晋南北朝诗》，中华书局 1983 年版，第 757 页。

会。岂伊在高,分定倾盖。其人如玉,美彼生刍。钟鼓匪乐,安用百壶。老夫灌灌,离群索居。怀恋结好,心焉怅如。"①"好以义结,友以文会"表现出他们对道义、文章的共同追求。而友以文会正是这个群体中士人交接的普遍方式。

二十四友最重要的聚会则是在石崇别业金谷园中的宴游。士人们在这里举行过多次集会,其中流传最广的便是在元康六年(296),石崇从太仆卿出为使持节、监青徐诸军事、征虏将军,出镇下邳,又有征西大将军祭酒王诩当还长安,众人在金谷园举行饯别宴会。石崇《金谷诗序》曰:

> 余以元康六年,从太仆卿出为使持节监青、徐诸军事、征虏将军。有别庐在河南县界金谷涧中,去城十里,或高或下,有清泉茂林,众果、竹、柏、药草之属。金田十顷,羊二百口,鸡猪鹅鸭之类,莫不毕备。又有水碓、鱼池、土窟,其为娱目欢心之物备矣。时征西大将军祭酒王诩当还长安,余与众贤共送往涧中,昼夜游宴,屡迁其坐,或登高临下,或列坐水滨。时琴、瑟、笙、筑,合载车中,道路并作;及住,令与鼓吹递奏。遂各赋诗,以叙中怀,或不能者,罚酒三斗。感性命之不永,惧凋落之无期,故具列时人官号、姓名、年纪,又写诗著后。后之好事者,其览之哉!凡三十人,吴王师、议郎关中侯、始平武功苏绍,字世嗣,年五十,为首。②

石崇描述了金谷园的自然山水,也更多地夸耀众果、竹柏、草药、田地、猪羊、鱼池、水碓、土窟等内容,铺陈描写了其间的富饶。这种富饶之美压倒了自然之韵,而更加体现了石崇所提出的"士当身名俱泰"的思想观念,满足于物质与精神的双重追求。石崇是一位出色的文

---

① 逯钦立辑校:《先秦汉魏晋南北朝诗》,中华书局1983年版,第759页。
② (清)严可均辑:《全上古三代秦汉三国六朝文》,中华书局1958年版,第1651页。

人和士人领袖，其作品在《隋书》卷三十五《经籍志四》中载录有六卷，他常邀请文人在其金谷园集会，赋诗作文，并亲写其序。王世贞评他："纵横一代，领袖群豪，岂独以财雄之，政才气胜耳。《思归引》《明君辞》情质未离，不在潘、陆下。"①潘岳在此次集会中作诗曰："王生和鼎实，石子镇海沂。亲友各言迈，中心怅有违。何以叙离思，携手游郊畿。朝发晋京阳，夕次金谷湄。回溪萦曲阻，峻阪路威夷。绿池泛淡淡，青柳何依依。滥泉龙鳞澜，激波连珠挥。前庭树沙棠，后园植乌椑。灵囿繁石榴，茂林列芳梨。饮至临华沼，迁坐登隆坻。玄醴染朱颜，但愬杯行迟。扬桴抚灵鼓，箫管清且悲。春荣谁不慕，岁寒良独希。投分寄石友，白首同所归。"②众人欣赏山水美景，一边游览，一边欣赏器乐演奏，停下来以后开始宴饮，又各自赋诗以表达自己的情感，或是离别的哀愁，或是对短暂生命的感慨，或是对友情的珍视。整场宴会中囊括了多项主要的娱乐和艺术形式。

在二十四友的赠答和宴饮诗文中，可以看到当时在西晋文坛乃至整个西晋王朝都弥漫着一种贪爱享乐、炫耀财富的风气，特别在金谷园集会中表现得尤为明显。而在士人对作品表现出来的艺术风格的欣赏上，依然保持着晋初以来崇尚雅丽的特征。士人奢华的日常生活，以及对于社会声誉的追求，使得他们在诗文创作上要求文辞华丽、词语雕饰、结构严整等特征，讲究精细、华美。这种雅丽的文学趣味，也是西晋时期士族文人的一个共同点。

第二节 以家族为重心的文士文学风格的建立——以陆机为代表

自东汉时起，士人便开始了关于道德行为的评价原则的讨论，其中

---

① （明）王世贞著，罗仲鼎校注：《艺苑卮言校注》，齐鲁书社 1992 年版，第 122 页。

② 逯钦立辑校：《先秦汉魏晋南北朝诗》，中华书局 1983 年版，第 632 页。

最重要的就是仁孝先后的问题。到了西晋时期，由于当时所提倡的孝治天下的影响，司马骏、荀颢都曾著文论仁孝先后，这同时也引申出忠孝先后的问题。在汉代时，在忠君与孝亲孰先孰重的问题上，首先还是选择"忠"的。但由于门阀士族的确立，为了家族的利益，孝先于忠的观点开始形成。加之司马氏在魏晋禅代问题上无法立足于"忠"，因此只能推崇"孝"。而孝道正是世家大族维护其政治经济利益所必需的，"孝"也成为士族安身立命、保全门第的核心。晋初以孝著名的臣子如王祥、何曾、荀颢等人，除孝道外无一可称，何、荀甚至是奸佞之徒，他们谄附权臣，对于司马氏亦没有遵守"忠"的责任。但是即使是傅玄这样刚劲亮直的谏官仍能够称颂何曾、荀颢二人，事见《晋书》卷三十三《何曾传》。而在庾纯与贾充的争斗中，庾纯翻出贾充当年使人杀害高贵乡公之事，指责贾充不忠，贾充则斥责庾纯不孝。后来武帝处理此事依然无准的，他无法在忠孝问题上做一个榜样，确定一个标准。总之，西晋时期士人皆以孝道为高已十分确定，士人大多以"孝"重于"忠"。唐长孺谈道："在开始时二者的轻重还没有决定，但因现实社会及政治的发展，孝逐渐超过了忠。"①同时，在论及这种君父先后观念产生的原因时，唐长孺以为正是门阀制度培养和促进了这种观念，他说："其实在门阀制度下培养起来的士大夫可以从家族方面获得他所需要的一切，而与王室的恩典无关，加上自晋以来所提倡的孝行足以掩护其行为，因此他们对于王朝兴废的漠视是必然的，而且是心安理得的。"②在这种思想的影响下，门阀士族制度中的士人群体的家族意识便十分强烈。在他们的仕宦道路中，家族的保全存续与光耀也是最直接的又是最终的目标。士人在家族群体中受到相应家学门风的影响，从根本上影响着士人的个性特征，因家族地域而形成的文士群体也有着不同于政治群体的创作个性。西晋中期的著名文士中，陆机是典型的浮沉在政治与家

① 唐长孺：《魏晋南北朝史论拾遗》，中华书局1983年版，第247页。
② 唐长孺：《魏晋南北朝史论拾遗》，中华书局1983年版，第247页。

族群体中的士人。他参与的或以他为主导的士人群体代表了西晋时期的南人文学。

一、陆机在吴

陆氏家族自东汉起即成为江东望族，到三国时期成为吴地著姓，兴盛一时。刘孝标注引《吴录·士林》曰："吴郡有顾、陆、朱、张，为四姓。三国之间，四姓盛焉。"①其各自的门风在当时也有评语，《世说新语·赏誉》有："吴四姓旧目云：张文、朱武、陆忠、顾厚。"②四姓中以陆、顾两家尤为显赫。《世说新语·规箴》曾载有孙皓与陆凯的对话："孙皓问丞相陆凯曰：'卿一宗在朝有几人？'陆曰：'二相、五侯、将军十余人。'……"③从史籍所载来看，吴郡陆氏家族在吴一朝有陆逊、陆凯二相，陆抗、陆胤、陆祎、陆晏、陆景、陆绩、陆式等将军、侯。陆氏的望族地位以及家学与门风对陆机、陆云的影响很大，陆机"长七尺余，声作钟声，言多忼慨"，"清厉有风格，为乡党所惮"，陆云则"文弱可爱"④，都与其家族密切相关。对此，已有诸多学者进行研究，此处不再赘述。这里我们主要看看与陆机有交往的家族成员。

陆机的祖父陆逊是陆氏家族的关键人物，但他去世十几年后机、云方才出生。陆机父亲陆抗乃一代名将，对孙吴政权有不可磨灭的作用。陆抗于乱世中建功立业，在军事和政治上建树颇丰，又厚德重望，熟习儒学经典，在人格上使众人服膺，可以说是才德兼备。陆抗死后，其六子分领父兵，陆晏、陆景在晋吴战争中阵亡殉国，陆机、陆云被俘带至

---

① （南朝宋）刘义庆著，（南朝梁）刘孝标注，余嘉锡笺疏，周祖谟、余淑宜、周士琦整理：《世说新语笺疏》，中华书局2007年版，第582页。
② （南朝宋）刘义庆著，（南朝梁）刘孝标注，余嘉锡笺疏，周祖谟、余淑宜、周士琦整理：《世说新语笺疏》，中华书局2007年版，第582页。
③ （南朝宋）刘义庆著，（南朝梁）刘孝标注，余嘉锡笺疏，周祖谟、余淑宜、周士琦整理：《世说新语笺疏》，中华书局2007年版，第652页。
④ （南朝宋）刘义庆著，（南朝梁）刘孝标注，余嘉锡笺疏，周祖谟、余淑宜、周士琦整理：《世说新语笺疏》，中华书局2007年版，第525页。

寿春。幼子陆耽年龄尚小，未领兵，后任平东祭酒，与陆云同时被害。

与陆机同族的还有一位很重要的人物陆喜，是陆机从父。太康年间，晋武帝下诏："伪尚书陆喜等十五人，南士归称，并以贞洁不容晧朝，或忠而获罪，或退身修志，放在草野。主者可皆随本位就下拜除，敕所在以礼发遣，须到随才授用。"①陆喜为征召之首，拜为散骑常侍。被征召之后不久，约太康五年(284)时，陆喜去世。其身后事乃是陆机亲去洛阳料理，当见出二人关系之亲密。陆喜曾"感子云之《法言》而作《言道》，睹贾子之美才而作《访论》，观子政《洪范》而作《古今历》，览蒋子通《万机》而作《审机》，读《幽通》《思玄》《四愁》而作《娱宾》《九思》"②。陆喜所称颂的是扬、班、张、蔡等汉时享有盛名的辞赋作家，其讽喻、颂美、说教的倾向较为明显。且陆喜善于模拟，承流而作，在这一点上，也影响了陆机对于"依访"的态度。

陆机从弟陆晔，字士光，年龄与二陆相仿，少有雅望，以孝闻。陆晔应该没有入洛任职，而是在晋元帝时期入仕，历任侍中、尚书、太子太傅、领军将军等。晋明帝称赞他"清操忠贞，历职显允，且其兄弟事君如父，忧国如家，岁寒不凋，体自门风"③。陆云《与陆典书书》中曾提到过陆晔："想令仁士光、令远公然兄弟，屡数常存思想……"④陆晔弟陆玩，字士瑶，亦在东晋出仕，晋元帝引为丞相参军，经王敦之乱、苏峻之乱。咸和中封兴平伯，迁侍中、司空。陆玩有胸怀，善书法，其书"雅重之气发于笔端而有典则"(《宣和书谱》)⑤。在陆云的书信中还出现了一位陆氏家族的人物陆典。陆云与陆典之书有十封，占除其兄之外书信往来的四分之一。从这些书信来看，陆典应是机云兄弟入洛之后在华亭主持家族事务的"宗主"。陆云曾苦心劝说陆典出仕，以

---

① （唐）房玄龄等：《晋书》，中华书局1974年版，第1487页。
② （唐）房玄龄等：《晋书》，中华书局1974年版，第1486页。
③ （唐）房玄龄等：《晋书》，中华书局1974年版，第2024页。
④ （晋）陆云撰，黄葵点校：《陆云集》，1988年版，第172页。
⑤ 王群栗点校：《宣和书谱》，浙江人民美术出版社2012年版，第71页。

"恢皇纲之大烈，垂荣祚乎祖宗"①，希望他也能担负起光耀门楣的使命，但陆典最终并未入洛。

从陆机从父、从弟的生平与仕宦经历来看，吴郡陆氏在吴亡后应该经过一段时间的深思熟虑，即在陆机、陆云退居旧里勤学的数年中，他们对于如何保全家族、重振家声有一定的考量，并为此作了相应的安排。陆机、陆云在朝廷的征召下入洛，是希望在西晋的政治权力中心中维持家门声望、博得朝廷及社会的尊重；陆典、陆晔、陆玩则在家乡维持家族的实力。而东晋南渡无疑又是陆氏重新崛起的契机，然而这一时期陆氏子弟中尚无人有如陆逊、陆抗等人物一般于乱世飘摇中建功立业的能力，陆玩甚至要被人咒骂"当今乏材，以尔为柱石，莫倾人梁栋邪"，虽有雅量性情和一定的才华，但与渡江诸君比确是逊色许多，因此只有在陆氏余荫中任清显之职。其实从陆机、陆云二人在洛阳的形迹便可以见出，他们与祖父辈已不可同日而语。

此外，吴中著姓相互通婚，顾陆两家也通姻亲。昔时与陆机陆云一同入洛，声扬朝野的还有一位非常重要的人物顾荣。顾荣是陆机姊夫，又是好友，三人一同入洛，号为"三俊"。入晋后，顾荣拜郎中，历尚书郎、太子中舍人、廷尉正。惠帝西迁时，顾荣还吴，其时晋元帝司马睿为安东将军，以顾荣为军司马，加散骑常侍。顾荣作为江东著姓的代表，在东晋渡江之初，为司马政权在江东站稳脚跟做过很大的贡献。顾陆三人入洛之后，同样的出身、同样的处境、亲密的好友与姻亲的关系，使得陆机、陆云在顾荣面前能够有情感的依托，陆机一腔乡愁都化在写给顾荣、陆云的诗作之中，

在陆氏家族的学术氛围中，陆机的儒学基础形成。东汉末年洛下学风开始创新，但江东地区仍旧保守。后来魏、西晋时期洛阳风靡玄学，而身在东吴的陆机仍然接受的是家族传承的儒学。孙吴时期易学甚盛，江南同时出现三种《易注》，陆绩易学上承虞翻，下启姚信，是孙吴时

---

① （晋）陆云撰，黄葵点校：《陆云集》，中华书局1988年版，第171页。

期江东地区最有影响的易学学派之一。唐长孺指出："江南所流行的乃是孟氏、京氏，都是今文说，这与时代学风相背驰，从这一点可以证明江南学风较为保守。"①陆机作为与陆绩同族的子弟，对于陆绩《易》学应当是要了解甚至是精研的。总的来说，陆机自小接受陆氏家族家学门风的熏染，服膺儒术，在学术上培养了浓厚的儒学兴趣，在政治上亦承袭乃父风范，有建功立业、重振家风之志。

二、陆机入洛

陆机入洛之后，处在南北文人对立的大环境中，肩负着重振家声的使命，在仕途奔走，内心百端交集。他在与北人的周旋中、与南士群体的互勉中创作了大量文学作品。钱穆曾在《中国学术思想史论丛》卷三中指出："今人论此一时代之门第，大都只看在其政治上之特种优势，与经济上之特种凭借，而未能注意及于当时门第中人之生活实况，及其内心想象。因此所见浅薄，无以抉发此一时代之共同精神所在。"②陆机在洛的生活实况和内心想象受他所处的群体的影响，这也影响到他的创作。

（一）西晋时期南北士人的心理隔阂

西晋平吴以后，对吴蜀旧地多有防范，但是西晋朝廷对江南大族也颇致意笼络，曾先后征召士人入洛做官。陆机、陆云在吴灭后，退居勤学十年，终在太康末年入洛③。陆机入洛，首先怀着维系家族和振兴家声的艰巨任务，承继他的祖父陆逊、父亲陆抗之事功。

在汉末三国时期，孙策曾为袁术攻打忠于汉廷的庐江太守陆康。战前，陆康为保存家族实力，遣陆逊及其亲戚还吴。陆康"受敌二年，城

---

① 唐长孺：《魏晋南北朝史论丛》，河北教育出版社 2000 年版，第 353 页。
② 钱穆：《中国学术思想史论丛》（三），生活·读书·新知三联书店 2009 年版，第 161 页。
③ 陆机兄弟入洛时间历来学者有诸多讨论，这里取太康末年说。

陷。月余，发病卒，年七十。宗族百余人，遭离饥厄，死者将半"①，陆康之子陆绩终生以汉臣自居，轻蔑孙氏，被孙权贬为郁林太守，抑郁而死。而陆逊为了振兴宗族、维护门第，只有投身于江东孙吴政权。他首先建立起了一支陆氏军队："时吴会稽、丹杨多有伏匿，逊陈便宜，乞与募焉。会稽山贼大帅潘临，旧为所在毒害，历年不禽。逊以手下召兵，讨治深险，所向皆服，部曲已有二千余人。鄱阳贼帅尤突作乱，复往讨之，拜定威校尉，军屯利浦。"②建安二十四年（219），吕蒙推荐陆逊为大将。孙权拜逊为偏将军右都督，代吕蒙领上流大军。黄武元年（222）夷陵之战之后，陆逊为辅国将军、领荆州牧，改封江陵侯，后进位上大将军。黄龙元年（229），孙权称帝，以陆逊辅佐太子，掌荆州及豫章三郡事，军政并摄。赤乌七年（244）进为孙吴丞相。田余庆指出："陆逊仕途的转折点，是在孙吴政权江东化的关键时刻，受命为吴军上流统帅。陆逊是孙吴政权江东化最具象征性、最为关键的人物。"又说："陆逊代吕蒙居上游统帅之任，又在夷陵之战中以其才能和业绩巩固了统帅的地位。过去孙氏迫害陆氏宗族、诛戮吴会英豪所造成的严重隔阂状态，从根本上消除了。跟着上游武职的地域性更替而来的，就应当是当轴文职的地域性更替了，这一任务落到了吴郡顾氏身上。"③陆逊选择与陆氏有家仇私恨的孙氏合作，扭转了汉末时陆氏宗族遭厄的局面，使得陆氏家族走上了广阔的发展道路，维护了家族门第，为后来陆氏的发展奠定了坚实基础。陆机入洛，首先考量的也是家族的利益。在吴亡后的十余年时间，陆机、陆云兄弟潜居华亭，如"悬鼓之待槌"④。明张溥《汉魏六朝百三家集·陆平原集题辞》云："陆氏为吴世臣，士衡才冠

---

① （南朝宋）范晔撰，（唐）李贤等注：《后汉书》，中华书局 1965 年版，第 1114 页。

② （晋）陈寿撰，陈乃乾校点：《三国志》，中华书局 1959 年版，第 1343 页。

③ 田余庆著：《秦汉魏晋史探微》，中华书局 1993 年版，第 290-291 页。

④ （南朝宋）刘义庆著，（南朝梁）刘孝标注，余嘉锡笺疏，周祖谟、余淑宜、周士琦整理：《世说新语笺疏》，中华书局 2007 年版，第 511 页。

当世，国亡主辱，颠沛图济，成则张子房，败则姜伯约，斯其人也。"①
在长期的观望与反复考量之后，陆机决定出仕。

　　陆机、陆云初入洛，颇以江东望族的身份自居，"不推中国人
士"②，但他们所见的却是北方士族对南人针锋相对的态度。西晋中后
期，南北之间的心理隔阂较为突出。北方士人以征服者自居，称南方士
人为"亡国之余"，而南方士人则心怀不服。双方常常有言谈中的讽刺
与机辩。《晋书》卷五十八《周处传》有："及吴平，王浑登建邺宫酾酒，
既醉，谓吴人曰：'诸君亡国之余，得无戚乎？'处对曰：'汉末分崩，
三国鼎立，魏灭于前，吴亡于后，亡国之戚，岂惟一人！'浑有惭
色。"③南士华谭，广陵人。因才学为东土所推，太康中，被周浚举为秀
才，受到晋武帝亲自策问。"博士王济于众中嘲之曰：'五府初开，群
公辟命，采英奇于仄陋，拔贤俊于岩穴。君吴楚之人，亡国之余，有何
秀异而应斯举？'谭答曰：'秀异固产于方外，不出于中域也。是以明珠
文贝，生于江郁之滨；夜光之璞，出乎荆蓝之下。故以人求之，文王生
于东夷，大禹生于西羌。子弗闻乎？昔武王克商，迁殷顽民于洛邑，诸
君得非其苗裔乎？'济又曰：'夫危而不持，颠而不扶，至于君臣失位，
国亡无主，凡在冠带，将何所取哉！'答曰：'吁！存亡有运，兴衰有
期，天之所废，人不能支。徐偃修仁义而失国，仲尼逐鲁而逼齐，段干
偃息而成名，谅否泰有时，曷人力之所能哉！'济甚礼之。"④吴郡人蔡
洪入洛，也遭到洛中士族的嘲讽。尽管他们都以自己的机智回击了北方
士族的轻蔑，但北方士族并没有因此改变对南士的态度。陆机、陆云入
洛也同样遭到轻视。《世说新语·方正》中便记载了一次剑拔弩张的对
话："卢志于众坐问陆士衡：'陆逊、陆抗，是君何物？'答曰：'如卿于

---

① （明）张溥著，殷孟伦注：《汉魏六朝百三家集题辞注》，中华书局2007年
版，第171页。
② （唐）房玄龄等：《晋书》，中华书局1974年版，第1077页。
③ （唐）房玄龄等：《晋书》，中华书局1974年版，第1570页。
④ （唐）房玄龄等：《晋书》，中华书局1974年版，第1452页。

卢毓、卢珽。'士龙失色。既出户，谓兄曰：'何至如此，彼容不相知也？'士衡正色曰：'我父祖名播海内，宁有不知，鬼子敢尔！'"①六朝人极重避讳，卢志于众人中面斥陆机祖父之名，十分无礼，陆机不能忍受，反斥卢志。由此也结下了深怨，以致后来陆机河桥兵败，卢志谮于成都王司马颖，使得机、云被杀。

这都是南北士人之间矛盾的具体体现，这种矛盾直至东晋时期也仍然存在。当时的江南著姓与北来的侨寓士族在心理上互相轻视。王导初入江左时，为了结援吴人，曾请婚于陆玩，遭到婉拒。周处之子周玘对过江北人极为不满，曾策划谋反，他死后，儿子周勰又欲作乱，遭到了叔父周札的反对。两晋时期，南北士人在心理上始终存有这样一种隔阂。但要注意到的是，这种心理的隔阂并未引起政局上的大冲突，且在对抗周边少数民族的侵略、维护晋朝一统政权的时候，他们是能团结一致的。这也是自秦汉以来维护国家统一和团结的心理影响所致。

（二）入洛以后陆机所处的群体流变与文学风格

1. 南士群体的互相倾诉

与陆机陆云一同仕晋廷的南士有纪瞻、顾令文、顾公真、顾处微、张悛、薛兼等人。丹阳纪瞻、薛兼，广陵闵鸿，吴郡顾荣，会稽贺循齐名，号为"五俊"。五俊之中纪瞻、顾荣、贺循都与陆机交好，薛兼或与陆机亦有交往。纪瞻"少与陆机兄弟亲善"，举秀才，为尚书郎陆机策问。陆机被杀后，纪瞻"赡恤其家周至，及嫁机女，资送同于所生"②。顾荣乃陆机陆云姐夫，入洛之后三人常常互相诉怀。顾令文、顾处微或亦出自顾氏，年轻时即与二陆相识。

陆机、陆云关心在朝南士的政治待遇，并常常向各方推荐乡里。《世说新语·自新》一门共两条，一是陆云劝勉周处，一是陆机劝勉戴渊。周处，字子隐，义兴阳羡人。周处父亲是吴鄱阳太守周鲂，但在周

① （南朝宋）刘义庆著，（南朝梁）刘孝标注，余嘉锡笺疏，周祖谟、余淑宜、周士琦整理：《世说新语笺疏》，中华书局 2007 年版，第 354 页。
② （唐）房玄龄等：《晋书》，中华书局 1974 年版，第 1824 页。

处少时即去世，周处少时缺乏应有的教育，"不治细行""凶强侠气，为乡里所患"。他拜谒二陆，受到陆云以古训启发："古人贵朝闻夕死，况君前途尚可。且人患志之不立，亦何忧令名不彰邪?"①其内心良能良知豁然，终于成就其忠义人生。周处仕晋为御史中丞，但其强直的个性为朝廷所不喜，特别是时任征西大都督、节关中诸军事的梁王与之嫌隙甚大。元康七年(297)，氐人齐万年反，朝廷命其西征，在战争中既为梁王所构陷，却仍能力战而死。另一位士人戴渊，字若思，广陵人，"才义辩济，有风标锋颖"②，但少时"游侠不治行检，尝在江、淮间攻掠商旅"③，恰逢陆机销假还洛，戴渊在岸指挥左右掠劫，陆机于船屋之上大叹其神气，劝到"卿才如此，亦复作劫邪"④，戴渊因此投剑改过。陆机也向朝廷推荐了戴渊。陆云与戴渊、父戴昌、弟戴邈也都有所交往，曾称赞戴渊兄弟"清才俊类，一时之彦，善并得接"⑤。后来，戴渊任东海王越军谘祭酒，出补豫章太守，加振威将军，领义军都督。以讨贼有功，赐爵秣陵侯，迁治书侍御史、骠骑司马，拜散骑侍郎，在元帝永昌元年(322)王敦叛乱之际被杀。会稽山阴人贺循在仕进之初也受到陆机的举荐。从贺循的仕宦之路亦可以看出南士在洛阳受到轻视的现象是普遍存在的。贺循与顾荣齐名，是南士的代表人物，仕晋之初曾为阳羡令、武康令，但"无援于朝，久不进序"，《晋书》本传载陆机上表荐贺循，其中谈道："臣等伏思台郎所以使州州有人，非徒以均分显路，惠及外州而已。诚以庶士殊风，四方异俗，壅隔之害，远国益甚。

---

① (南朝宋)刘义庆著，(南朝梁)刘孝标注，余嘉锡笺疏，周祖谟、余淑宜、周士琦整理：《世说新语笺疏》，中华书局2007年版，第738页。

② (南朝宋)刘义庆著，(南朝梁)刘孝标注，余嘉锡笺疏，周祖谟、余淑宜、周士琦整理：《世说新语笺疏》，中华书局2007年版，第537页。

③ (南朝宋)刘义庆著，(南朝梁)刘孝标注，余嘉锡笺疏，周祖谟、余淑宜、周士琦整理：《世说新语笺疏》，中华书局2007年版，第740页。

④ (南朝宋)刘义庆著，(南朝梁)刘孝标注，余嘉锡笺疏，周祖谟、余淑宜、周士琦整理：《世说新语笺疏》，中华书局2007年版，第740页。

⑤ 陆云：《与杨彦明书》。(晋)陆云撰，黄葵点校：《陆云集》，中华书局1988年版，第168页。

至于荆、扬二州，户各数十万，今扬州无郎，而荆州江南乃无一人为京城职者，诚非圣朝待四方之本心。"①陆机所言正是朝廷对待南士的态度，南北士人不仅在心理上有隔阂，在政治上同样有极大的差别。如陆氏、顾氏此等江东著姓皆是如此，更何况贺循一类在吴郡都要被强族轻视的普通士人。

与陆机共事的南人还有孙拯，字显世，吴都富春人。在吴时仕为黄门郎，吴平后任涿令。陆机为后将军、河北大都督时，引孙拯为司马。孙拯是陆机同乡，又能属文，与陆机投契。陆机为孟玖构陷，孙拯被考掠，"两踝骨见，终不变辞"②，死于狱中。张瞻，吴郡人，陆云移书太常府荐之，称赞他"茂德清粹，器思深通"，"探微集逸，思心洞神；论道属书，篇章光觌"③。陆机又荐司徒下谏议大夫张畅"才思清敏，志节贞厉，秉心立操，早有名誉。其年时旧比，多历郡守，惟畅凌迟白首，末齿而佐下藩"④。此外，与陆机、陆云相识的还有未入洛出仕之南士，如伍朝、严隐、戴季甫、郑胄等人。

在与南士的交游过程中，陆机兄弟所作之诗文较好地表达了他们在北地的仕宦、生活和心绪。少以文章与陆机相友善的吴人张俊，入晋曾任太子庶子，宗正卿，武城太守。曾与机、云有赠答诗往来。现存陆机《答张士然》一首，陆云《答张士然》一首。陆云《答张士然》作于太康末年入洛途中，当时张俊已先到洛阳，听闻机云入洛而赠诗，陆云在途中回诗，全诗作感念故乡之语："行迈越长川，飘遥冒风尘。通波激江渚，悲风薄丘榛。修路无穷迹，井邑自相循。百城各异俗，千室非良邻。欢旧难假合，风土岂虚亲。感念桑梓域，仿佛眼中人。靡靡日夜

远，眷眷怀苦辛。"①诗作以行旅中的"风尘"为核心展开。江南之地本无风尘，一旦越长川之后，进入北地，风尘便起。风激枉渚，尘薄丘榛；北地之土自有它的景色，却不是我家乡的景色，北地之民风自有它的独特，却不是我家乡的风俗。由此引起了士人心中的不安，更激起对家乡的思念。而最后四句又把这种心境更推进一层，我不愿意见洛阳，因此行迈迟迟，但洛阳又有我思念的家乡人，因此靡靡日夜，仍觉友人遥远。实是行愈远情愈苦。在赴洛途中，陆机亦作了不少优秀的诗作如《赴洛道中作》二首等，都是心中不安、思念家乡、行旅辛苦之旨。陆机还有一首《答张士然》曰："洁身跻秘阁，秘阁峻且玄。终朝理文案，薄暮不遑眠。驾言巡明祀，致敬在祈年。逍遥春王圃，踯躅千亩田。回渠绕曲陌，通波扶直阡。嘉谷垂重颖，芳树发华颠。余固水乡士，摠辔临清渊。戚戚多远念，行行遂成篇。"②此诗大约作在元康八年（298）陆机出补著作郎行旅途中。全诗以五言为体，从身在秘阁、日夜料理文案开始谈起；及从驾出游，祭祀祈年，见此"回渠""通波"，而忆起水乡，不觉怆然感怀，翻出乡愁，兴起怀人之情。整篇诗文气顺词畅，情感自然而起，诗歌自然而作，诗人只作一失意之人置入画中，"戚戚"而"行行"。吴淇评其"诗虽草草，而心则苦也"（《六朝选诗定论》）③，陈祚明以其"触目怀土，此情亦真"（《采菽堂古诗选》）④。

　　还有吴人顾祕，与陆机曾同在东宫为官，又同为吴王郎中令。约元康六年（296）前后，顾祕出任交趾太守，陆机迁尚书，陆机作《赠顾交趾公真》。诗中赞美顾公真之德，表达自己对其寄予厚望，希望其立功于边地，立德扬名，并盼其归来。

---

① （晋）陆云撰，黄葵点校：《陆云集》，中华书局1988年版，第91页。
② （晋）陆机著，金涛声点校：《陆机集》，中华书局1982年版，第51页。
③ （清）吴淇撰，汪俊、黄进德点校：《六朝选诗定论》，广陵书社2009年版，第241页。
④ （清）陈祚明评选，李金松点校：《采菽堂古诗选》，上海古籍出版社2019年版，第318页。

此外，陆机、陆云之间的往来赠答，四言体有陆机《赠弟士龙》诗十章，陆云《答兄平原诗》九章。陆机诗其一云："于穆予宗，禀精东岳。诞育祖考，造我南国。南国克靖，实繇洪绩。惟帝念功，载繁其锡。其锡惟何，玄冕衮衣。金石假乐，旄钺授威。匪威是信，称平远德。奕世台衡，扶帝紫极。"①追溯陆氏辉煌的家世，父祖安邦定业之功，及当年荣华富贵之盛。随后第二章又颂美家族兄弟的俊德之才与赫赫功勋。这是陆机最为自豪的，但同时也是他思及当下功业灭减、家门殄悴的最为深沉的悲痛和重负。五言诗亦有《赠弟士龙》："行矣怨路长，怒焉伤别促。指途悲有余，临觞欢不足。我若西流水，子为东峙岳。慷慨逝言感，徘徊居情育。安得携手俱，契阔成姐服。"②更是充满世网已婴我身、不得自由的悲切之情，表明入洛已是我不得已而为之。有离别伤情、别后相思，亦有互相的勉慰。此皆陆机言情之作。

南士群体中的诗文赠答最为突出的即是彼此之间的情感寄托与精神安慰。如陆机《赠顾彦先》《赠冯文罴》诗，同在洛作官，因久雨不见，"与子隔萧墙，萧墙阻且深"③，生出思念之情，这种思念之情很快转化为乡愁。吴中大姓之间互相通婚、紧密联系，又共同经历了国破家亡的重创，入洛以后同样遭到北方士族的轻视，面临仕进和生存的压力。因此他们常常酬唱赠答、讨论诗文、以音乐自娱，其间寄托着深厚真挚的感情。这些诗文都情感浓郁真挚，是陆机、陆云诗文中的情感美的代表。他们在哀叹中往往还互相勉励、不遗初衷，带有慷慨博郁的风力，华美语言中有雄阔意象、风云之气。这在陆机的诗文中较多地表现出来。

2. 与陆机交接的北人

陆机陆云在洛阳所交接的最重要的人物即是张华。陆机"誉流京

---

① （晋）陆机著，金涛声点校：《陆机集》，中华书局1982年版，第155页。
② （晋）陆机著，金涛声点校：《陆机集》，中华书局1982年版，第52页。
③ （晋）陆机著，金涛声点校：《陆机集》，中华书局1982年版，第51页。

华，声溢四表"(臧荣绪《晋书》)①，张华对其应是早有耳闻，对二人入洛也是极为赞赏，多加延誉，曾说"伐吴之役，利获二俊"②。张华在太康、元康年间的文坛有非常重要的地位，对入洛后的陆机影响也非常大。

陆机与张华的往来，不只是张华因"性好人物，诱进不倦"而对其持友好提携的态度，还与陆机对张华的态度有关。《晋书》载："初，陆机兄弟志气高爽，自以吴之名家，初入洛，不推中国人士，见华一面如旧，钦华德范，如师资之礼焉。"③从门第来看，陆机以吴地著姓自矜，带有出身高门的傲气，但他对于寒门出身的张华却"一面如旧"，钦重其德范，反而对洛阳高门很不屑。这一方面是由于张华不像其他洛下名士一样轻视他们，另一方面也与儒学与玄学思想的碰撞有关。陆机入洛时曾拜访过一些玄学名士，但由于双方各自所持不同，往往不欢而散。《世说新语·言语》记载："陆机诣王武子，武子前置数斛羊酪，指以示陆曰：'卿江东何以敌此？'陆云：'有千里莼羹，但未下盐豉耳！'"④王济乃太原王氏，在当时是著名的高门大族，才华横溢，风姿英爽，气盖一时。王济与陆机的对话正是南北士人之间的敌对与较量的体现。陆机还曾拜访过一位洛下名士刘宝，《世说新语·简傲》载："陆士衡初入洛，咨张公所宜诣，刘道真是其一。陆既往，刘尚在哀制中。性嗜酒，礼毕，初无他言，唯问：'东吴有长柄壶卢，卿得种来不？'陆兄弟殊失望，乃悔往。"⑤刘宝受玄学影响较深，行为狂诞。汉末以来，自阮籍居丧饮酒食肉后，士人相习成风，京洛间因此有居丧饮酒的习俗，刘宝更

---

① （清）汤球辑，杨朝明校补：《九家旧晋书辑本》，中州古籍出版社 1991 年版，第 75 页。

② （唐）房玄龄等：《晋书》，中华书局 1974 年版，第 1472 页。

③ （唐）房玄龄等：《晋书》，中华书局 1974 年版，第 1077 页。

④ （南朝宋）刘义庆著，（南朝梁）刘孝标注，余嘉锡笺疏，周祖谟、余淑宜、周士琦整理：《世说新语笺疏》，中华书局 2007 年版，第 104 页。

⑤ （南朝宋）刘义庆著，（南朝梁）刘孝标注，余嘉锡笺疏，周祖谟、余淑宜、周士琦整理：《世说新语笺疏》，中华书局 2007 年版，第 904 页。

是恣情任性。而陆机兄弟出身吴中旧族，更是守于礼法，因而对于刘宝之言之行骇然。刘宝对入洛的南士很傲慢，并无提携延誉之意，以至于二陆失望而归。王济对陆机言"羊酪"，与刘宝对陆机言"长柄壶卢"，其意是一致的。由于洛下玄风与江东儒学的不同，二陆本无玄学，适当学习玄风也无非是最初为了融入洛下士族的圈子中，本非他们志趣之所好，且他们的知识背景和文化教养也使得重新学习玄学变得困难。加上灭吴与亡国的情绪对立，南北士人心理产生隔阂，他们也更难修习玄学，只有以本有的广博深厚的儒才和文采得到张华等士人的青睐，其"天才绮练，当时独绝，新声妙句，系踪张、蔡"①，加之身为名门之后，因而能够比较顺利地进入仕途，但却很难融入洛阳的政治圈中。

陆机入洛，即被杨骏辟为祭酒，杨骏被诛后，陆机、陆云兄弟曾一同仕职太子府，在这期间有多篇诗文创作，多是随太子游览、宴饮集会等场合完成的应制之作，以歌颂皇朝、太子为主，并表达自己的忠心与感激之情。吴王司马晏出镇淮南时，陆机出补吴王郎中令。后他又重回洛阳任尚书中兵郎，预贾谧二十四友。赵王司马伦辅政时，引陆机为相国参军，赐爵关中侯。赵王司马伦政变之后，陆机又投于成都王颖麾下，希望可以成就功业，却最终为小人所谗害。这些皇室人主，任用陆机多是由于其声名，希望通过他巩固自己的政治地位，相比之下，一些与陆机亲厚的士人则更欣赏他的才华。

张华汇集了南北之文才，成为这些士人群体的中心。他与二陆之间的关系较为亲密，与之会面也多以诗文创作与品鉴为主要内容。《世说新语·文学》注引《文章传》载："机善属文，司空张华见其文章，篇篇称善，犹讥其作文大冶。谓曰：'人之作文，患于不才；至子为文，乃患太多也。'"②张华仔细阅读过陆机的文章，并对其进行评论，比较准

---

① （梁）萧统编，（唐）李善注：《文选》，上海古籍出版社1986年版，第761页。

② （南朝宋）刘义庆著，（南朝梁）刘孝标注，余嘉锡笺疏，周祖谟、余淑宜、周士琦整理：《世说新语笺疏》，中华书局2007年版，第309页。

确地抓住了陆机创作之才多繁芜的特点。从陆云与陆机的书信记载中还可以看到，成公绥平日与二陆亦有诗赋往来。此外，左思为著《三都赋》曾向陆机请教，且二人都于贾谧坐中讲论过《汉书》，他们之间应该有一定的了解。

晋惠帝即位后，立司马遹为太子，并挑选了"太保卫瓘息庭、司空泰息略、太子太傅杨济息歆、太子少师裴楷息宪、太子少傅张华息祎、尚书令华廙息恒与太子游处"①，张华时任太子少傅，引用了一批南士在太子府任职，如太子洗马陆机、薛兼，太子中舍人顾荣，太子舍人陆云、贺循，太子庶人张悛等。同在太子府任职的北方士人如潘尼也与陆机、陆云关系密切。潘尼与潘岳不同，性情沉静，为人平和，与陆云性情相仿。三人对于彼此的才情互为赞赏，其处世之道亦相近，又曾经同在太子身边任职，来往频繁。从元康元年（291）至三四年（294），陆机、陆云与周围的同事、友人多有诗词唱和。后来许多文士赴外地任职，这一群体也渐渐沉寂。陆机作有《赠潘尼》《答潘尼》，潘尼有《赠陆机出为吴王郎中令六首》，其中都叙写此间共同游乐、创作的事件，饱含着深厚真挚的感情。另有士人颍川荀崧，是荀彧玄孙，"志操清纯，雅好文学"②，与顾荣、陆机等皆友善。陆机还参与张华为主导的士人群体中，以及元康中后期的贾谧二十四友中。陆机与潘岳有以政治为目的的诗文往来，也有共同的应制诗文。

此外，还应注意的是，陆机进入成都王司马颖的政治群体后，也有聚会谈论的事件。陆云《与兄平原书》就载有这样一次集会："一日会公大钦，欣命坐者皆赋诸诗，了不作备。此日又病极，得思惟立草，复不为。乃仓卒退还，犹复多少有所定，犹不副意。与颂虽同体，然佳不如颂，不解此意可以不？王弘远去，当祖道，似当复作诗。构作此一篇，至积思，复欲不如前仓卒时，不知为可存录不？诸诗未出，别写送。弘

①　（唐）房玄龄等：《晋书》，中华书局1974年版，第1458页。
②　（唐）房玄龄等：《晋书》，中华书局1974年版，第1975页。

远诗极佳。中静作亦佳。张魏郡作急就诗，公甚笑燕。王亦似不复祖道，弘远已作为存耳。"①陆机在元康四年（294）出任吴王郎中令，潘尼有赠诗，陆机作《答潘尼》："于穆同心，如琼如琳。我东日徂，来饯其琛。彼美潘生，实综我心。探我玉怀，畴尔惠音。"②赞美潘尼的气质、言辞之美，并抒发了对他的思念和对其赠诗的感激之情。永宁元年（301），赵王司马伦辅政，陆机为中书郎，潘尼隐居故里。陆机因作赠诗曰："水会于海，云翔于天。道之所混，孰后孰先。及子虽殊，同升太玄。舍彼玄冕，袭此云冠。遗情市朝，永志丘园。静犹幽谷，动若挥兰。"（《赠潘尼》）③诗中借称美潘尼遗情市朝、隐居山林的行为来表现自己的归隐之意。这两首诗，一首多引《诗经》《周易》等经典的典故与语词，有逞才之意，而语言雅正。另一首同是四言诗体，却多为理语。如"道""太玄""丘园""幽谷"等意象，颇具玄言诗之气，却略显质疏无味。再结合陆机与潘岳等北方士人的文学往来来看，他们的诗歌颇多表现出正式场合中的公事往来的意味，即使是如潘尼赠答诗这般，也不脱颂美之意，词句雅正，与南士赠答诗的语清情切是不一样的。

三、士族意识与"雅艳"诗风的追求

在晋初的礼制建设和政治斗争中，士族所处之基本立场仍是儒学。陆机在《文赋》中提出"雅""艳"的要求，是西晋文学重视"雅艳"倾向的表现。

《文心雕龙·明诗》中描述西晋诗风"稍入轻绮"，"采缛于正始，力柔于建安"④。士族从所秉之累世儒学的立场和以礼法之士自矜的态度出发，在政治上痛伐任诞不礼之徒，这种倾向也渗透至文学领域。西晋

---

① （晋）陆云撰，黄葵点校：《陆云集》，中华书局1988年版，第144页。
② （晋）陆机著，金涛声点校：《陆机集》，中华书局1982年版，第53页。
③ （晋）陆机著，金涛声点校：《陆机集》，中华书局1982年版，第53页。
④ （南朝梁）刘勰著，范文澜注：《文心雕龙注》，人民文学出版社1958年版，第67页。

文学对于魏代文学做了相应的调整。"力柔于建安"是对"梗概而多气"的建安诗风进行的调整。由于"世积乱离，风衰俗怨"①，建安士人多气而少温柔敦厚之旨，特别是在乐府诗的创作上表现出"郑曲""淫荡""哀思"的风调，因此从士族儒家诗论的角度出发，首先要提出"雅"的要求。潘岳在《笙赋》中就谈道："卫无所措其邪，郑无所容其淫，非天下之和乐，不易之德音，其孰能与于此乎!"②这种对"天下之和乐，不易之德音"的追求，是西晋文士"雅"的文学风貌的一个体现。陆机在《文赋》中也提出了"雅"："或奔放以谐合，务嘈囋而妖冶。徒悦目而偶俗，固声高而曲下。寤防露与桑间，又虽悲而不雅。"③这些"徒悦目而偶俗"之文，虽能动人（悲），却是"不雅"。因此，在这种思想趋势下，诗文中不只是奔放、嘈囋之类，甚至是慷慨纵横、愤世嫉俗之情志也逐渐消弭，从而形成"力柔"而趋"雅"的诗风。用后代对于陆机诗文的标准和眼光去看，陆机虽然破国亡家，但在诗文中却少哀怨、少称情，亦少慷慨激昂之志，以致"词旨敷浅"④，但在当时求"雅"的时风中，他的这种士族文学风范却是非常突出的，因而诗文也名遍天下。

此外，《文赋》又指出："或清虚以婉约，每除烦而去滥。阙大羹之遗味，同朱弦之清汜。虽一唱而三叹，固既雅而不艳。"⑤陆机对于"艳"的要求，是与西晋诗风"采缛于正始"相应的。《文心雕龙·明诗》曰："正始明道，诗杂仙心，何晏之徒，率多浮浅。"⑥刘勰批评何晏的浮浅，浅在辞，亦在味。刘勰在《文心雕龙》中多次谈到此种浮浅的内

---

① （南朝梁）刘勰著，范文澜注：《文心雕龙注》，人民文学出版社1958年版，第674页。
② （清）严可均辑：《全上古三代秦汉三国六朝文》，中华书局1958年版，第1988页。
③ （晋）陆机著，金涛声点校：《陆机集》，中华书局1982年版，第4页。
④ （清）沈德潜：《古诗源》，中华书局1963年版，第103页。
⑤ （晋）陆机著，金涛声点校：《陆机集》，中华书局1982年版，第4页。
⑥ （南朝梁）刘勰著，范文澜注：《文心雕龙注》，人民文学出版社1958年版，第67页。

涵，《定势》篇谈到"综意浅切者，类乏酝藉"①，《总术》篇谈到"辩者昭晰，浅者亦露"②，这种浮浅正与"阮旨遥深"相对，是包含如语直、意浅、脉露、味短等几个方面的。即诗歌含义不可流于浮浅，意义脉络要隐蔽而不能显露在外。阮籍诗作被钟嵘评为"言在耳目之内，情寄八荒之表"③，正是这种蕴藉之味的魅力所在。儒家诗教的温柔敦厚之旨还有一个重要的方面即是对诗文蕴藉而又有余味的"志""旨"的要求。这突出地反映在"厚"中，因蕴藉而有余味，旨深而味醇。我们试比较玄学之"味"与儒家之"味"自可见一斑。

玄学之"味"是以道家之"味"为根基的，乃以"无味"为最高境界。《老子》第三十五章曰："乐与饵，过客止。道之出口，淡乎其无味，视之不足见，听之不足闻，用之不足既。"④无味是与"无"相同的。音乐和美食犹如仁义礼法之治，虽然能够使路人停下脚步欣赏，但却不如行守自然无为的大道，虽然无味，无形无迹，却能使人民平居安泰。"无味"在魏晋玄学中常被提到，王弼在阐释《老子》第十四章"视之不见名曰夷，听之不闻名曰希，搏之不得名曰微。此三者不可致诘，故混而为一"时说："无状无象，无声无响，故能无所不通，无所不往。"⑤"无"之大道所表现出来的特征是"无状无象，无声无响""无味"的，具体到声音，就如嵇康《声无哀乐论》中谈到的"声音以平和为体，而感物无

———————

① （南朝梁）刘勰著，范文澜注：《文心雕龙注》，人民文学出版社 1958 年版，第 530 页。

② （南朝梁）刘勰著，范文澜注：《文心雕龙注》，人民文学出版社 1958 年版，第 655-656 页。

③ （梁）钟嵘著，曹旭集注：《诗品集注》，上海古籍出版社 1994 年版，第 123 页。

④ （魏）王弼著，楼宇烈校释：《王弼集校释》，中华书局 1980 年版，第 88 页。

⑤ （魏）王弼著，楼宇烈校释：《王弼集校释》，中华书局 1980 年版，第 31 页。

常"①。以平和为体而感物无常,正与王弼所言圣人"体冲和以通无"的特质相同。而儒家之"味",以孔、孟、荀的"和味"论为根本,强调美善结合,主张以道制欲、以理节情,重视礼义修为的自觉。儒家注重诗乐的抒情特点,但并不主张纵欲放情,而是强调以礼节情。而在《礼记·乐记》中继承了荀子乐论的思想,提出"遗味"说:"清庙之瑟,朱弦而疏越,壹唱而三叹,有遗音者矣。大飨之礼,尚玄酒而俎腥鱼,大羹不和,有遗味者矣。是故先王之制礼乐也……将以教民平好恶,而反人道之正也。"孔颖达疏:"此皆质素之食,而大飨设之,人所不欲也。虽然,有遗余之味矣,以其有德质素,其味可重,人爱之不忘,故云'有遗味者矣'。"②"遗味"表现的是"质素"之德,能让人爱之不忘,强调的是本于道而源于心的精神愉悦和伦理满足。这是超越了直接的现实欲望的。

儒道之"味"其实是与儒家之"道"相一致的,道家之"道"追求自然无为,玄学以"无"为本,崇尚自然,推尊"无味",而儒家之"道"则是蕴藉在质素之"德"之内中而功臻化成,即大羹所具有的"遗味"。陆机《文赋》所称那些雅而不艳的文章,是"阙大羹之遗味"的,便是从文采的角度去补足此"遗味",要求文章具有深厚而蕴藉的余味,雅质相半,避免过于清淡。

在这一点上,陆机也在自己的诗文创作中进行实践。他的一些诗文特重工巧华美,多骈俪和秀句。如他的《悲哉行》中连用五组骈偶写春景:"和风飞清响,鲜云垂薄阴。蕙草饶淑气,时鸟多好音。翩翩鸣鸠羽,喈喈仓庚音。幽兰盈通谷,长莠被高岑。"③对偶工整,造语精巧,呈现出一种精致整齐的美。同时他也注重秀句,如《为顾彦先赠妇诗》

---

① (清)严可均辑:《全上古三代秦汉三国六朝文》,中华书局 1958 年版,第 1332 页。

② (清)阮元校刻:《十三经注疏·礼记正义》,中华书局 1980 年版,第 1528-1529 页。

③ (晋)陆机著,金涛声点校:《陆机集》,中华书局 1982 年版,第 74 页。

其一之"京洛多风尘，素衣化为缁"①，《拟今日良辰会》中的"高谈一何绮，蔚若朝霞烂"②等句都十分秀出。

陆机受到江东学风、家族基础、仕宦趣舍的影响，在南人与北人群体、贾谧二十四友、张华群体等之间活动，他的诗文的总体归依与个性差异都十分明显。从西晋中期士族文人的角度来看，他继承了张华以来奠定的基调，以儒学和博雅为基础，在"雅"和"绮"的方面都将西晋诗文向前推进了一大步。

第三节 左思及其群体与"深雅"诗风

《晋书》卷九十二《左思传》中记载："左思字太冲，齐国临淄人也。其先齐之公族有左右公子，因为氏焉。家世儒学。父雍，起小吏，以能擢授殿中侍御史。"③春秋战国时期，齐国是儒家文化的发祥地，孔子、荀子在此做过官。临淄是齐国的重要城市，儒学氛围十分浓厚，左思称赞其"郁郁岱青，海渎所经，阴精神灵，为祥为祯"（《悼离憎妹》)④。

左思为齐国公族左公子之后，家世儒学。但到父亲左雍这一代时家族早已没落。左雍出身卑吏，以笔札闻名，仕至殿中侍御史。殿中侍御史是御史台派往殿中伺察朝臣非法的御史，为第七品。左雍少年时代聪明勤奋，左思不及，受到父亲的批评之后发愤勤学。左思的妹妹左芬比左思小约十岁左右，早年丧母，家境贫寒。左芬《离思赋》中称："生蓬户之侧陋兮，不闲习于文符。"⑤左思《咏史》其八也说："落落穷巷士，抱影守空庐"，"外望无寸禄，内顾无斗储"⑥。兄妹少时一起读书学

---

① （晋）陆机著，金涛声点校：《陆机集》，中华书局 1982 年版，第 54 页。
② （晋）陆机著，金涛声点校：《陆机集》，中华书局 1982 年版，第 56 页。
③ （唐）房玄龄等：《晋书》，中华书局 1974 年版，第 2375-2376 页。
④ 逯钦立辑校：《先秦汉魏晋南北朝诗》，中华书局 1983 年版，第 731 页。
⑤ （清）严可均辑：《全上古三代秦汉三国六朝文》，中华书局 1958 年版，第 1533 页。
⑥ 逯钦立辑校：《先秦汉魏晋南北朝诗》，中华书局 1983 年版，第 734 页。

习，早有文名。左芬被晋武帝纳入后宫。《晋书》有传曰："左贵嫔名芬。兄思，别有传。芬少好学，善缀文，名亚于思，武帝闻而纳之。泰始八年，拜修仪。"又："后为贵嫔，姿陋无宠，以才德见礼。体羸多患，常居薄室。"①左芬相貌丑陋，而以文才、德行为司马炎所礼遇，拜修仪，后又升为贵嫔，常在晋武帝身边做一些文事，应诏做一些诗赋。

受到家学的影响，左思怀着一展宏图、建功立业的理想随着妹妹入宫而迁入京城。开启了他积极奋发的第一人生期。他积极创作《三都赋》，期望通过文才改变自己的政治命运。虽然《三都赋》取得了巨大的成功，但寒门士人的政治仕途却并不可能一帆风顺。高门大族与寒素士人的鸿沟永远存在，且西晋时期洛阳玄风已盛，左思不通玄学，就很难融入玄学士人的群体之中。此外左思"貌寝"、不善清谈，在注重容止风度、以清谈为社交形式的时代，这也成为一个缺陷。左思的才华无法施展，得不到社会的认可，一度遭受打击。因此心中愤懑不平。永康元年（300），妹妹左芬因病去世，随后的八王之乱中，左思所参预的二十四友零乱消散，贾谧被诛。左思于是选择逃离政治旋涡，退居宜春里专心著述，保全家人。后来齐王司马冏属意他为记事督，他也借故不就，最终选择了归隐。因为战乱的原因，又举家前往冀州，数岁之后在疾病中终了一生。

一、左思的仕途与友人群体

左思的仕途经历比较简单，太康三年（282）前，左思为撰写《三都赋》，求为秘书郎。永熙元年（290），司空陇西王司马泰辟为祭酒。祭酒为学官名，汉代始置博士祭酒，为博士之首，西晋改设为国子祭酒，掌领太学、国子学所属各学。司马泰字子舒，《晋书》本传称："泰性廉静，不近声色。虽为宰辅，食大国之租，服饰肴膳如布衣寒士。任真简率，每朝会，不识者不知其王公也。事亲恭谨，居丧哀戚，谦虚下物，

① （唐）房玄龄等：《晋书》，中华书局1974年版，第957-958页。

为宗室仪表。当时诸王，惟泰及下邳王晃以节制见称。虽并不能振施，其余莫得比焉。"①可见司马泰的性情品格是与左思相近的。元康六年（296），司空张华辟左思为祭酒。元康八、九年（298—299），贾谧举为秘书郎。左思在秘书监贾谧手下任秘书郎期间曾为贾谧讲《汉书》。但左思并不像潘岳等人对于富贵权力幹没不已，他逐渐认识到寒门素族在这样一个门阀制度的社会中的无能为力，以及政治权力漩涡之下的朝不保夕，此后便毅然选择了归隐。何焯《义门读书记》卷四十六评论左思《咏史诗》"饮河期满腹，贵足不愿余"句曰："此太冲所以独得考终，异乎潘、陆辈也。""太冲之于二十四友，特以身托戚属，难以自疏，然非有所附丽乾没。读此足以知其志也。"②

左思出身寒微，赋性高傲，"不好交游，惟以闲居为事"③。史籍所载与左思相交的士人几乎都与《三都赋》有关。左思创作《三都赋》，是希望能够凭借自己的文学才能来寻求社会对自我价值的承认，因此他耗费了毕生的精力去完成《三都赋》，他的一生的交游都围绕着这篇著名的文学成就展开。《晋书》本传称他"构思十年，门庭藩溷皆著笔纸，遇得一句，即便疏之。自以所见不博，求为秘书郎"。④ 他在《三都赋》序中写他的创作经过说"余既思摹《二京》而赋《三都》，其山川城邑，则稽之地图，其鸟兽草木，则验之方志。风谣歌舞，各附其俗，魁梧长者，莫非其旧"。⑤ 为此他殚精竭虑，"业深覃思，尽锐于三都……无遗力矣"。⑥

左思在未入京时，已经写就了《齐都赋》，恰好左芬入宫，左思举

---

① （唐）房玄龄等：《晋书》，中华书局 1974 年版，第 1095 页。
② （清）何焯：《义门读书记》，中华书局 1987 年版，第 893 页。
③ （唐）房玄龄等：《晋书》，中华书局 1974 年版，第 2376 页。
④ （唐）房玄龄等：《晋书》，中华书局 1974 年版，第 2376 页。
⑤ （清）严可均辑：《全上古三代秦汉三国六朝文》，中华书局 1958 年版，第 1882 页。
⑥ （南朝梁）刘勰著，范文澜注：《文心雕龙注》，人民文学出版社 1958 年版，第 700 页。

家迁入洛阳，便开始着手写《三都赋》。赋成之后，因名未显，时人并不重视他的这篇作品。但左思耗费如此巨大的精力完成的巨作，他自认为可以敌得上班固、张衡之作。因此史载他造访了当时久具盛名的西州逸士皇甫谧，皇甫谧称善，并为其作了序。陆侃如《中古文学系年》中则以为《三都赋》的成稿日期在皇甫谧去世之后，因此作序一事乃左思自托。但他称："不过(皇甫)谧在新安，距洛不远，(左)思很可能向这位饱学宿儒领教，正如他访问张载似的。"①皇甫谧卒于太康三年(282)，因此，大约在太康初年左思或曾向皇甫谧请教过关于《三都赋》的问题，并根据皇甫谧的意见进行了整理。

　　而为了撰写《蜀都赋》和《吴都赋》，左思又拜访了张载和陆机。王隐《晋书》曰："当(左)思之时，吴国为晋所平。思乃赋此《三都》，以极眩曜。其蜀事访于张载，吴事访于陆机，后乃成之。"②张载字孟阳，父亲张收，为蜀郡太守。张载"性闲雅，博学有文章"③。所作《蒙汜赋》为司隶校尉傅玄所赏，傅玄为之延誉，于是张载"起家佐著作郎，出补肥乡令。复为著作郎，转太子中舍人，迁乐安相、弘农太守。长沙王乂请为记室督。拜中书侍郎，复领著作。载见世方乱，无复进仕意，遂称疾笃告归，卒于家"。④太康初年，张载到蜀地省父，约太康六年(285)左右，张载返回洛阳。当在此时左思向张载请教岷邛之事。而陆机于太康末年入洛，当时亦曾准备作《三都赋》，听闻左思已作，还曾经嘲笑他："此间有伧父，欲作《三都赋》，须其成，当以覆酒瓮耳。"⑤但见到思赋之后，深为叹服。此外，左思的《三都赋》还受到张华的赞赏，其时左思为司空张华祭酒。"司空张华见而叹曰：'班张之流也。

---

①　陆侃如：《中古文学系年》，人民文学出版社 1985 年版，第 696 页。
②　刘志伟主编：《文选资料汇编·赋类卷》，中华书局 2013 年版，第 182 页。
③　(唐)房玄龄等：《晋书》，中华书局 1974 年版，第 1516 页。
④　(唐)房玄龄等：《晋书》，中华书局 1974 年版，第 1518 页。
⑤　(唐)房玄龄等：《晋书》，中华书局 1974 年版，第 2377 页。

使读之者尽而有余，久而更新。'于是豪贵之家竞相传写，洛阳为之纸贵。"①史载刘逵、张载还为《三都赋》作注、序，卫权为之作《略解》。刘逵与左思为同时代人，为《吴都赋》《蜀都赋》作序与注，应当会与左思有一些接触，进行商讨、交流。

而到了永康元年（300），左芬去世，不久后贾谧被诛，张华等人被杀，左思决定退出官场，隐居在洛阳城东的宜春里，"专意典籍"。徐传武在《左思左芬研究》中总结到："左思于281年写了个初稿，曾向皇甫谧请教；以后又向张载、陆机等访求蜀吴之事，不断地对赋作进行大删改，有不少地方可能会推倒重来；于295年基本定稿，得到张华扬誉，使得洛阳纸贵；晚年退居洛阳城东，对其赋作仍在做些小的修改。"②左思的一生都是围绕《三都赋》展开，因为他的出身、个性等原因，他出入各个士人群体皆是因为他的文学创作。在最初的怀抱与意志遭受辜负之后，他便毅然弃官隐居。因此在他的诗文中既表现出西晋士人普遍都有的仕宦之情，但又能够超越之，从而形成自沉郁向超逸的风格。

二、左思的沉郁

"沉郁"一词最早可见刘歆《与扬雄书从取方言》"非子云澹雅之才，沉郁之思，不能经年锐积，以成此书，良为勤矣"③，这里是用以形容扬雄之才思，重在"思"上。钟嵘《诗品》中评梁武帝云："资生知之上才，体沉郁之幽思。"④同样也注重文思。因此"沉郁"在早期开始使用之时已经奠定了其中基本的"思"之内涵。而贾彬《筝赋》中也谈道："抑

---

① （唐）房玄龄等：《晋书》，中华书局1974年版，第2377页。
② 徐传武：《左思左芬研究》，中国文联出版社1999年版，第14页。
③ （清）严可均辑：《全上古三代秦汉三国六朝文》，中华书局1958年版，第349页。
④ （梁）钟嵘著，曹旭集注：《诗品集注》，上海古籍出版社1994年版，第69页。

按铿锵，犹沉郁之舒彻，何以尽美。"①这里便又涉及了沉郁的另一个方面，音律的方面。用以形容音乐的深沉浑厚。以至于后来杜甫在《进雕赋表》中评价："则臣之述作，虽不能鼓吹六经，先鸣数子，至于沉郁顿挫，随时敏捷，扬雄、枚皋之徒，庶可企及也。"②因此沉郁的内涵包括了思想、内容、感情上的厚重深沉和强烈而浓郁的人生感、历史感，又包括了语言形式和艺术技巧上所呈现出来的回旋激荡。如陈廷焯《白雨斋词话》中阐释的："所谓沉郁者，意在笔先，神余言外。""而发之又必若隐若现，欲露不露，反复缠绵，终不许一语道破。匪独体格之高，亦见性情之厚。"③而这种内容上的厚重深沉主要就儒家思想而言，是一种温柔敦厚的风骚精神，有较高的境界。

而时人评价左思之诗，有钟嵘《诗品》："晋记室左思诗，其源出于公干。文典以怨，颇为清切，得讽喻之致。虽浅于陆机，而深于潘岳。"④强调其"典""怨""深""野"。有刘勰《文心雕龙·才略》："左思奇才，业深覃思，尽锐于三都，拔萃于咏史。"⑤有《晋书》本传评"辞藻壮丽"⑥。后人也多以其"造语奇伟"（胡应麟《诗薮》）⑦，"壮而不悲"（刘熙载《艺概》），"莽苍"（王世贞《艺苑卮言》）⑧等语评之。又有陈祚明《采菽堂古诗选》曰："太冲一代伟人，胸次浩落洒然，流咏似孟德，

---

①　（唐）欧阳询撰，汪绍楹校：《艺文类聚》，上海古籍出版社1982年版，第786页。

②　（唐）杜甫著，（清）仇兆鳌注：《杜诗详注》，中华书局1979年版，第2172页。

③　（清）陈廷焯撰，孙克强主编，孙克强等辑校：《白雨斋词话全编》，中华书局2013年版，第1165页。

④　（梁）钟嵘著，曹旭集注：《诗品集注》，上海古籍出版社1994年版，第154-155页。

⑤　（南朝梁）刘勰著，范文澜注：《文心雕龙注》，人民文学出版社1958年版，第700页。

⑥　（唐）房玄龄等：《晋书》，中华书局1974年版，第2376页。

⑦　（明）胡应麟：《诗薮》，上海古籍出版社1958年版，第147页。

⑧　（明）王世贞著，罗仲鼎校注：《艺苑卮言校注》，齐鲁书社1992年版，第119页。

而加以流丽；仿子建，而独能简贵。创成一体，垂式千秋。其雄在才，而其高在志。有其才而无其志，语必虚矫；有其志而无其才，音难顿挫。"①沈德潜《古诗源》曰："太冲胸次高旷，而笔力又复雄迈，陶冶汉魏，自制伟词，故是一代作手，岂潘陆辈所能比埒？"②黄子云《野鸿诗的》曰："太冲祖述汉、魏，而修词造句，全不沿袭一字，落落写来，自成大家，视潘、陆诸人，何足数哉？"③从这些评语来看，大家都注重左思诗歌表现出来的"胸次"与"造语"。胸次是左思个人的个性人格所体现的，也是他的家学基础的积淀、寒士身份的规囿，此一胸次在诗歌辞藻、造语之中升华为一种审美品格，从而形成这一雄浑、壮丽、奇伟的风格。这正可以用"沉郁"一语来进行概括。从左思的诗歌中，可以具体看到它的"沉郁"的特点。

第一，左思的才思使得他的诗文思想博大、内容丰富；而景物描写之博，又进一步凸显了诗文的空间感和历史感。《世说新语·文学》注引《思别传》曰："（左思）博览名文，遍阅百家。"④左思之才，是时人普遍认可的。他自己也在诗文中对于自己的才思加以毫不隐晦的赞扬。他的《咏史》其一曰："弱冠弄柔翰，卓荦观群书。著论准过秦，作赋拟子虚。……虽非甲胄士，畴昔览穰苴。"⑤左思言其二十岁时就博览群书，才学出众，且善于文章。所写论文皆以《过秦论》《子虚赋》等为楷模。随后他又称自己兼通军事，有武略，可以在战争中为国效劳，颇有自负的意味。其博学多才使得诗作中从思想到情感具有博大、丰富、深沉之感。

---

① （清）陈祚明评选，李金松点校：《采菽堂古诗选》，上海古籍出版社 2019 年版，第 351 页。

② （清）沈德潜：《古诗源》，中华书局 1963 年版，第 163 页。

③ （清）王夫之等撰，丁福保辑：《清诗话》，上海古籍出版社 2015 年版，第 896 页。

④ （南朝宋）刘义庆著，（南朝梁）刘孝标注，余嘉锡笺疏，周祖谟、余淑宜、周士琦整理：《世说新语笺疏》，中华书局 2007 年版，第 292 页。

⑤ 逯钦立辑校：《先秦汉魏晋南北朝诗》，中华书局 1983 年版，第 732 页。

　　第二，左思之意志抱负，使得他在诗文中的感情沉郁，表达出深切的人间体验。他《咏史》其一曰："长啸激清风，志若无东吴。铅刀贵一割，梦想骋良图。左眄澄江湘，右盼定羌胡。"①诗人志气豪迈，即是自己才能低劣，也希望能够施展自己的才能，实现"良图"。这良图就是消灭东吴、平定羌胡。却又"功成不受爵，长揖归田庐"，即功成之后不受封赏而隐归田园。这也与《咏史》其三中所说"吾希段干木，偃息藩魏君。吾慕鲁仲连，谈笑却秦军"②是一致的。段干木是战国时魏国人，隐居不仕，魏文帝尊他为师，秦国要攻打魏国时，因为段干木而罢兵。鲁仲连是战国时齐国人，他在赵国时，正好碰上秦兵围城，他说服了前来劝降的说客，使得秦将退兵五十里。诗人仰慕他们为国立功之后隐居高卧，并极力称赞这种高尚德操。吴淇在《六朝选诗定论》中评："左太冲若有见于孔颜用舍行藏之意，但其壮志勃勃，急于有为，故气象极似孟子。"③

　　第三，左思的人生遭际使得诗文作品中透露出苍凉悲壮的情感体验。左思怀有大气象大抱负，但他而他出身卑微，生长于寒门，身处于门阀士族社会之中，便四处碰壁，受到高门大族士人的压抑、排斥与轻视，他的一生都在失意困顿、郁郁寡欢中度过。他内心的愤懑、怨恨、落拓与失意都在诗文中流露出来。他在《咏史》其二中写道："郁郁涧底松，离离山上苗。以彼径寸茎，荫此百尺条。世胄蹑高位，英俊沉下僚……冯公岂不伟，白首不见招。"④左思作为寒素士人，对于当时的门阀制度持有不满的态度，并对有才华的寒素士人沉于下僚、无法施展自己的抱负表示怨愤。《咏史》其四曰："济济京城内，赫赫王侯居。冠盖

---

　　①　逯钦立辑校：《先秦汉魏晋南北朝诗》，中华书局1983年版，第732页。
　　②　逯钦立辑校：《先秦汉魏晋南北朝诗》，中华书局1983年版，第733页。
　　③　(清)吴淇撰，汪俊、黄进德点校：《六朝选诗定论》，广陵书社2009年版，第190页。
　　④　逯钦立辑校：《先秦汉魏晋南北朝诗》，中华书局1983年版，第733页。

荫四术，朱轮竟长衢。"①其七曰："何世无奇才，遗之在草泽。"②京城之内王侯生活优裕，朝夕相聚、寻欢作乐，过着奢靡的生活。而古来寒士奇才如主父偃、朱买臣、陈平、司马相如等人没有做官时，皆穷困而不得志，就像如今寒素士人被遗之草泽的际遇一样，二者形成强烈的对比，更加凸显出左思的哀怨郁愤之气。

由于左思内心的怨思想要讽喻表达，因而他的作品表现出一种慷慨激昂、苍凉悲壮、雄迈讦直之气。他在《白发赋》中表达了强烈的愤慨："白发将拔，悆然自诉。禀命不幸，值君年暮。逼迫秋霜，生而皓素。始览明镜，惕然见恶。朝生昼拔，何罪之故？""白发临欲拔，瞑目号呼：何我之冤，何子之误！……何必去我，然后要荣？"最后写道："聊用拟辞，比之国风。"③宋人章樵题下注曰："讥后世俗薄，贵少而贱老，虽血肉至亲，晚景或相弃背也。"④赋文对年老而不被重用的遭遇表现了极为强烈的愤慨，更进一步显露出左思对于有才之士在压抑人才的门阀政治中不被重用的愤慨。

左思出身寒门，本人亦未有重名，因为左芬被召充后宫而从齐国迁往洛阳，却并未因为皇亲国戚的身份而被重用，亦无权进入到权力政治的中心，无权在灭吴战争中荣立战功。但他却怀有以天下为己任的抱负，胸有豪情壮志。显然这样的抱负与壮志注定是要在门阀士族社会中被打败，但它却保留在了左思的诗文当中，形成一种较为浓烈的艺术品格，感染着读者。

三、左思的超逸

左思诗文中的超逸主要表现在他的隐逸思想中。左思壮志勃勃却报

---

① 逯钦立辑校：《先秦汉魏晋南北朝诗》，中华书局 1983 年版，第 733 页。
② 逯钦立辑校：《先秦汉魏晋南北朝诗》，中华书局 1983 年版，第 734 页。
③ （清）严可均辑：《全上古三代秦汉三国六朝文》，中华书局 1958 年版，第 1890 页。
④ （宋）章樵注：《古文苑》卷七，守山阁丛书本。

国无门，他自身的个性气质使得他最后选择"出世"来消解。《晋书》本
传中载"（左思）不好交游，惟以闲居为事……齐王冏命为记室督，辞
疾，不就。"①左思早年就有闲居之志，在仕途受挫之后更是表现出归隐
的想法。他在《咏史》其一中说："功成不受爵，长揖归田庐。"其三中
说："连玺曜前庭，比之犹浮云。"其五有："自非攀龙客，何为欻来游。
被褐出阊阖，高步追许由。振衣千仞冈，濯足万里流。"其八有："饮河
期满腹，贵足不愿余。巢林栖一枝，可为达士模。"②他在认识到建功立
业之路走不通时，便下定决心与门阀社会作最后的决裂，穿着粗布衣
服，追随许由过高蹈于林间的隐居生活。他将满腔的愤懑与不平消解在
巢林一枝中，使得沉郁之气多了一分超逸。这也正是他不像潘岳、石崇
等人终生汲汲于利禄之下而只能把隐逸之思放在文学作品中，他积极地
实践了这种逸气。王世贞在《艺苑卮言》卷三评左思《咏史》诗，将其分
为三个阶段："'以彼径寸茎，荫此百尺条。'是涉世语；'贵者虽自贵，
视之若埃尘。'是轻世语；'振衣千仞冈，濯足万里流。'是出世语。每讽
太冲诗，便飘飘欲仙。"③左思怀抱理想而涉世，面对不堪的现实而轻
世，最终以实际行动选择了出世。

他的著名的《招隐诗》其一曰：

> 杖策招隐士，荒涂横古今。岩穴无结构，丘中有鸣琴。白雪停
> 阴冈，丹葩曜阳林。石泉漱琼瑶，纤鳞或浮沈。非必丝与竹，山水
> 有清音。何事待啸歌，灌木自悲吟。秋菊兼糇粮，幽兰间重襟。踌
> 躇足力烦，聊欲投吾簪。④

---

① （唐）房玄龄等：《晋书》，中华书局 1974 年版，第 2376-2377 页。
② 逯钦立辑校：《先秦汉魏晋南北朝诗》，中华书局 1983 年版，第 732-734
页。
③ （明）王世贞著，罗仲鼎校注：《艺苑卮言校注》，齐鲁书社 1992 年版，第
121-122 页。
④ 逯钦立辑校：《先秦汉魏晋南北朝诗》，中华书局 1983 年版，第 734 页。

诗人仿佛已置身诗中，折树枝为杖，旧袍蔽履，绝息交游，摒弃繁华。诗文中以高古峻洁的语言向我们展示了一副简淡朴素的隐逸之景和一位具有高雅情趣的隐士。我们结合左思的生平际遇及其在《咏史》等诗篇中的自叙可以看到，他的隐逸思想正是在涉世之后壮志未酬而失意的结果。这与他前期的"涉世"阶段是不相矛盾的。这也是西晋末年士人遭遇政治变乱之后的人生选择之一。如当时的士人张翰，在八王之乱前夕以思乡之情辞官归家。而这种隐逸思想的根源，则是由其人生意识与价值目标所决定，并受到他的人生际遇与当时的社会思潮的影响。在战乱频仍、政局动荡的时期，士人的隐逸思想与行为，一方面来自对统治者的不满和抗议，另一方面可能源于士人逃避黑暗现实的目的。既然无法建功立业，就舍弃世俗、追求玄远。西晋时期很多士人如张华、陆机、潘岳等人都有过企慕隐逸的诗篇，但只是在仕途失意后的一种自我安慰和调解。而真正的隐逸生活清淡枯槁，大部分士人并不会真正去实践。左思则是伴着归隐之思真正退居。

左思与陆机同有《招隐》诗。陆机《招隐》曰：

> 明发心不夷，振衣聊踯躅。踯躅欲安之，幽人在浚谷。朝采南涧藻，夕息西山足。轻条象云构，密叶成翠幄。激楚伫兰林，回芳薄秀木。山溜何泠泠，飞泉漱鸣玉。哀音附灵波，颓响赴曾曲。至乐非有假，安事浇淳朴。富贵苟难图，税驾从所欲。①

陆机亦非常细致地描绘了隐士生活的环境。他使用的"南涧""采藻""西山"皆为用典，以显示出诗作的意蕴。而这高大林木幽香回荡，鸣泉清脆、泉水如玉，仿佛动人心魄的美妙音乐，如此美好事物，仿佛诗人游弋于山林之间，欣赏其山水之美。较之左思之诗，却隐趣较淡。就其诗风而言，陈祚明《采菽堂古诗选》卷十云："'轻条'二句，新秀。

---

① （晋）陆机著，金涛声点校：《陆机集》，中华书局1982年版，第43页。

'山溜'二句，警亮。结语朴老二有古风，此是佳作。"①总的看来，陆机诗偏华丽，而左思诗偏超逸。这也是二人所处的不同族群所影响的。

相较于西晋时期的士族文学而言，在士族制度下远离政治中心的寒门文士代表左思表现出有别于晋调的诗风，他以他一生的经历和心路历程，为他的诗文烙印上了沉郁而又超逸的风格。

第四节　两晋之交丧乱中的"雅壮"之风

一、东晋政权的建立与文士群体的颂美文章

西晋末年八王混战，匈奴进逼，在洛阳实际掌握政权的东海王司马越和琅邪王氏的王衍开始布置南渡事宜。司马越的党羽琅邪王司马睿在宗室之乱中为司马越镇守下邳，后被任命为安东将军、都督扬州江州诸军事，晋惠帝永嘉元年（307），移镇建邺；不久后又任镇东大将军，都督扬、江、湘、交、广五州诸军事，把握了江南地区的军政大权。同年，琅邪王氏的王澄、王敦分任荆扬二州刺史，掌握了中下游的重要之地。

此时中原多萧条，大部分世家大族率领其宗族、乡里、宾客、部曲等南渡江南。而北方战事持续，西晋政权摇摇欲坠。永嘉五年（311）三月，司马越病死，王衍率军被石勒围攻。六月洛阳失守，晋怀帝被刘聪所俘。建兴四年（316），长安陷落，晋愍帝被俘，北方的司马氏政权覆灭。于是在建武元年（317），司马睿在建康重建政权。

在北方，由于中朝倾覆，大部分地区沦为战争区，或少数民族占领区，且民生凋敝，百姓深受战乱之苦。永嘉年间，刘琨刺并州，"九月末得发，道险山峻，胡寇塞路，辄以少击众，冒险而进，顿伏艰危，辛

---

① （清）陈祚明评选，李金松点校：《采菽堂古诗选》，上海古籍出版社2019年版，第324页。

苦备尝，即日达壶口关。臣自涉州疆，目睹困乏，流移四散，十不存二，携老扶弱，不绝于路。及其在者，鬻卖妻子，生相捐弃，死亡委危，白骨横野，哀呼之声，感伤和气。群胡数万，周匝四山，动足遇掠，开目睹寇。"①当时的北方大抵满目疮痍，引起人的焦虑与悲愤之感。同时，也有较多的士人和百姓南渡。有的士人聚集坞壁，以武装力量保护族人的生命财产，在一定的时机率宗族乡里南渡。如高平郗鉴，率乡里"千余家俱避难于鲁之峄山……三年间，众至数万"②，后退屯广陵，还有东莞徐澄之"与乡人臧琨等率子弟并闾里士庶千余家，南渡江，家于京口"③。

南渡士人拥戴司马睿重新建立了司马氏政权。司马睿即晋王位后，刘琨、段匹磾及北方将领、官员百八十人联名上表，劝司马睿即皇帝位，拯救危局。刘琨作《劝进表》"无所点窜，封印既毕，对使者流涕而遣之"④，刘勰赞曰："刘琨劝进，张骏自序，文致耿介，并陈事之美表也。"⑤其文采与意气堪称雄直。立东晋后，元帝司马睿、明帝司马绍能够"思改其弊"，对西晋亡国进行深刻地反思。司马睿即位后，在大兴元年(318)三月发布《诏官吏》曰："昔之为政者，动人以行不以言，应天以实不以文，故我清静而人自正。其次听言观行，明试以功。其有政绩可述，刑狱得中，人无怨讼，久而日新，及当官软弱，茹柔吐刚，行身秽浊，修饰时誉者，各以名闻。令在事之人，仰鉴前烈，同心戮力，深思可以宽众息役，惠益百姓，无废朕命。远近礼赞，一切断之。"七月发布《诏二千石》："王室多故，奸凶肆暴，皇纲弛坠，颠覆大猷。朕以不德，统承洪绪，夙夜忧危，思改其弊。二千石令长当祗奉旧

---

① (唐)房玄龄等：《晋书》，中华书局1974年版，第1680页。
② (唐)房玄龄等：《晋书》，中华书局1974年版，第1797页。
③ (唐)房玄龄等：《晋书》，中华书局1974年版，第2356页。
④ (梁)萧统编，(唐)李善注：《文选》，上海古籍出版社1986年版，第1701页。
⑤ (南朝梁)刘勰著，范文澜注：《文心雕龙注》，人民文学出版社1958年版，第407页。

宪，正身明法，抑齐豪强，存恤孤独，隐实户口，劝课农桑。州牧刺史当互相检察，不得顾私亏公。长吏有志在奉公而不见进用者，有贪惏秽浊而以财势自安者，若有不举，当受故纵蔽善之罪；有而不知，当受暗塞之责。各明慎奉行。"①提出了一些实用策略。晋明帝司马绍也在遗诏中写道："不幸之日，敛以时服，一遵先度，务从简约，劳众崇饰，皆勿为也。"②

东晋立国之后，王导上书曰："风化之本在于正人伦，人伦之正存乎设庠序。庠序设，五教明，德礼洽通，彝伦攸叙，而有耻且格。父子兄弟夫妇长幼之序顺，而君臣之义固矣。"③于是置史官、立太学，又置《周易》《仪礼》《公羊》博士。还征辟了江东儒学名士如顾荣、纪瞻、贺循等人为官。江东望族世传儒学，继承了汉代以来的学风，重视传统经学。贺循为当世"儒宗"，"操尚高厉……言行进止，必以礼让"④。孔愉"能持古人之节"⑤，子安国"以儒素显"⑥。

东晋政权的建立离不开世家大族相率渡江的支持。东晋政府对于北来大族"收其贤人君子"⑦，并无微不至地照顾其家族。太原王佑子王峤携二弟渡江，朝廷下诏："王佑三息始至，名德之胄……宜蒙饰叙。且可给钱三十万，帛三百匹，米五十斛，亲兵二十人。"⑧朝廷的这些举措与政策，意在政权新建时安抚北方士族，拉拢南方士族，希望得到他们的共同支持，并在礼乐制度上对新政权予以保障。这一时期的一些文学作品也反映了这样的政治局面。

---

① （清）严可均辑：《全上古三代秦汉三国六朝文》，中华书局 1958 年版，第 1506-1507 页。
② （唐）房玄龄等：《晋书》，中华书局 1974 年版，第 165 页。
③ （唐）房玄龄等：《晋书》，中华书局 1974 年版，第 1747 页。
④ （唐）房玄龄等：《晋书》，中华书局 1974 年版，第 1824 页。
⑤ （唐）房玄龄等：《晋书》，中华书局 1974 年版，第 2052 页。
⑥ （唐）房玄龄等：《晋书》，中华书局 1974 年版，第 2054 页。
⑦ （唐）房玄龄等：《晋书》，中华书局 1974 年版，第 1746 页。
⑧ （唐）房玄龄等：《晋书》，中华书局 1974 年版，第 1974 页。

刘勰《文心雕龙·时序》中说："元皇中兴，披文建学，刘刁礼吏而宠荣，景纯文敏而优擢。逮明帝秉哲，雅好文会，升储御极，孳孳讲艺，练情于诰策，振采于辞赋，庾以笔才逾亲，温以文思益厚，揄扬风流，亦彼时之汉武也。"①晋元帝中兴，便提倡文章，开建学术之风气。晋明帝司马绍天资聪颖，向来喜好文会，亦好讲论六经，且"练情于诰策，振采于辞赋"。东晋初年的士人，一方面经历了北方的战乱，真切地体验了乱离苦痛，一方面处在江东政权初建，需要呵护、巩固的时期，其诗文中充满对新政权和重臣的颂美。

东晋初建，南渡士人歌颂和赞美正统王朝的建立，首先出于政治的需要。士人以大赋来表达对东晋政权的赞颂。如王廙《中兴赋》(已佚)，"嗟叹咏歌之义"(《奏中兴赋上疏》)。郭璞作《南郊赋》，描绘东晋立国、百姓欢欣的盛况，表达了对国家统一的热切愿望。其文气宏壮，穆穆大观，为晋元帝登基做了准备。此外，郭璞还作《江赋》，《文选》卷十二李善注引《晋中兴书》曰："(郭)璞以中兴，三宅江外，乃著《江赋》，述川渎之美。"②这也是带有浓厚的政治色彩的。郭璞极力描绘长江的"川渎之美"，正是稳定士人过江心态的一剂药方。而庾阐《扬都赋》的创作引起京城轰动，也正是当下人们对于东晋政权依附、归属心态的体现。《世说新语》中载："庾仲初作《扬都赋》成，以呈庾亮。亮以亲族之怀，大为其名价云：'可三《二京》，四《三都》。'于此人人竞写，都下纸为之贵。"《扬都赋》虽被谢安评为"屋下架屋""事事拟学，而不免俭狭"③，但它确实在政权初创、民心未定之时起到了很好的凝聚作用。庾亮对它的推崇，也不仅因为庾阐是亲族的原因，恐怕庾亮也意识

---

① (南朝梁)刘勰著，范文澜注：《文心雕龙注》，人民文学出版社 1958 年版，第 674 页。

② (梁)萧统编，(唐)李善注：《文选》，上海古籍出版社 1986 年版，第 557 页。

③ (南朝宋)刘义庆著，(南朝梁)刘孝标注，余嘉锡笺疏，周祖谟、余淑宜、周士琦整理：《世说新语笺疏》，中华书局 2007 年版，第 305 页。

到了这样一篇赋文出世之后所带来的政治功用。

与西晋不同是，东晋初期的雅颂诗文还有对名臣的赞颂。这一时期较为显著的重臣的出现，是东晋进入完全的门阀政治的反映。郭璞有《与王使君诗》赞颂王导，其二曰："穆穆皇帝，固灵所授。英英将军，惟哲之秀。乃协神□，馥如兰臭。化扬东夏，勋格宇宙。岂伊来苏，莫知其覆。"①东晋政权的建立与稳固，与当时的诸多大臣都紧密相关。王导正是其中最突出者。郭璞对王导的敬仰与赞美，全然在本诗中展现出来，且充满了玄儒兼综的人格风味。另还有梅陶《赠温峤诗》赞颂温峤："台衡增耀，元辅重辉。泉哉若人，之颜之徵。知文之宗，研理之机。入铨帝评，出纲王维。……人亦有言，德辕如毛。重非千钧，人鲜克效。武有七政，文敷五教。义在止戈，威崇戢暴。勖尔远猷，迈尔英劭。"②在士人的心目中，晋廷的命运、皇室的功业，是与王导、温峤辈重臣分不开的。梅陶在首章颂扬了晋元帝的中兴之功，并对晋明帝的功业进行了讼赞，随后即赞美东晋功臣温峤。

温峤在东晋初年的军政上有着不可磨灭的功绩，特别是平定王敦之乱和苏峻之乱，温峤功勋卓著。他在江州病逝时，江州士庶莫不相顾而泣，后来的枭雄桓温，正是以因出生时温峤叹奇之而得名为"温"。温峤本人也是善于属文，梅陶称赞他为"知文之宗"并非虚美。温峤的表疏奏启，既是政事，又有文才。刘勰曾赞许他的文章"循礼而清通"③，他的《释奠颂》说："敷论义奥，综析毫芒。赋纳以言，丽辞孔彰。管萧备举，和乐载扬。"④《侍臣箴》有："言称先生，不以贤自臧，不以贵为

---

①　逯钦立辑校：《先秦汉魏晋南北朝诗》，中华书局 1983 年版，第 863 页。

②　逯钦立辑校：《先秦汉魏晋南北朝诗》，中华书局 1983 年版，第 872 页。

③　(南朝梁)刘勰著，范文澜注：《文心雕龙注》，人民文学出版社 1958 年版，第 701 页。

④　(清)严可均辑：《全上古三代秦汉三国六朝文》，中华书局 1958 年版，第 1923 页。

荣。思有虞之蒸蒸，尊周文之翼翼。晨昏靡违，夙兴晏息。"①他诗作仅存有《回文虚言诗》残句"宁神静泊，损有崇无"②，颇具有玄言色彩，当是由"雅"风向"清"风转变时期的代表。

二、乱离之痛与"雅壮"之风

在两晋之交的迍邅之世中，中央朝廷衰败，政治动乱，大多数士人不愿面对现实，以老庄思想为依托，寄托于缥缈玄远的精神境界中。但也有一批士人成为这一时代的"逆行者"，他们能够与老庄思想决裂，深切感受时离世乱。刘勰《文心雕龙·才略》中说："刘琨雅壮而多风，卢谌情发而理昭，亦遇之于时势也。"③刘琨、卢谌等是在动乱时代中颇具雄豪遒迈之气的士人，其诗文充满清刚之气、雅壮之风。

刘琨，字越石，中山魏昌人，是中山靖王刘胜的后代。祖刘迈、父刘蕃仕至相国参军、光禄大夫。刘琨"少负志气，有纵横之才"，以"雄豪著名"④，与祖逖友善。刘琨年少时参预贾谧二十四友，与石崇等人有金谷之游，生活浮华放纵。赵王伦执政时，以刘琨父子、兄弟等重用，其权势显赫一时。刘琨志向远大，有豪雄之气。在西晋末年的大丧乱中，刘琨一改少时之放任。晋怀帝永嘉元年（307），刘琨出任并州刺史，加振威将军，在赴任途中写下著名的《扶风歌》。晋愍帝建兴三年（315），任大将军，都督并、幽、冀三州军事，与石勒相抗，败，于次年（316）投奔幽州刺史鲜卑贵族段匹磾，与段匹磾共结同盟，"志奖王室，仰凭威力，庶雪国家之耻"⑤，后因嫌隙为其所杀。与刘琨相交的卢谌，字子谅，范阳涿人。洛阳陷落后，刘粲据晋阳，卢谌为其参军。

---

① （清）严可均辑：《全上古三代秦汉三国六朝文》，中华书局 1958 年版，第 1924 页。

② 逯钦立辑校：《先秦汉魏晋南北朝诗》，中华书局 1983 年版，第 871 页。

③ （南朝梁）刘勰著，范文澜注：《文心雕龙注》，人民文学出版社 1958 年版，第 701 页。

④ （唐）房玄龄等：《晋书》，中华书局 1974 年版，第 1679，1690 页。

⑤ （唐）房玄龄等：《晋书》，中华书局 1974 年版，第 1686 页。

永嘉七年（313），卢谌随父亲卢志投奔刘琨，为司空主簿，转从事中郎。后又追随刘琨投奔段匹磾，任幽州别驾。刘琨死后，卢谌率余众前往辽西投奔段末波，咸康四年（338），石虎破辽西，卢谌历任中书侍郎、国子祭酒、侍中、中书监。石虎死，又从冉闵于襄国。永和七年（351），在姚襄、石琨与冉闵的混战中被杀。

刘琨现存的诗文主要创作于他人生的后半期，是他在两晋之际的丧乱中的深切体验和意志情感的表达。他在《答卢谌书》中，清醒地反思自己所经历的思想变化："昔在少壮，未尝检括，远慕老庄之齐物，近嘉阮生之放旷，怪厚薄何从而生，哀乐何由而至？自顷辀张，困于逆乱，国破家亡，亲友凋残。负杖行吟，则百忧俱至；块然独坐，则哀愤两集……然后知聃周之为虚诞，嗣宗之为妄作也。"①刘琨少时在洛阳曾受到玄学风气的影响，因此涉足玄理，常与周围的士人一起讨论。卢谌"清敏有理思，好《老》《庄》，善属文""早有声誉，才高行洁，为一时所推"②。卢谌曾追忆与刘琨一起讨论玄理的场景，"昔在暇日，妙寻通理"③。在"国破家亡"之时，刘琨经历了一场大转变，一方面来自风雨飘摇的社会政治环境，另一方面则是刘琨的个性人格使然。

（一）乱离之痛

刘琨赴任荆州刺史途中，路遇"府寺焚毁，僵尸蔽地。存者饥羸，无复人色。荆棘成林，豺狼满道，寇盗互来掩袭，恒以城门为战场"④，满心的焦虑与悲愤便寄寓在他的《扶风歌》中：

> 朝发广莫门，暮宿丹水山。左手弯繁弱，右手挥龙渊。顾瞻望
> 宫阙，俯仰御飞轩。据鞍长叹息，泪下如流泉。系马长松下，废鞍

---

① （清）严可均辑：《全上古三代秦汉三国六朝文》，中华书局 1958 年版，第 2082 页。

② （唐）房玄龄等：《晋书》，中华书局 1974 年版，第 1259 页。

③ 逯钦立辑校：《先秦汉魏晋南北朝诗》，中华书局 1983 年版，第 881 页。

④ 吕思勉：《两晋南北朝史》，上海古籍出版社 2005 年版，第 102 页。

高岳头。烈烈悲风起，泠泠涧水流。挥手长相谢，哽咽不能言。浮云为我结，归鸟为我旋。去家日已远，安知存与亡？慷慨穷林中，抱膝独摧藏。麋鹿游我前，猿猴戏我侧。资粮既乏尽，薇蕨安可食？揽辔命徒侣，吟啸绝岩中。君子道微矣，夫子固有穷。惟昔李骞期，寄在匈奴庭。忠信反获罪，汉武不见明。我欲竟此曲，此曲悲且长。弃置勿重陈，重陈令心伤！①

刘琨怀着匡扶晋室的壮志而冒险犯难前往晋阳，路中所见皆凄凉之景象，正如《到壶关上表》中所描述的辛苦旅途一样，使得诗文颇具有写实性。首写登程，朝发自都城而暮宿至丹水山，已进入并州境内，行色匆忙，急赴国难，在路途险境中随时备战。而路途中也不免回想起年轻时晏居繁华的洛阳城，也曾有过一段诗酒从容、文友聚会的优游生活。而今国已不国，抚今追昔，如何不感叹。随后刘琨描写了途中小憩所见之北地秋景，以及当下的心中所想，并以"麋鹿游我前，猿猴戏我侧"的困境发出孤臣之叹。但是面对这样的困境，刘琨仍然能够自我宽解和振奋，同时也表达了内心的隐忧。全篇一气如注，辞旨悲壮，张溥《汉魏六朝百三家集·刘中山集题辞》："想其当日执槊倚盾，笔不得止，劲气直辞，回薄霄汉。推此志也，屈平沉湘，荆卿易水，其同声邪？"②

还有一些过江士人群体的诗文，对国家倾危仍有深沉的感叹。卫玠携家渡江，见江水茫茫，"百端交集"，发出"苟未免有情，亦复谁能遣此"③的叹息。《晋书》本传记载："玠以天下大乱，欲移家南行。母曰：

---

① 逯钦立辑校：《先秦汉魏晋南北朝诗》，中华书局 1983 年版，第 849-850 页。

② （明）张溥著，殷孟伦：《汉魏六朝百三家集题辞注》，中华书局 2007 年版，第 184 页。

③ （南朝宋）刘义庆著，（南朝梁）刘孝标注，余嘉锡笺疏，周祖谟、余淑宜、周士琦整理：《世说新语笺疏》，中华书局 2007 年版，第 111 页。

'我不能舍仲宝去也。'玠启谕深至，为门户大计，母涕泣从之。临别，玠谓兄曰：'在三之义，人之所重。今可谓致身之日，兄其勉之。'乃扶舆母转至江夏。"①可见卫玠对国家安危仍是心有怀之。而过江诸人于新亭相视流泪，叹"风景不殊，正自有山河之异"（《世说新语·言语》）②，感叹家国沦落，对洛中有强烈的怀旧心绪，而产生感怀。这种情感是过江之初士人的普遍情感。郭璞南渡，《答贾九州愁》曰："广莫戒寒，玄英启谢。感彼时变，悲此物化。独步闲朝，哀叹静夜……顾瞻中宇，一朝分崩。天网既紊，浮鲵横腾。运首北眷，邈哉华恒。虽欲凌霄，矫翮靡登。俯惧潜机，仰虑飞罾。惟其崄哀，难辛备曾。庶睎河清，混焉未澄。自我徂迁，周之阳月。乱离方炽，忧虞匪歇。四极虽遥，息驾靡脱……"③诗中充满了对西晋王朝"一朝分崩"的痛惜，并深切描绘了自己在避难途中的窘迫和痛苦。《流寓赋》中说："观屋落之隳残，顾祖见乎丘枣。嗟城池之不固，何人物之稀少。"《登百尺楼赋》又有："嗟王室之蠢蠢，方构怨而极武。哀神器之迁浪，指缀旒以譬主。"④都深含着士人忧世伤时的情感体验。他是一个关心国事、胸有大志的人物，对于西晋灭亡、中原沦陷有着最深沉的感慨，同时也怀有恢复中原、澄清时局的愿望。然而岁月如流、时艰难救，他也在其中不断地寻求解脱。他的《游仙诗》多述骚人才士之不得遇，而藉以抒发胸中之牢落。钟嵘《诗品》评其诗曰："辞多慷慨，乖远玄宗……乃是坎壈咏怀，非列仙之趣也。"⑤何焯《义门读书记》亦云："景纯之游仙即屈子之远游也。"⑥这样

---

① （唐）房玄龄等：《晋书》，中华书局 1974 年版，第 1067 页。

② （南朝宋）刘义庆著，（南朝梁）刘孝标注，余嘉锡笺疏，周祖谟、余淑宜、周士琦整理：《世说新语笺疏》，中华书局 2007 年版，第 109 页。

③ 逯钦立辑校：《先秦汉魏晋南北朝诗》，中华书局 1983 年版，第 862-863 页。

④ （清）严可均辑：《全上古三代秦汉三国六朝文》，中华书局 1958 年版，第 2149 页。

⑤ （梁）钟嵘著，曹旭集注：《诗品集注》，上海古籍出版社 1994 年版，第 247 页。

⑥ （清）何焯：《义门读书记》，中华书局 1987 年版，第 895 页。

的一种隐遁高蹈、企慕求仙的清美玄远之心境中，隐含着的是日月易逝、功业难成的壮士之悲。

(二)壮志未酬

由于刘琨的个人经历和个性人格与过江诸人有着明显的差异，其诗作中这种壮志未酬的悲慨愈加浓烈。刘琨在《重赠卢谌》中表达了英雄失路之悲，《晋书》称"托意非常，摅畅幽愤，远想张陈，感鸿门、白登之事，用以激谌"①，诗中充满清刚悲壮之风。《重赠卢谌》曰：

> 握中有玄璧，本自荆山璆。惟彼太公望，昔在渭滨叟。邓生何感激，千里来相求。白登幸曲逆，鸿门赖留侯。重耳任五贤，小白相射钩。苟能隆二伯，安问党与雠？中夜抚枕叹，想与数子游。吾衰久矣夫，何其不梦周？谁云圣达节，知命故不忧。宣尼悲获麟，西狩涕孔丘。功业未及建，夕阳忽西流。时哉不我与，去乎若云浮。朱实陨劲风，繁英落素秋。狭路倾华盖，骏驹摧双辀。何意百炼刚，化为绕指柔。②

诗文中前半段表示对卢谌的期望，自"吾衰久矣夫"始，抒发了时不我待、时光流逝而功业未建的怆然自伤。结尾两句，追念既往自信具有百炼之金那样的坚刚，而今却变得柔可绕指了。一股穷途之痛、失路之悲，戛然而止，结不能言。陈祚明《采菽堂古诗选》评："越石英雄失路，满衷悲愤，即是佳诗。随笔倾吐，如金筑成器，木檀商声，顺风而吹，嘹栗凄戾，足使枥马仰歇，城乌俯咽。"③刘琨的诗作，善叙感恨之词，就如诗中的"何意百炼刚，化为绕指柔"，从感伤世乱到自伤，气

---

① （唐）房玄龄等：《晋书》，中华书局1974年版，第1687页。

② 逯钦立辑校：《先秦汉魏晋南北朝诗》，中华书局1983年版，第852-853页。

③ （清）陈祚明评选，李金松点校：《采菽堂古诗选》，上海古籍出版社2019年版，第376页。

势苍茫浑朴，万绪悲凉。陈祚明将之比作金笳木檀之声，颇为形象地描绘了刘琨诗强烈的艺术感染力。刘熙载在《艺概·诗概》中以兼有"悲壮"的风格评价他的诗。这种风格首先在他的个性人格、人生选择中展现出来，再融入于他的诗作。

卢谌又有《答魏子悌诗》曰："崇台非一干，珍裘非一腋。多士成大业，群贤济弘绩。"希望与友人同僚齐心协力，共挽晋室。① 郭璞有《与王使君诗》曰："怀远以文，济难以略。光赞岳谟，折冲帷幄。凋华振彩，坠景增灼。穆其德风，休声有邈。方恢神邑，天衡再廓。"对王导功业予以赞美，并希望王导辅佐元帝完成北伐大业、恢复中原。庾阐、干宝等人的诗作亦充满了对有志之士力挽世道、儒士贤人改化风尚的期盼。这些士人的诗风之"雅"者，正是儒家"仁者爱人"思想内涵孕育而来的，对于政治离乱、人间疾苦的深切同情；之"壮"者，正是于大厦将倾时力挽狂澜的抱负与意志。

西晋末年与东晋初的诗文创作受到当时的社会动乱局面的影响，多以描写乱离之统与悲世情怀为主，因此呈现出雅壮多风的特点。而在江东的士人从巩固新政权的目的出发，以文学作为政治稳定的途径，复归西晋初建时的雅颂风格，却带有东晋时期显著的门阀政治特色，且在西晋诗风的影响下，对于诗赋、诰策、章表等的文采辞藻亦十分重视。这种态度一直到南朝时期仍在延续并逐渐成为主流。

---

① 逯钦立辑校：《先秦汉魏晋南北朝诗》，中华书局 1983 年版，第 884 页。

第四章 由"雅"入"清"：荆扬之争与东晋士人族群的文学风格

　　荆扬之争是东晋乃至南朝政局的主要表现，其贯穿于整个东晋王朝从立国到衰亡的过程。荆州历来是兵家必争之地，三国时期，诸葛亮、鲁肃等都强调荆州"北据汉、沔，利尽南海，东连吴会，西通巴、蜀"（《隆中对》）①，"夫荆楚与国邻接，水流顺北，外带江汉，内阻山陵，有金城之固，沃野万里，士民殷富，若据而有之，此帝王之资也"②。魏、蜀、吴在荆州都展开了激烈的较量，荆州之争一直都没有停止过。西晋覆灭，东晋立国以后，南北分治势不可免，荆州治所江陵及另外两处核心地区襄阳和武昌，对于东晋而言其军事意义十分重要。《晋书》卷六《明帝纪》史臣曰："维扬作宇，凭带洪流，楚江恒战，方城对敌，不得不推诚将相，以总戎麾。"③正是强调荆州的重要军事地位。洪迈《容斋随笔》中说："方伯之任，莫重于荆、徐，荆州为国西门，刺史常都督七八州事，力雄强，分天下半。"④东晋一代，刺荆州者 21 人，大多出自门阀世族，更有王敦、陶侃、桓温等据地而与朝廷相争者。而扬州在东汉时期农业经济发展迅速，逐渐形成了陆氏、贺氏等大族，三国时期则有赫赫有名的顾、陆、朱、张四大望族，在孙吴、东晋，这一区

---

① （晋）陈寿撰，陈乃乾校点：《三国志》，中华书局 1959 年版，第 912 页。
② （晋）陈寿撰，陈乃乾校点：《三国志》，中华书局 1959 年版，第 1269 页。
③ （唐）房玄龄等：《晋书》，中华书局 1974 年版，第 165 页。
④ （宋）洪迈著，穆公校点：《容斋随笔》，上海古籍出版社 2015 年版，第 56 页。

域便形成了实际的政治中心区。在军事地理上，荆州为外阃，扬州为内户；荆州在长江上游，甲兵所聚，比较容易控制下游，而扬州又是政治中枢之所在。南朝刘宋何尚之称："荆、扬二州，户口半天下，江左以来，扬州根本，委荆以阃外。"①皇室之势力逐渐消没于强大的世族势力，所谓"宗室之势骤杀，而都督之权骤强，王敦、苏峻、桓温、桓玄，皆以方镇构乱"②。东晋初期，司马氏依靠琅邪王氏立足，在中央朝廷以王导为核心，在地方则以王敦为主。而王敦的反叛，拉开了荆扬之争的序幕。中央朝廷与长江上游的实际掌权者不断更迭，荆扬势力此消彼长。据房玄龄《晋书》等史籍，结合万斯同《东晋方镇年表》，可以将东晋时期荆扬实际掌权者情况列于下表。

主要势力	时间	荆州	中央朝廷
王氏	大兴三年(320)—太宁二年(324)	王敦	王导主政，王敦灭后，庾亮辅政；庾亮镇武昌，王导主政
	太宁元年(324)	王含	
	太宁二年(325)	王舒	
	太宁三年(325)—咸和九年(334)	陶侃	
庾氏	咸和九年(334)—咸康六年(340)	庾亮	
	咸康六年(340)—晋穆帝永和元年(345)	庾翼	庾冰
桓氏	晋穆帝永和元年(345)—兴宁三年(365)	桓温	司马昱主政；桓温于363年加扬州牧，369年兼徐、兖二州刺史，掌控荆扬两镇

---

① （梁）沈约：《宋书》，中华书局1974年版，第1738页。
② 梁启超：《论专制政体有百害于君主而无一利》。（清）梁启超：《梁启超全集》第三卷，北京出版社1999年版，第789页。

续表

主要势力	时间	荆州	中央朝廷
谢氏	兴宁三年(365)—太元二年(377)	桓豁	373年桓温卒，谢安主政
	太元二年(377)—太元九年(384)	桓冲	
	太元九年(384)—太元十四年(389)	桓石民	司马道子、司马元显主政。太元十年(385)，谢安卒
	太元十四年(389)—太宁十七年(392)	王忱	
	太宁十七年(392)—晋安帝隆安三年(399)	殷仲堪	
桓氏	晋安帝隆安四年(400)—元兴元年(402)	桓玄	元兴元年(402)，桓玄自为侍中、丞相、录尚书事。司马道子卒。元兴三年(404)，桓玄卒
	元兴元年(402)—元兴二年(403)	桓伟	
	元兴二年(403)—元兴三年(404)	桓石康	
彭城刘氏	元兴三年(404)—义熙元年(405)	司马休之	义熙元年(405)，刘裕为侍中、车骑将军、都督中外诸军事
	义熙二年(406)—义熙八年(412)	刘道规	
	义熙九年(412)—义熙十一年(414)	司马休之	
	义熙十一年(414)—义熙十四年(418)	刘道怜	
	义熙十四年(418)—东晋灭亡	刘义隆	

　　王敦反叛被平后大约十年的时间，晋廷以陶侃据守荆州，而此时中央朝廷则以王导为首，外戚庾氏也逐步发展起来。陶侃临终举庾亮以自代，庾亮不遗余力地稳固自己在长江上游地区的统治。随着王导去世，庾冰主政，庾氏把控了荆扬大权。而自庾翼死后，庾氏后代无力再专制上游，荆州重镇便转入了桓氏家族。桓温掌控荆襄兵权，进行了伐蜀和三次北伐，与中央朝廷以司马昱为核心的世家大族群体对抗。其子桓玄专权，移鼎晋室，直至东晋末年刘裕独掌大权，建立刘宋，荆扬大族争霸的时代才结束。正如田余庆所论："门阀士族之间的角逐，一是以争据朝廷势要的形式出现，目的是控制皇权，借以发号施令，压倒对手；

一是以竞据形胜方镇的形式出现，目的是以外制内，凌驾建康。"①在这期间，庾亮、王导、桓温、司马昱等政治核心人物，围绕在他们周围的士人颇多，文士亦多，且随着荆扬政治态势的变化而聚散、流动。他们是东晋中期文学活动的主体。

第一节　士人理想人格的重新确立

在江左政权渐趋稳固之后，北来士族为国破家亡而凄怆怅惘的心境、对新朝短暂的期望与克复神州的豪情壮志逐渐为偏安心态所取代。这种心态更多地源自门阀士族制度下士人的家族始终优先于中央朝廷的意识。出于此种家族意识，士人更多地关注与皇权争斗的士族利益以及在家族群体中的个体价值的实现。相较于西晋而言，东晋门阀政治更为显著，在政治、经济上累世聚积的士族在这一时期表现出精神境界的重铸和群体理想人格的重新确立。

一、北方士族的政治地位与经济根基

西晋覆灭以后，北方大批世家大族渡江，这些北方士族在政治、文化、军事上都与江左大族存在着一定程度上的矛盾冲突。司马睿初到江东时，"吴人不附，居月余，士庶莫有至者"②，后来经过王导等人的努力结交，江左大族纷纷依附。王导在他的政治实践中处处结交吴人，说吴语、尊重吴人风俗习惯，并通过婚姻的方式与吴人结为一体，以稳定和巩固东晋的统治。司马氏为拉拢江左大族，一些政策也都偏向于江左士族。

在经济上，北来的侨寓士族势必要侵占江东著姓本来所属的土地。东晋朝廷为避免南北士族的对立，将北来士族的土地势力范围东移到了

① 田余庆：《东晋门阀政治》，北京大学出版社2012年版，第96页。
② （唐）房玄龄等：《晋书》，中华书局1974年版，第1745页。

浙东会稽一带，避免直接侵犯太湖、吴兴地区的顾、陆、朱、张、丘、沈等大族的利益。南北士族的经济势力范围划分开来，在一定程度上缓和了二者之间的矛盾。而自汉以来，中原文化一直较江左更为强势，南人对中原文化多存有景仰的心态，而中原士人对南人则较为轻视。吴灭时，南方士族入洛为宦，如陆机、陆云者，都受到北方士族的轻视。到了东晋时期，朝廷为了尽力争取北方士族的支持，多予以显位；而江东的大族只得虚名，如贺循任太常，纪瞻、陆晔任侍中，都无实权。为此南方大族颇为怨愤，于是曾经三定江南的周玘欲发动政变，事情败露，周玘忧愤而死。他的儿子周勰继承父志，但其起兵事又被泄露而失败。虽然东晋朝廷意识到要缓和南北士族的矛盾，在经济势力范围上予以一定的调整，保护了太湖区域的江东大族的经济利益，但在政治地位上，南士还是远不及北人的。《南齐书》卷三十三《张绪传》曰："张绪……吴郡吴人也。……太祖(萧道成)……欲用绪为尚书右仆射，以问王俭。俭曰：'南士由来少居此职。'褚渊在座，启上曰：'……江左用陆玩、顾和，皆南人也。'俭曰：'晋氏衰政，不可以为准则。'上乃止。"①《南齐书》卷四十四《沈文季传》曰："世祖(萧赜)谓文季曰：'南士无仆射，多历年所。'文季对曰：'南风不竞，非复一日。'"②东晋一朝的北方士族仍然在政治、军事、经济上占有不可动摇的地位。这也为他们的优游生活和偏安心态奠定了坚实的基础。

二、士人对北伐与还都洛阳的态度

北来士族在江左建国之初普遍存在着故土之思和寄人篱下之感，随后亦表现出"戮力王室，克复神州"③的态度，跟随而来的北方人民也希望能够尽快北伐，收复故土。

东晋前中期确也曾有过几次北伐，但除祖逖外，其他皆抱着扩张军

① (梁)萧子显：《南齐书》，中华书局1972年版，第600-601页。
② (梁)萧子显：《南齐书》，中华书局1972年版，第778页。
③ (唐)房玄龄等：《晋书》，中华书局1974年版，第1747页。

事势力的目的，而非为一统南北的天下意识与政治抱负。建兴元年（313），祖逖在京口起兵北伐，虽未得到东晋朝廷大力的支持，但仍打了一些胜仗，收复了黄河以南的大片土地。但晋元帝司马睿害怕他势力太大难以控制，钳制了他的北伐行动。祖逖于大兴四年（321）忧愤而死。咸康五年（339），镇守荆州的庾亮请求北伐，试图以北伐来树立自己的威信，排挤琅邪王氏在朝中的势力。但由于内部的重重矛盾，未能实现。他死后，弟弟庾翼亦打算北伐，也未能成行。桓温镇守荆州后，亦试图通过北伐扩大自己的势力。东晋朝廷为了抑制他，先后派遣褚裒、殷浩等人两次北伐，均以失败告终。于是，永和十年（354），桓温第一次北伐，进抵长安附近；永和十二年（356），第二次北伐，收复了洛阳。太和四年（369），第三次北伐，进攻前燕，以失败告终。

东晋历次的北伐，都得不到最基本的支持，反而受到朝廷上下一致的反对。随着东晋朝廷势力稳固，且与北方逐渐平和又缺乏北伐的实力，士人逐渐淡漠了克复神州的意愿。他们都在江南置办了产业，享受着比南士还要高的政治地位，大多士族便不愿意再返回中原。桓温第二次北伐时收复了洛阳，曾向朝廷建议还都洛阳，随即遭到了一些士人的反对。特别是孙绰在上疏中便直接谈道："植根于江外数十年矣。一朝拔之，顿驱踧于空荒之地，提挈万里，逾险浮深，离坟墓，弃生业，富者无三年之粮，贫者无一飧之饭，田宅不可复售，舟车无从而得，舍安乐之国，适习乱之乡，出必安之地，就累卵之危，将顿仆道途，飘溺江川，仅有达者。"①江南政治稍且安定，生活富裕，这对于士人家族的发展而言是有利的，在君与父、皇室与士族、南北一统与家族利益之间，两晋时期的大多数士人都是坚定地选择后者的。士人不愿意迁都洛阳，是士人偏安心态的一个体现，同时也是其在政治与文化上形成了江南认同，北方士人逐渐融入南方，文化也化入南方的结果。同样，江南士族

---

① （清）严可均辑：《全上古三代秦汉三国六朝文》，中华书局 1958 年版，第 1807 页。

在拥护东晋政权之中获得了相应的政治与经济地位，亦对于东晋北伐没有太大的兴趣。

南北势力的平衡暂时无法打破，士人既要保持家族势力的稳固，同时又在政治与人生、群体与个体中寻求一种自我价值的实现与精神依托，从而将玄儒兼综的思想深刻镌印在其人生之中。

三、追求得意与自适——东晋士人的理想人格

东晋时期玄儒调和的大势从思想上促成了家族群体和政治群体的联结。随着北方士人的南渡，西晋玄风大扇于江左，东晋士人的玄学人格经过政治、思想环境的变化而逐渐沉淀下来。罗宗强《魏晋南北朝文学思想史》中说："两晋玄风，深深地融入士文化里，成为士人人生追求、生活情趣、生活方式不可分割的部分。作为士阶层的文化生活传统，它有自己的承继性，在生活里遗存着。"①自郭象玄学将王弼的"超现实的'自然'逐步拉回到现实的'万有'之中"②，倡导了"虽在庙堂之上，然其心无异于山林之中"③，"即世间而出世间"④的人生方式，士人便找到了精神的依托，不再纠结出世与入世的形式，而更多的是在现实人间中去获得"得意""自适"等精神追求与审美的愉悦。

士人在政治上出处同道的选择，正是得益于这种"得意""自适"的精神境界所支撑。早在西晋八王之乱时，士人张翰就因为"在洛见秋风起，因思吴中菰菜羹、鲈鱼脍，曰：'人生贵得适意尔，何能羁宦数千里以要名爵！'遂命驾便归"⑤。"人生贵得适意尔"，便是这种自由的人格境界，也是高级的审美境界。而到了东晋时期，士人虽然在朝，却仍

---

① 罗宗强：《魏晋南北朝文学思想史》，中华书局 1996 年版，第 175-176 页。
② 汤一介：《郭象与魏晋玄学》，中国人民大学出版社 2016 年版，第 236 页。
③ （清）郭庆藩撰，王孝鱼点校：《庄子集释》，中华书局 1961 年版，第 28 页。
④ 冯友兰：《三松堂全集》第 5 卷，河南人民出版社 2001 年版，第 6 页。
⑤ （南朝宋）刘义庆著，（南朝梁）刘孝标注，余嘉锡笺疏，周祖谟、余淑宜、周士琦整理：《世说新语笺疏》，中华书局 2007 年版，第 467 页。

能在廊庙之中寻求此种自适，表现出一种仕与隐的结合与统一。仕可以保全家族，隐可以满足自我，这本是相悖的两条道路，在东晋士人这里却在"得意""自适"的精神内核中得到了统一。这正是郭象玄学中赋予士人的精神安顿之处。

孙绰在《遂初赋》中称"少慕老庄之道"①，而他却一直为官，并未真正退隐。《世说新语·品藻》中还记载了其"时复托怀玄胜，远咏老、庄，萧条高寄，不与时务经怀"②的超逸人生。在郭象玄学的影响下，出仕与隐逸，名教与自然，在士人的实践中实现了归于"得意"的目标。东晋名士谢安出仕之前，"寓居会稽，与王羲之及高阳许询、桑门支遁游处，出则渔弋山水，入则言咏属文，无处世意"③。又"尝往临安山中，坐石室，临濬谷，悠然叹曰：'此去伯夷何远！'"④而在其入仕之后，还受到了贬鄙。士人郝隆还曾以"处则为远志，出则为小草"⑤的言语排调谢安。然而谢安的出仕却并未影响他在士林中的时尚引领者的地位，其人格魅力反而更加闪耀。更多的东晋士人在入仕时保有隐逸的趣味，如士人郗超，自己不能摆脱世情，却企慕隐逸，推崇隐士，以至于会为那些辞去荣华富贵而归隐的人提供屋宇房舍、服饰器具、奴仆婢子等，花费百金都不会吝啬。接受郗超馈赠的隐士行为变得世俗化，与西晋时期的庄园闲适生活无二致，而郗超的企慕隐逸之趣味亦与世俗微妙地结合在一起。这是他们在政治上出处同道、在人生上即世间而出世间的选择，也影响了士人的文学活动。

---

① （清）严可均辑：《全上古三代秦汉三国六朝文》，中华书局 1958 年版，第 1807 页。
② （南朝宋）刘义庆著，（南朝梁）刘孝标注，余嘉锡笺疏，周祖谟、余淑宜、周士琦整理：《世说新语笺疏》，中华书局 2007 年版，第 618 页。
③ （唐）房玄龄等：《晋书》，中华书局 1974 年版，第 2072 页。
④ （唐）房玄龄等：《晋书》，中华书局 1974 年版，第 2072 页。
⑤ （南朝宋）刘义庆著，（南朝梁）刘孝标注，余嘉锡笺疏，周祖谟、余淑宜、周士琦整理：《世说新语笺疏》，中华书局 2007 年版，第 944 页。

第二节 庾亮及其周围士人的文学活动

自王敦、陶侃之后，坐镇荆楚的一位重要的士人就是庾亮。庾亮出身颍川庾氏，在两晋时期族门渐盛，东渡之后，以外戚身份掌政，特别是在庾亮、庾翼、庾冰时期，成为当时第一流高门。庾氏家族早期谦淡退让，以儒学经史为家学，又在西晋玄风的影响下接受玄学，至东晋时，庾亮已是玄儒兼综的重要人物。庾亮"任法裁物"，"风格峻整"①，但又"雅好所托，常在尘垢之外"②。他在荆州时，吸引了大批士人。在这一时期，围绕在他周围的士人较早地较为明显地表现出诗文创作中的"雅人深致"的特点。

一、颍川庾氏的门第升降与庾亮的仕途

庾亮出自颍川庾氏，在汉末时本是卑微的门第，曾祖庾乘受到郭太的赏识而被拔擢，游学官，即使学业有成也仍然"自以卑第，每处下坐"③，以才学而闻名，不就征辟。《晋书》卷五十《庾峻传》中载魏散骑常侍苏老林评价其"高才而性退让，慈和泛爱，清静寡欲，不营当世，惟修德行而已"④。庾乘以后的庾氏世系，在《三国志》裴松之注中所引《庾氏谱》有载："（庾乘子）嶷字劭然，颍川人。子霖，字玄默，晋尚书、阳翟子。嶷弟遁，字德先，太中大夫。遁胤嗣克昌，为世盛门。侍中峻、河南尹纯，皆遁之子，豫州牧长史颐，遁之孙，太尉文康公亮、司空冰皆遁之曾孙，贵达至今。"⑤庾嶷"中正简素，仕魏为太仆"，嶷

---

① （唐）房玄龄等：《晋书》，中华书局 1974 年版，第 1915 页。
② （清）严可均辑：《全上古三代秦汉三国六朝文》，中华书局 1958 年版，第 1814 页。
③ （南朝宋）范晔撰，（唐）李贤等注：《后汉书》，中华书局 1965 年版，第 2229 页。
④ （唐）房玄龄等：《晋书》，中华书局 1974 年版，第 1392 页。
⑤ （晋）陈寿撰，陈乃乾校点：《三国志》，中华书局 1959 年版，第 363 页。

弟庾遁"廉退贞固，养志不仕"。① 他们都不意仕途，才高而性退让。但自庾遁子侄辈始，庾氏以儒学积极参与到朝廷中心来，以忠孝之义闻名，其政治地位亦有所提升。

庾遁子庾峻，在汉末重庄老而轻经史的学风中"惧雅道陵迟，乃潜心儒典"，他为晋武帝讲《诗》，与何劭辩难风雅正变之义，上疏谏言"易风俗、兴礼让"，提倡孝悌之义。② 峻弟庾纯"博学有才义，为世儒宗"③，亦跻身晋武帝时期的名士群体之中，与贾充一党对立，曾与贾充在一次宴会上发生争执，重提高贵乡公被害一事，震动朝野。峻子庾珉因晋怀帝受辱而失声痛哭，后为乱贼所害。峻兄庾衮亦盛于孝道之名。而与当时的众多大族一样，受到西晋玄风的影响，庾氏家族中亦有人接受玄学。庾峻子庾敳即是当时著名的玄学人物，常静默无为，不预世事。

渡江之后，庾遁子庾琛缔姻皇室，女儿庾文君为晋明帝穆皇后。自王敦之乱被平，陶侃坐镇荆楚，都督荆、江、雍、交、广、宁、梁、益八州，史称其"据上流，握强兵，潜有窥窬之志"④。太宁三年（325）晋明帝病逝，其子司马衍继位，是为晋成帝，年仅五岁，王导、庾亮、郗鉴、温峤受诏辅政，皇太后庾氏临朝称制。咸和九年（334），陶侃死，庾亮镇武昌，获得了荆州、江州的统治权，此时王导以丞相居中辅政。咸康五年（339），王导死，朝廷以庾亮为司徒、扬州刺史、录尚书事，庾亮不就，而以弟弟庾冰为中书监、扬州刺史，录尚书事。庾冰"既当重任，经纶时务，不舍夙夜，宾礼朝贤，升擢后进，由是朝野注心，咸曰贤相"⑤。咸康六年（340），庾亮死，弟庾翼继任都督荆、司、雍、梁、益诸州军事，任安息将军，荆州刺史，继续掌控荆州。庾翼"风仪

①　（唐）房玄龄等：《晋书》，中华书局 1974 年版，第 1391 页。
②　（唐）房玄龄等：《晋书》，中华书局 1974 年版，第 1392 页。
③　（唐）房玄龄等：《晋书》，中华书局 1974 年版，第 1397 页。
④　（唐）房玄龄等：《晋书》，中华书局 1974 年版，第 1779 页。
⑤　（唐）房玄龄等：《晋书》，中华书局 1974 年版，第 1928 页。

秀伟，少有经纶大略"①。直至永和元年（345）前后，庾翼、庾冰相继去世，东晋朝廷以桓温都督荆梁四州诸军事、荆州刺史，代替庾氏掌控了长江上游。而中央朝廷方面则以司马昱为核心形成了世家大族子弟的群体。

自晋成帝即位后，庾亮兄弟即以外戚身份先后执政，成为侨姓第一流的高门。在二十年间，势力由盛转衰，庾亮兄弟去世之后，庾氏子弟鲜有能担起重任者，很快为桓氏和司马皇室所取代，且在桓温之乱中少有保全者，家族因此迅速走向衰落。

二、南楼理咏与山水游赏

庾亮在荆州时，参军有孙盛、王胡之、江惇、范汪、王隐等人。孙盛，字安国，出自太原中都孙氏，是孙楚之孙。孙盛起家佐著作郎，因为家贫，母亲又年老，于是请求外任，授浏阳令。当时太守陶侃请他作参军。庾亮代侃后，举荐他为征西主簿，转任参军。其后庾翼、桓温时期，孙盛皆为参军。孙盛自幼在家族的熏陶下笃学不倦，年轻时便以博学、善清谈闻名。他深入钻研《周易》，能够与当时的清谈名流殷浩、刘惔对谈，并就"《易》象妙于见形"的问题展开过讨论。虽然孙盛因参与玄谈而闻名，但他却是站在主流玄学的对立面的，他著有反老二论——《圣贤同轨老聃非大贤论》和《老子疑问反讯》。此外他还"著《魏氏春秋》《晋阳秋》，并造诗赋论难复数十篇。《晋阳秋》词直而理正，咸称良史焉"②。王胡之出身琅邪王氏，是王廙次子，"先为庾公记室参军，后取殷浩为长史"③，历任吴兴太守、拜使持节都督司州诸军事、西中郎将、司州刺史，因此人称王司州。《晋诸公别传》记："胡之常遗世务，以高尚为情，与谢安相善也。胡之治身清约，以风操自居。胡之

① （唐）房玄龄等：《晋书》，中华书局 1974 年版，第 1931 页。
② （唐）房玄龄等：《晋书》，中华书局 1974 年版，第 2148 页。
③ （南朝宋）刘义庆著，（南朝梁）刘孝标注，余嘉锡笺疏，周祖谟、余淑宜、周士琦整理：《世说新语笺疏》，中华书局 2007 年版，第 746 页。

少有风尚，才器率举，有秀悟之称。胡之好诙谐，善属文辞，为当世所重。"①范汪，字玄平，少时孤贫，六岁过江，依母族新野庾氏。苏峻之乱时，曾协助温峤平乱，"贼平，赐爵都乡侯。复为庾亮平西参军，从讨郭默，进爵亭侯。辟司空郗鉴掾，除宛陵令。复参亮征西军事，转州别驾。汪为亮佐吏十有余年，甚相钦待。转鹰扬将军、安远护军、武陵内史，征拜中书侍郎"。②范汪在庾亮幕下十余年，随后应朝廷征召任中书侍郎，何充辅政，请为长史。桓温镇荆州时，曾经多次请他任长史、江州刺史等职，但他都拒绝了，自请回京，求为东阳太守。王隐，字处叔，世代寒门，父亲王诠曾致力于搜集晋史资料。太兴初年时，王隐与郭璞同任著作郎，编纂晋史。后来受到著作郎虞预的排挤，免官归家。因为家贫没有财力，无法著史，"乃依征西将军庾亮于武昌。亮供其纸笔，书乃得成，诣阙上之"，《晋书》评其文笔曰："隐虽好著述，而文辞鄙拙，芜舛不伦。其书次第可观者，皆其父所撰；文体混漫义不可解者，隐之作也。"③王隐文词不雅，因此终不为时人所重。

此外，庾亮还推荐、征辟过翟汤、郭翻、江惇等隐士。江惇字思悛，陈留圉人，儒玄并宗，但以礼法为先，他认为道家之"道"须受到名教的制约，是后期玄学发展趋势的一个表现。

由于佛教的广泛传播，许多过江名士对佛教产生浓厚兴趣，《高僧传》中载："度江以来，则王导、周顗、庾亮、王濛、谢尚……或宰辅之冠盖，或人伦之羽仪，或置情天人之际，或抗迹烟霞之表。并禀志归依，厝心崇信。"④庾亮与当时著名僧人支道林、康僧渊、竺法畅、竺法潜等都有交游。

① （清）汤球辑，杨朝明校补：《九家旧晋书辑本》，中州古籍出版社1991年版，第519页。
② （唐）房玄龄等：《晋书》，中华书局1974年版，第1982页。
③ （唐）房玄龄等：《晋书》，中华书局1974年版，第2143页。
④ （梁）释慧皎撰，汤用彤校注，汤一玄整理：《高僧传》，中华书局1992年版，第261页。

在庾亮幕下的士人还有如孙绰、殷浩、王羲之、孟嘉等人。孙绰本为陶侃参军，庾亮代侃后，以孙绰为参军。后孙绰又任扬州刺史殷浩建威长史、会稽内史王羲之右军长史，成为司马昱群体中的重要文学人物。殷浩亦起家庾亮记室参军，王羲之"起家秘书郎，征西将军庾亮请为参军，累迁长史。亮临薨，上疏称羲之清贵有鉴裁"①。这些士人后来都回到朝廷任职，重新组成了以司马昱为核心的大族士人群体。部分士人如孟嘉等在桓温执掌荆州以后投入了桓温府中。

庾亮"美姿容，善谈论，性好《庄》《老》，风格峻整，动由礼节，闺门之内不肃而成"②，是一位玄儒兼综的士人。而他取代王导执政时，以"任法裁物"的严整改变了王导的宽松和团结，因此颇不得人心。《晋阳秋》中说："亮端拱巍然，郡人惮之，觐接者数人而已。"③但通过孙绰等人对庾亮的评价亦不难看出，庾亮的政治地位和独特的个人魅力同样也吸引着一批士人围绕在其周围。他们的群体活动中最为著名的就是南楼理咏与山水游赏，此二者是当时名士生活中讽咏和山水审美的代表。

南楼理咏发生在庾亮初镇武昌时。庾亮在朝时"任法裁物"，执政严整，颇失人心。然而当时庾氏家族挟外戚帝室之威望，以礼仪风范自尊。苏峻、祖约叛乱后，庾氏家族作为权力支柱受到挫折，因与琅邪王氏在朝中的矛盾，鄢陵庾氏为长远计，掌控了长江中上游，以此作为其重要的权力保障。咸和九年(334)陶侃死后，庾亮代其镇武昌，任征西将军，江、荆、豫三州刺史，是年庾亮 46 岁。《世说新语·容止》记载：

> 庾太尉在武昌，秋夜气佳景清，使吏殷浩、王胡之之徒登南楼

---

① (唐)房玄龄等：《晋书》，中华书局 1974 年版，第 2094 页。
② (唐)房玄龄等：《晋书》，中华书局 1974 年版，第 1915 页。
③ (南朝宋)刘义庆撰，(南朝梁)刘孝标注，朱铸禹汇校集注：《世说新语汇校集注》，上海古籍出版社 2002 年版，第 530 页。

理咏。音调始道，闻函道中有屐声甚厉，定是庾公。俄而率左右十许人步来，诸贤欲起避之。公徐云："诸君少住，老子于此处兴复不浅！"因便据胡床，与诸人咏谑，竟坐甚得任乐。后王逸少下，与丞相言及此事。丞相曰："元规尔时风范，不得不小颓。"右军答曰："唯丘壑独存。"

　　刘孝标注引孙绰《庾亮碑文》曰："公雅好所托，常在尘垢之外。虽柔心应世，蠖屈其迹，而方寸湛然，固以玄对山水。"①

　　殷浩、王胡之、王羲之等人为庾亮僚属时，私底下可能常会有一些清谈聚会。此次则是在聚会之时恰逢庾公莅临。而"竟坐甚得任乐"，庾亮"丘壑独存"。庾亮能够与众同求理趣，其精神风度亦近自然，使得当时的风流名士王羲之亦为之折服。而众人的理咏，其发生是与诗文一致的。自先秦以来"诗言志"的传统影响甚深，陆机《文赋》又别开"诗缘情"，刘勰《文心雕龙》中强调物对心的感发以及心物的交流。受到山水佳景的感召，心胸亦清朗，因此想要在此情境中寻求精神上的超越。晋人以咏诗、理咏等方式来完成。理咏之中既见玄意，又见山水，此南楼理咏中所反映的正是东晋士人群体兼重玄理与山水的审美趣味。

　　庾亮与府中士人也多次游览山水，兴意盎然。《世说新语》中记载庾亮与府中士人共游白石山："孙兴公为庾公参军，共游白石山。卫君长在坐，孙曰：'此子神情都不关山水，而能作文。'庾公曰：'卫风韵虽不及卿诸人，倾倒处亦不近。'孙遂沐浴此言。"②孙绰早年与许询等人寓居会稽，常游弋山水，曾以"一吟一咏"自诩。他任庾亮参军时，在庾亮的主导下与同僚多次游历。孙绰嘲讽卫永，反映出了当时士人文

---

① （南朝宋）刘义庆著，（南朝梁）刘孝标注，余嘉锡笺疏，周祖谟、余淑宜、周士琦整理：《世说新语笺疏》，中华书局2007年版，第727页。
② （南朝宋）刘义庆著，（南朝梁）刘孝标注，余嘉锡笺疏，周祖谟、余淑宜、周士琦整理：《世说新语笺疏》，中华书局2007年版，第567页。

学与山水的密切联系。这次山水游赏，王胡之似亦参加，刘孝标注引
《吴兴记》曰："于潜县东七十里，有印渚，渚傍有白石山，峻壁四十
丈。"吴兴印渚风景绝美，王胡之曾叹之："非惟使人情开涤，亦觉日月
清朗。"①王胡之为山水之美所打动，如此景色令人心胸开阔，且荡涤了
一切尘俗杂念，让人的心怀亦如山水一般清朗，而怀有此种审美心胸，
再反观日月，则更加透彻明亮。在文学创作中，这种心物往还的主客关
系尤为重要，特别在后来会稽士人群体中，这种感物的特征是促进玄言
诗向山水诗过渡的重要因素。可以说庾亮及其士人群体揭开了东晋士人
山水欣赏的序幕。孙绰在对庾亮的评价中谈及"以玄对山水"的欣赏模
式，这种欣赏模式开启了后来宗炳所说的"山水以形媚道"的"体道—传
道"方式。同时，这一时期的士人创作的玄言诗正是以山水为依托思考
宇宙本体、融玄思于山水田园之中的表现，并因此带有追求玄远、以清
为美的风格。

三、"雅人深致"中的"清雅"诗风

以庾亮为核心的士人群体的文学风格突出地表现在他们受到玄儒兼
综影响而形成的一种"雅人深致"的特征。

庾亮是东晋士大夫玄儒兼治的代表，《晋书》本传称其"善谈论，性
好《庄》《老》，风格峻整，动由礼节，闺门之内不肃而成，时人或以为
夏侯太初、陈长文之伦也"②。夏侯太初即夏侯玄，少有重名，是魏时
与何晏等齐名的玄学名士，历任散骑黄门侍郎、散骑常侍、中护军、大
鸿胪、太常等官，累居显职。善清谈，时人目之"朗朗如日月之入
怀"③。而陈群在魏时曾任御史中丞、尚书令、司空，制定九品官人法。

---

① （南朝宋）刘义庆著，（南朝梁）刘孝标注，余嘉锡笺疏，周祖谟、余淑宜、
周士琦整理：《世说新语笺疏》，中华书局 2007 年版，第 164 页。
② （唐）房玄龄等：《晋书》，中华书局 1974 年版，第 1915 页。
③ （南朝宋）刘义庆著，（南朝梁）刘孝标注，余嘉锡笺疏，周祖谟、余淑宜、
周士琦整理：《世说新语笺疏》，中华书局 2007 年版，第 716 页。

他的祖陈寔、父陈纪等皆当时名士，家风谨严方正。夏侯玄、陈群二人可以说是当时玄学士人和礼法之士的代表，时人以庾亮比之，可见其玄儒兼综之处。

庾亮的玄儒人格首先来自庾氏家族的儒学门风。庾亮的曾祖父庾乘"才学洽闻"，祖父辈庾嶷"中正简素"，庾道"廉退贞固，养志不仕"①，庾峻"潜心儒典"②，庾纯"博学有才义，为世儒宗"③，可见颍川庾氏是一个著名的儒学世家。但魏晋之际玄学兴盛，世家大族须得入玄才能立足，田余庆在《东晋门阀政治》中就指出："两晋时期，儒学家族如果不入玄风，就产生不了为世所知的名士，从而也不能继续维持其尊显的士族地位。东晋执政的门阀士族，其家族在什么时候、以何人为代表、在多大程度上由儒入玄，史籍都斑斑可考。他们之中，没有一个门户是原封不动的儒学世家。"④从庾亮的族叔庾琮、庾敳开始，庾氏家族接受玄学，从事清谈。庾琮即庾敳之兄，曾因玄学成就受到过王导的称赞："入理泓然，我已上人。"⑤庾敳更是西晋著名的清谈家，"从容博畅，寄通而已"，"常默然，故忧喜不至也"⑥。他与王澄、王敦、胡毋辅之俱为当时的清谈领袖王衍所赏，号为四友。⑦ 东晋的清谈名士刘惔也称赞其"虽言不愔愔似道，突兀差可以拟道"⑧。庾亮早年间受到族叔庾敳的熏染，好庄老、善谈论。庾亮在洛阳的时候，曾去拜谒庾敳，恰逢温几、刘畴、裴楷等人来谈论，"酬酢终日。庾公犹忆刘、裴之才俊，

① （唐）房玄龄等：《晋书》，中华书局1974年版，第1391页。
② （唐）房玄龄等：《晋书》，中华书局1974年版，第1392页。
③ （唐）房玄龄等：《晋书》，中华书局1974年版，第1397页。
④ 田余庆：《东晋门阀政治》，北京大学出版社2012年版，第340页。
⑤ （南朝宋）刘义庆著，（南朝梁）刘孝标注，余嘉锡笺疏，周祖谟、余淑宜、周士琦整理：《世说新语笺疏》，中华书局2007年版，第526页。
⑥ （南朝宋）刘义庆著，（南朝梁）刘孝标注，余嘉锡笺疏，周祖谟、余淑宜、周士琦整理：《世说新语笺疏》，中华书局2007年版，第530页。
⑦ （唐）房玄龄等：《晋书》，中华书局1974年版，第1379页。
⑧ （南朝宋）刘义庆著，（南朝梁）刘孝标注，余嘉锡笺疏，周祖谟、余淑宜、周士琦整理：《世说新语笺疏》，中华书局2007年版，第630页。

元甫之清中"①。到东晋时，庾亮与当时的几位清谈名士如温峤、阮放、桓彝等"同志友善，并为中兴名士"②。他还受到王敦的青睐，"（王）敦与亮谈论，不觉改席而前，退而叹曰：'庾元规贤于裴颁远矣！'因表为中领军"。③

尽管受到玄学的熏染，庾亮在观念上是以儒学礼法为主。在这一方面，庾亮与王导有着较为显著的差异。王导辅政"以宽和得众"，而庾亮"任法裁物，颇以此失人心"。庾亮处庙堂之中，是以儒家传统思想处之的。晋明帝病笃，庾亮觐见，"正色陈羕与宗等谋废大臣，规共辅政，社稷安否，将在今日，辞旨切至。帝深感悟，引亮升御座，遂与司徒王导受遗诏辅幼主"④。虽然他的功业不比王导、谢安，且为了家族利益施政内外失当，但他的"非惟风流，兼有为政之实"亦受到世人的称赞。

庾亮的玄学素养则主要表现在其个人魅力、生活情趣、家庭内部等方面。《世说新语·品藻》中记载谢鲲对自己和庾亮的评价是："端委庙堂，使百僚准则，臣不如亮。一丘一壑，自谓过之。"⑤端委庙堂与一丘一壑本是士人人生的两端，但东晋时期很多士人将其结合起来，形成了自己独特的人格理想。谢鲲认为，庾亮在庙堂之上更胜自己，而在山水神情方面则稍逊色。相较于谢氏而言，庾氏更胜在"端委庙堂"上。但这并不能否定庾亮在丘壑中所存的个人魅力。孙绰所作《太尉庾亮碑》就对庾亮的玄儒兼治人格做了很高的评价。他一方面称赞庾亮"吸峻极之秀气，诞命世之深量，微言散于秋毫，玄风畅乎德音"，"拯神器于兽吻，扶帝座于已倾。王室之不坏，翳伯舅是赖"；另一方面，又高扬

① （南朝宋）刘义庆著，（南朝梁）刘孝标注，余嘉锡笺疏，周祖谟、余淑宜、周士琦整理：《世说新语笺疏》，中华书局 2007 年版，第 524 页。

② （唐）房玄龄等：《晋书》，中华书局 1974 年版，第 1382 页。

③ （唐）房玄龄等：《晋书》，中华书局 1974 年版，第 1915-1916 页。

④ （唐）房玄龄等：《晋书》，中华书局 1974 年版，第 1917-1918 页。

⑤ （南朝宋）刘义庆著，（南朝梁）刘孝标注，余嘉锡笺疏，周祖谟、余淑宜、周士琦整理：《世说新语笺疏》，中华书局 2007 年版，第 608 页。

庾亮的山水神情："公雅好所托，常在尘垢之外，虽柔心应世，蟠屈其迹，而方寸湛然，固以玄对山水。"①孙绰所作《游天台山赋》正是于山水之中寻求精神超越的佐证，是"以玄对山水"的最好注脚。

就人物整体风度而言，《世说新语·品藻》还记载了士人对庾亮与支道林的比较："王子敬问谢公：'林公何如庾公?'谢殊不受，答曰：'先辈初无论，庾公自足没林公。'"②前有王敦将庾亮比过裴楷，这里又有谢安品评庾亮与支道林。支道林是堪比名士的名僧，庾亮则是经纬庙堂的晋室重臣兼清谈人物，相较之下，士人或许更倾向于儒玄兼宗的庾亮。张可礼在《东晋文艺综合研究》中说："东晋门阀士族文艺世家中的重要文人，儒玄双修，尊敬宗教，对多种文化取宽容态度，涵养了他们的情性，拓展了他们的视野，有利于他们在文艺上的发展，是士族文艺世家形成和维系的一个重要原因。"③

在文艺上，庾亮曾与族叔庾敳讨论《意赋》。《世说新语·文学》载："庾子嵩作《意赋》成，从子文康见，问曰：'若有意邪，非赋之所尽；若无意邪，复何所赋?'答曰：'正在有意无意之间。'"④二人论文也用玄学话语，庾亮持"言不尽意"之道，评价庾敳《意赋》，庾敳回答"正在有意无意之间"又道出了文学创作中文字之外的无尽意念，这种微妙而灵动的品评，正是对东晋时期文学风格的概括。而庾亮本人的文笔也被评为"笔敷华藻，吻纵涛波，方驾搢绅，足为翘楚"⑤，刘勰称："昔庾元规才华清英，勋庸有声，故文艺不称，若非台岳，则正以文才也。"⑥

---

① （清）严可均辑：《全上古三代秦汉三国六朝文》，中华书局 1958 年版，第 1814 页。
② （南朝宋）刘义庆著，（南朝梁）刘孝标注，余嘉锡笺疏，周祖谟、余淑宜、周士琦整理：《世说新语笺疏》，中华书局 2007 年版，第 635 页。
③ 张可礼：《东晋文艺综合研究》，山东大学出版社 2001 年版，第 248 页。
④ （南朝宋）刘义庆著，（南朝梁）刘孝标注，余嘉锡笺疏，周祖谟、余淑宜、周士琦整理：《世说新语笺疏》，中华书局 2007 年版，第 303 页。
⑤ （唐）房玄龄等：《晋书》，中华书局 1974 年版，第 1936 页。
⑥ （南朝梁）刘勰著，范文澜注：《文心雕龙注》，人民文学出版社 1958 年版，第 720 页。

正是这种玄儒兼综的思想与人格奠定了庾亮文才的基底，以艺术品格的形式展现出来。

在庾亮周围文士群体的诗文中，首先表现出来的正是因士人的玄儒兼治而带来的"雅人深致"的风格。这里的"雅人深致"一语，借用于《世说新语·文学》：

> 谢公因子弟集聚，问《毛诗》何句最佳？遏称曰："昔我往矣，杨柳依依；今我来思，雨雪霏霏。"公曰："訏谟定命，远猷辰告。"谓此句偏有雅人深致。①

魏晋时期士人欣赏古诗，已经具有独特的眼光。谢玄选"昔我"之句，更偏向艺术欣赏方面，重视其审美价值，而与春秋时期行人断章引诗及汉儒附辞会义不同。而谢安所列之句"訏谟定命，远猷辰告"，出自《大雅·抑》，即"确定远谋大略而不改易，到时布政于邦国都鄙以施行之"②。这是卫武公劝告周王朝贵族修德守礼、谨言慎行的诗。而评价此句"雅人深致"，王夫之曾解释道："谢太傅于《毛诗》取'訏谟定命，远猷辰告'，以此八字如一贯珠，将大臣经营国事之心曲，写出次第，故与'昔我往矣，杨柳依依；今我来思，雨雪霏霏'同一达情之妙。"③谢安此时仍游居东山，但也有不免出仕的心曲。所达之情，是经营国事之心事、出处、仕隐的统一。"雅人深致"，正是士人于庙堂之中寻求并获得个人精神境界与人生趣味的一种体现。它不仅是士人对于《诗经》或诗文的品语，更凸显出士人赏鉴诗文的方式，也是当时士人的政治态度和玄儒兼综的思想倾向影响文学风貌的表现。

---

① （南朝宋）刘义庆著，（南朝梁）刘孝标注，余嘉锡笺疏，周祖谟、余淑宜、周士琦整理：《世说新语笺疏》，中华书局 2007 年版，第 278 页。

② （南朝宋）刘义庆撰，（南朝梁）刘孝标注，龚斌校释：《世说新语校释》，上海古籍出版社 2011 年版，第 467 页。

③ （明）王夫之：《船山全书》第十五册，岳麓书社 2011 年版，第 829 页。

王胡之《赠庾翼诗》历来被认为是带有浓厚玄言色彩的。诗中将颂雅劝勉之词与体道悟玄结合在一起，第一章赞美庾翼"仪风厉天，腾龙陵云。昂昂猗人，逸足绝群。温风既畅，玉润兰芬。如彼春零，流津烟煴"，将其名士风度与情韵展现出来，风格恬淡旷逸。其中的玄学之胜理亦是将玄儒融为一体的，诗曰："友以淡合，理随道泰。余与夫子，自然冥会。"①王胡之的《与庾安西笺》是一篇书信体的小品文，同样表达了此种"雅人深致"。文中表面不离山水庄骚，而实际所写则皆为实务。《与庾安西笺》曰："此间万顷江湖，挠之不浊，澄之不清。而百姓投一纶、下一筌者，皆夺其鱼器，不输十迮，皆不得放。不知漆园吏何得持竿不顾，渔父鼓枻而歌《沧浪》也！"②王胡之文中所言皆是庄老意象，万顷江湖、投纶下筌、庄周持竿、渔父歌《沧浪》，然而这些言语、意象之下所蕴含的深意却纯是儒家。江海如此之大，却容不下百姓捕捞鱼虾维持生计，如此的话，庄子的"钓鱼闲处，无为而已"的悠然生活和渔父拍打船桨引吭高歌的行为都无法得到实现。

王胡之在诗中还表达了出处同归的思想："稷契赞时，巢由亢矫。辅汉者房，遁迹者皓。妙善自同，外内臣道。子光齐鲁，余守严老。元直言归，武侯解鞍。子鱼司契，幼安独往。神齐玄一，形寄为两。苟体理分，动寂忘象。仰味高风，载咏载想。"③他在与谢安的赠答诗中也表达了同样的思想。《答谢安诗》其七曰："巢由坦步，稷契王佐。太公奇拔，首阳空饿。各乘其道，两无贰过。愿弘玄契，废疾高卧。"④王胡之举出古时仕与隐的例子相对比。巢父许由为尧时的隐士，尧让位于二人，皆不受；而稷和契二人是唐虞时代的王佐贤臣。太公望是周代重臣，辅佐了六位周王，并助周武王伐纣；而伯夷叔齐不食周粟，饿于首

① 逯钦立辑校：《先秦汉魏晋南北朝诗》，中华书局 1983 年版，第 886 页。
② （清）严可均辑：《全上古三代秦汉三国六朝文》，中华书局 1958 年版，第 1572 页。
③ 逯钦立辑校：《先秦汉魏晋南北朝诗》，中华书局 1983 年版，第 886 页。
④ 逯钦立辑校：《先秦汉魏晋南北朝诗》，中华书局 1983 年版，第 887 页。

阳山下。这仕与隐的贤人"各乘其道，两无贰过"①，出处同归。我们再看谢安的《与王胡之诗》：

> 鲜冰玉凝，遇阳则消。素雪珠丽，洁不崇朝。膏以朗煎，兰由芳凋。哲人悟之，和任不摽。外不寄傲，内润琼瑶。如彼潜鸿，拂羽雪霄。（其一）
>
> 绣云绮构，丹霞增辉。濛汜仰映，扶桑散蕤。吾贤领隽，迈俗凤飞。含章秀起，坦步远遗。（其三）
>
> 朝乐朗日，啸歌丘林。夕玩望舒，入室鸣琴。五弦清激，南风披襟。醇醪淬虑，微言洗心。幽畅者谁，在我赏音。（其六）②

第一首诗，谢安以清丽光洁的语言将东晋玄学人生的哲思展现出来，注重"外不寄傲，内润琼瑶"，可以说是君子人格修养与超逸精神境界的结合。第三首诗，谢安以绣云、丹霞、濛汜、扶桑等景物比拟王胡之高洁的人格。第六首中则娓娓道出一幅优游从容的生活图景。这种人生风度与精神境界，是当时士人所推崇的。而同时谢安又在诗中谈道："会感者圆，妙得者意。我鉴其同，物睹其异。"③谢安认为要达到隐逸的理想人格，不是一定得隐居，重要的是会感与妙得，即在精神境界上与隐逸之趣保持一致，无论仕隐，都可"得意"。

可以见出，东晋士人在政治选择上强调以玄学思想来构建个人的理想精神境界，他们旨在调和仕隐矛盾，即是于实践中调和名教与自然的矛盾，追求出处同归。谢安好友孙绰亦有此出处同归的理想。谢万曾作《八贤论》，记述渔父、屈原、季主、贾谊、楚老、龚胜、孙登、嵇康四隐四显，认为处者为优、出者为劣，孙绰见此文章，与之往返，以为

---

① 逯钦立辑校：《先秦汉魏晋南北朝诗》，中华书局1983年版，第887页。
② 逯钦立辑校：《先秦汉魏晋南北朝诗》，中华书局1983年版，第905页。
③ 逯钦立辑校：《先秦汉魏晋南北朝诗》，中华书局1983年版，第905页。

"体公识远者则出处同归"①。出处同归，最重要的一个条件便是"得意"，这是玄学影响士人政治人格的结果。调和仕与隐的冲突，并不在行迹上来评判，而在于心。东晋王康琚在《反招隐诗》中说道："小隐隐陵薮，大隐隐朝市。伯夷窜首阳，老聃伏柱史。"②《莲社高贤传·周续之传》中也解释以心隐为隐的隐逸情感："或问身为处士，时践王廷，何也？答曰：心驰魏阙者，以江湖为桎梏；情致两忘者，市朝亦岩穴耳。"③若心不隐，则山林泉石亦为桎梏，若心隐，则朝廷宦场亦如岩穴。于是也有了邓粲"隐初在我，不在于物"④的论断。"我"即使处于朝堂之上，亦能够获得隐逸本身的价值，满足了自我的隐逸趣味，获得精神的超然。

第三节　司马昱文士群体及其文学风格

自永和元年(345)庾翼死后，桓温坐镇荆州，永和二年(346)，司马昱辅政，荆扬之间的矛盾又重新凸显。庾亮群体中的人物，包括桓温群体中的部分士人进入到中央朝廷，围绕在司马昱周围。司马昱于永昌元年(322)封琅邪王，咸和元年(326)徙封会稽王，其间经历了侍中、抚军将军、抚军大将军等职位，太和元年(366)复徙封琅邪王而不去会稽之号，进封丞相、录尚书事。咸安元年(371)即帝位，是为简文帝。他一生始终掌握着会稽地区，又经营朝纲。桓温掌权后与司马昱为代表的朝廷权力中心产生了比较大的冲突，在政治上处于对立的状态。

司马昱举荐名士，招纳文才，其幕下文人不乏有学之士，如郗愔、郗昙、高崧、王坦之、荀蕤、范汪、刘惔、张凭、韩康伯、谢尚、江灌、王濛、王修等。殷浩是司马昱麾下重要的士人，他引荐了孙绰、孔

①　(唐)房玄龄等：《晋书》，中华书局1974年版，第2086页。
②　逯钦立辑校：《先秦汉魏晋南北朝诗》，中华书局1983年版，第953页。
③　《莲社高贤传》，中华书局1991年版，第13页。
④　(唐)房玄龄等：《晋书》，中华书局1974年版，第2151页。

严、江逌等人。此外还有许询、竺法深、支遁等名士名僧。总的来说，琅邪王氏、陈郡谢氏、太原王氏作为当时的顶流门阀，是与司马昱保持一致的。从王羲之、谢安、王坦之等人的选择可以看出，他们中有的人早期应召在桓温府中为掾属，但后来往往都改任官职，且在内心中倾向于司马集团。司马昱为皇室的代表，相较于桓温，更能代表权力中心的正统性，且司马昱在朝堂具有举足轻重的地位。司马昱为人简易、谦逊，又好玄谈，吸引了很多士人。田余庆《东晋门阀政治》称司马昱是"永和玄学名士的真正的保护人"①，可以说司马昱也是永和文士群体的核心。

一、清谈活动与玄言诗之"清通"

司马昱"幼而岐嶷"，"有凤仪，善容止，留心典籍，不以居处为意，凝尘满席，湛如也"②。刘勰《文心雕龙·时序》中也称赞他"微言精理，函满玄席，澹思浓采，时洒文囿"③。司马昱的政治地位与人格魅力吸引了大批士人，这些士人多为建康、会稽一带的门阀世族，这一群体的清谈活动和山水品赏所呈现出的审美趣味是东晋时期名士趣味的代表，而他们的风格也反映了东晋文学的主要特征，在这其中司马昱具有重要的意义。王世贞《艺苑卮言》中说："自三代而后，人主文章之美，无过于汉武帝、魏文帝者，其次则汉文、宣、光武、明、肃、魏高贵乡公、晋简文、刘宋文帝、孝武、明帝、元魏孝文、孝静、梁武、简文、元帝、陈后主、隋炀帝、唐文皇、明皇、德宗、文宗、南唐元宗、后主、蜀主衍、孟主昶、宋徽、高、孝，凡二十九主。"④将简文帝司马

---

① 田余庆：《东晋门阀政治》，北京大学出版社 2012 年版，第 166 页。
② （唐）房玄龄等：《晋书》，中华书局 1974 年版，第 219，223 页。
③ （南朝梁）刘勰著，范文澜注：《文心雕龙注》，人民文学出版社 1958 年版，第 674-675 页。
④ （明）王世贞著，罗仲鼎校注：《艺苑卮言校注》，齐鲁书社 1992 年版，第 365 页。

昱称为"人主文章之美"者，与魏武、梁武等文学大家并列，明确地肯定了司马昱在当世文学史上的意义。

（一）司马昱群体的清谈活动与审美趣味的变化

司马昱府邸中经常聚集众多文士、僧客等围绕玄学、佛学展开论辩。当时的清谈名流殷浩、孙盛、王濛、谢尚、刘惔、许询等人皆有参预，殷浩、刘惔等在当时可谓首屈一指，引领着咸康至永和年间的清谈热潮。

刘惔，字真长，出身沛国刘氏，乃西汉楚元王刘交少子刘调之后。刘惔曾祖刘邠任至太子仆，刘邠有三子：刘粹任至侍中，刘宏历任秘书监、光禄大夫，刘汉历任光禄大夫、吏部郎，三人均有"雅雅"之名于西晋。刘宏长子刘咸曾任徐州刺史，次子刘耽在东晋时为东海王司马冲司马，又任晋陵太守。从曹魏时期开始，刘氏便是名门贵族，且晋初玄风对刘氏的影响非常大。刘邠"清和有思理，好《易》而不能精"①，曾数次与何晏谈论三玄。刘邠少子刘汉与王衍友善，好识鉴人物，"体道而言约"②"清冲有贵识，名亚乐广"③。在这样的家族门风影响下，刘惔"少清远，有标奇"④，清谈辞简而意达，后来成为一时清谈领袖。王濛称赞他"思理淹通"⑤"直致言处自寡"⑥，谢安称"刘尹语审细"⑦，

① （晋）陈寿撰，陈乃乾校点：《三国志》，中华书局 1959 年版，第 823 页。
② （南朝宋）刘义庆著，（南朝梁）刘孝标注，余嘉锡笺疏，周祖谟、余淑宜、周士琦整理：《世说新语笺疏》，中华书局 2007 年版，第 238 页。
③ （晋）陈寿撰，陈乃乾校点：《三国志》，中华书局 1959 年版，第 824 页。
④ （唐）房玄龄等：《晋书》，中华书局 1974 年版，第 1990 页。
⑤ （南朝宋）刘义庆著，（南朝梁）刘孝标注，余嘉锡笺疏，周祖谟、余淑宜、周士琦整理：《世说新语笺疏》，中华书局 2007 年版，第 549 页。
⑥ （南朝宋）刘义庆著，（南朝梁）刘孝标注，余嘉锡笺疏，周祖谟、余淑宜、周士琦整理：《世说新语笺疏》，中华书局 2007 年版，第 555 页。
⑦ （南朝宋）刘义庆著，（南朝梁）刘孝标注，余嘉锡笺疏，周祖谟、余淑宜、周士琦整理：《世说新语笺疏》，中华书局 2007 年版，第 572 页。

孙绰评"神犹渊镜，言必珠玉"①，梁元帝萧绎也企慕其清谈风尚。而刘惔之风神更是为当时士人所倾倒，王羲之称赞其"标云柯而不扶疏"②，谢安评其"秀"，孙绰评其"清蔚简令"③，他的简秀，是东晋人所推崇的美。殷浩，字深源，出自陈郡殷氏，"识度清远，弱冠有美名，尤善玄言"④，好《老子》《易经》，早年隐居十年，不曾出仕。后受会稽王司马昱的征辟，任建武将军、扬州刺史。永和八年（352 年），授中军将军，奉命北伐，兵败而归，被废为庶人，流放于东阳郡。殷浩善于清谈，是当时著名的清谈人物。司马昱称"渊源语不超诣简至，然经纶思寻处，故有局陈"⑤，顾悦之评"殷浩体德沈粹，识理淹长，风流雅胜，声盖当时"⑥。咸康、永和年间的清谈活动中，刘惔、殷浩是重要的人物。

《世说新语》中记载了多次这样的谈论，《文学》记载：

> 殷中军、孙安国、王、谢能言诸贤，悉在会稽王许。殷与孙共论《易》象妙于见形。孙语道合，意气干云。一坐咸不安孙理，而辞不能屈。会稽王慨然叹曰："使真长来，故应有以制彼。"既迎真长，孙意已不如。真长既至，先令孙自叙本理。孙粗说己语，亦觉殊不及向。刘便作二百许语，辞难简切，孙理遂屈。一坐同时拊掌

---

① （南朝宋）刘义庆著，（南朝梁）刘孝标注，余嘉锡笺疏，周祖谟、余淑宜、周士琦整理：《世说新语笺疏》，中华书局 2007 年版，第 572 页。

② （南朝宋）刘义庆著，（南朝梁）刘孝标注，余嘉锡笺疏，周祖谟、余淑宜、周士琦整理：《世说新语笺疏》，中华书局 2007 年版，第 557-558 页。

③ （南朝宋）刘义庆著，（南朝梁）刘孝标注，余嘉锡笺疏，周祖谟、余淑宜、周士琦整理：《世说新语笺疏》，中华书局 2007 年版，第 617 页。

④ （唐）房玄龄等：《晋书》，中华书局 1974 年版，第 2043 页。

⑤ （南朝宋）刘义庆著，（南朝梁）刘孝标注，余嘉锡笺疏，周祖谟、余淑宜、周士琦整理：《世说新语笺疏》，中华书局 2007 年版，第 569 页。

⑥ （唐）房玄龄等：《晋书》，中华书局 1974 年版，第 2048 页。

而笑，称美良久。①

殷浩能言理，谈论精微，为当时风流宗归。他对才性四本论、佛理等都很精通，且辞藻丰赡，极富辩才。孙盛善理义，能与殷浩据谈相抗。刘惔也是清谈名家，常与殷浩辩论，但相比殷浩博赡的风格，刘惔更为简秀切至。诸家名士的来往谈论，掀起了咸康永和年间的清谈高峰。此条记载一直是东晋易学不同派别之争与势力消长的重要文献，孙盛与殷浩关于"《易》象妙于见形"的讨论内容也在刘孝标注中得以保留。清谈中探讨易学的重要问题，表现出清谈剖玄析理的初衷。而与此同时，此次清谈进程反复，但以辩胜为目的，已经颇有游戏逞气之意。孙盛持异于众人之理，而辞胜之。众人不屈，又不能辩胜，因此迟迟不肯结束。最后又请来言辞简秀的刘惔，败下孙盛方才罢休。士人好攻难，求辩胜，虽道理已明，却反复往来争辩，最后众人皆获得精神的愉悦——"一坐同时拊掌而笑，称美良久"。

僧人加入谈坐、佛理进入清谈也是东晋清谈的重要特征。《世说新语·文学》载：

> 支道林、许掾诸人共在会稽王斋头。支为法师，许为都讲。支通一义，四坐莫不厌心。许送一难，众人莫不抃舞。但共嗟咏二家之美，不辩其理之所在。②

> 支道林、许、谢盛德，共集王家。谢顾谓诸人："今日可谓彦会，时既不可留，此集固亦难常。当共言咏，以写其怀。"许便问主人有《庄子》不？正得《渔父》一篇。谢看题，便各使四坐通。支道林先通，作七百许语，叙致精丽，才藻奇拔，众咸称善。于是四

---

① （南朝宋）刘义庆著，（南朝梁）刘孝标注，余嘉锡笺疏，周祖谟、余淑宜、周士琦整理：《世说新语笺疏》，中华书局 2007 年版，第 281-282 页。
② （南朝宋）刘义庆著，（南朝梁）刘孝标注，余嘉锡笺疏，周祖谟、余淑宜、周士琦整理：《世说新语笺疏》，中华书局 2007 年版，第 268-269 页。

坐各言怀毕。谢问曰："卿等尽不？"皆曰："今日之言，少不自竭。"谢后粗难，因自叙其意，作万余语，才峰秀逸。既自难干，加意气拟托，萧然自得，四坐莫不厌心。支谓谢曰："君一往奔诣，故复自佳耳。"①

名僧加入谈坐，一方面将佛理融入玄学论题，另一方面亦有借玄释佛、以佛理为主题进行谈论，都为玄学清谈的内容加入了新鲜的血液。除支遁外，还有如竺法深、支愍度、康僧渊等都在东晋清谈活动中占据重要的地位，也促进了玄佛的交融。而名僧作为清谈主体，也获得与名士相同的审美体验。以上所引支遁与诸名士的清谈，因谈论者"叙致精丽，才藻奇拔""意气拟托，萧然自得"，使得四坐在精神享受上得到满足。听者的听、观、赞叹、钦羡等，都与谈者有着密切的联系。从记载内容来看，东晋时期的清谈活动对于听者的反映的记载也更为具体。如上文所引材料中支遁与许询共讲，四坐厌心、抃舞、嗟咏二家之美，即是对二人清谈的再度体验。听者所获得的审美体验，可以说是"审美主体对审美对象进行聚精会神的体验时所感受到的无穷意味的心灵战栗"②。支遁说《渔父》，"于是四坐各言怀毕"，谢安又作，"四坐莫不厌心"③。此外谢尚听殷浩谈义理，"动心骇听"④，王羲之听支遁讲《逍遥游》，"披襟解带，留连不能已"⑤，都是作为听者在清谈愉悦的审美体验。可以看到，士人经历的审美体验阶段首先是"称善"。清谈

---

① （南朝宋）刘义庆著，（南朝梁）刘孝标注，余嘉锡笺疏，周祖谟、余淑宜、周士琦整理：《世说新语笺疏》，中华书局 2007 年版，第 281 页。

② 胡经之：《文艺美学》，北京大学出版社 1989 年版，第 52 页。

③ （南朝宋）刘义庆著，（南朝梁）刘孝标注，余嘉锡笺疏，周祖谟、余淑宜、周士琦整理：《世说新语笺疏》，中华书局 2007 年版，第 281 页。

④ （南朝宋）刘义庆著，（南朝梁）刘孝标注，余嘉锡笺疏，周祖谟、余淑宜、周士琦整理：《世说新语笺疏》，中华书局 2007 年版，第 257 页。

⑤ （南朝宋）刘义庆著，（南朝梁）刘孝标注，余嘉锡笺疏，周祖谟、余淑宜、周士琦整理：《世说新语笺疏》，中华书局 2007 年版，第 264 页。

中，对于谈论双方所提出的观点、表现出的才藻语辞及个人意气，听者都直接感受到并予以称赞。而听者对于玄理、辞藻等的进一步思考、领悟，引起极大的审美愉悦和共鸣，便达到"厌心"的感受。而最高的一个阶段，应是将自我融入清谈活动所创造出来的审美之境中，以至于"留连不能已"。这种对自我主体精神的抒发，即是艺术理论中的"畅神"。从"称善—厌心—留连"层层递进的审美体验中，清谈的美学气质逐渐被东晋士人发现。在玄理追求与审美体验的融合过程中，士人的主体精神得到申发，开掘出艺术的境界。

清谈初期由于对汉代繁缛章句的清理，加之形而上学思维的主导，很多论辩都注重辞约旨达。乐广向客人解释"旨不至"①，几不言语，不剖析文句，但手拿麈尾示意。另有阮修以"将无同"②三语为太尉王衍所赏，名士卫玠驳曰"一言可辟"，阮修又争曰"无言可辟"。这些都是对简洁而切要的言辞的推崇。东晋时期，这种简约之风仍影响了一批名士的清谈风格，特别如王濛"简而有会"③，刘惔"辞难简切"④"往辄破的"⑤，张凭"言约旨远，足畅彼我之怀"⑥，这些都是东晋士人所推崇的。但值得注意的是，这个时候还同时注重对"才藻"与"意气"的审美。与王濛、刘惔共谈的殷浩、支遁诸人则与之相反，他们注重理辞共妙，追求才藻。殷浩与谢安、王濛等人讨论《渔父》一篇，作七百许语，

---

① （南朝宋）刘义庆著，（南朝梁）刘孝标注，余嘉锡笺疏，周祖谟、余淑宜、周士琦整理：《世说新语笺疏》，中华书局 2007 年版，第 242 页。
② （南朝宋）刘义庆著，（南朝梁）刘孝标注，余嘉锡笺疏，周祖谟、余淑宜、周士琦整理：《世说新语笺疏》，中华书局 2007 年版，第 245 页。
③ （南朝宋）刘义庆著，（南朝梁）刘孝标注，余嘉锡笺疏，周祖谟、余淑宜、周士琦整理：《世说新语笺疏》，中华书局 2007 年版，第 578 页。
④ （南朝宋）刘义庆著，（南朝梁）刘孝标注，余嘉锡笺疏，周祖谟、余淑宜、周士琦整理：《世说新语笺疏》，中华书局 2007 年版，第 282 页。
⑤ （南朝宋）刘义庆著，（南朝梁）刘孝标注，余嘉锡笺疏，周祖谟、余淑宜、周士琦整理：《世说新语笺疏》，中华书局 2007 年版，第 624 页。
⑥ （南朝宋）刘义庆著，（南朝梁）刘孝标注，余嘉锡笺疏，周祖谟、余淑宜、周士琦整理：《世说新语笺疏》，中华书局 2007 年版，第 279 页。

"叙致精丽，才藻奇拔"，谢安作万余语，"才峰秀逸""意气拟托，萧然自得"①。殷浩与谢尚共谈，论简单义理共数百句，"既有佳致，兼辞条丰蔚"②。支遁对王羲之谈《逍遥游》，作数千言，"才藻新奇，花烂映发"③。王珉善玄谈，"风情秀发，才辞富赡"④。辞藻丰赡成为东晋士人辩难的有力武器，也是士人在清谈活动中重要的审美对象。

士人在清谈活动中审美趣味的变化还表现在司马昱对"词寄清婉""襟情之咏"的欣赏中。《世说新语·赏誉》载："许掾尝诣简文，尔夜风恬月朗，乃共作曲室中语。襟怀之咏，偏是许之所长。辞寄清婉，有逾平日。简文虽契素，此遇尤相咨嗟，不觉造膝，共叉手语，达于将旦。既而曰：'玄度才情，故未易多有许。'"刘孝标注引《续晋阳秋》曰："询能言理，会出都迎姊，简文皇帝、刘真长说其情旨及襟怀之咏，每造膝赏对，夜以系日。"⑤这些抒发情怀的吟咏，言辞兴寄都清丽婉约。司马昱曾盛赞许询五言诗，当是被此"辞寄清婉"之"襟情之咏"所吸引。这反映在诗文的题旨、情感、言辞、讽诵兴味等方面，值得我们关注。我们从刘勰、钟嵘对玄言诗的评价中可以看出他们对玄学、对玄言清谈的理解，刘勰《文心雕龙·明诗》说："江左篇制，溺乎玄风，嗤笑徇务之志，崇盛亡机之谈。"⑥《文心雕龙·时序》说："自中朝贵玄，江左称盛，因谈余气，流成文体。是以世极迍邅，而辞意夷泰，诗必柱下之旨

①　（南朝宋）刘义庆著，（南朝梁）刘孝标注，余嘉锡笺疏，周祖谟、余淑宜、周士琦整理：《世说新语笺疏》，中华书局 2007 年版，第 281 页。
②　（南朝宋）刘义庆著，（南朝梁）刘孝标注，余嘉锡笺疏，周祖谟、余淑宜、周士琦整理：《世说新语笺疏》，中华书局 2007 年版，第 257 页。
③　（南朝宋）刘义庆著，（南朝梁）刘孝标注，余嘉锡笺疏，周祖谟、余淑宜、周士琦整理：《世说新语笺疏》，中华书局 2007 年版，第 264 页。
④　（南朝宋）刘义庆著，（南朝梁）刘孝标注，余嘉锡笺疏，周祖谟、余淑宜、周士琦整理：《世说新语笺疏》，中华书局 2007 年版，第 586 页。
⑤　（南朝宋）刘义庆著，（南朝梁）刘孝标注，余嘉锡笺疏，周祖谟、余淑宜、周士琦整理：《世说新语笺疏》，中华书局 2007 年版，第 583 页。
⑥　（南朝梁）刘勰著，范文澜注：《文心雕龙注》，人民文学出版社 1958 年版，第 67 页。

归，赋乃漆园之义疏。"①又钟嵘《诗品序》中称："理过其辞，淡乎寡味"，"皆平典似《道德论》"②。相较于建安、太康、元嘉、永明时期的诗风而言，亦相较于东晋时期的清谈言语而言，东晋玄言诗确乎平典寡味。但若从时人欣赏的襟情、清婉等标准去看的话，士人的哲思、情旨与深意反映在诗文上正呈现出一种高远风格和清婉之美。

（二）诗文的高远风格与清婉之美

东晋时期士人的清谈活动兼具简切与才藻、理趣与意气的审美，在诗文中则是以内在的精神超越整个作品，揭示最深层的意蕴，运用带有玄学趣味的言语和意象直接或间接地阐发玄理。

永和年间，孙绰所作《答许询诗》③是其玄言诗的代表作。诗中第三章："遗荣荣在，外身身全。卓哉先师，修德就闲。散以玄风，涤以清川。或步崇基，或恬蒙园。道足匈怀，神栖浩然。"④"遗荣"两句，实有《庄子·达》中"达生之情者，不务生之所无以为；达命之情者，不务知之所无奈何"⑤之意。又以逍遥闲步，安享恬淡表之。第四章："咨余冲人，禀此散质。器不韬俗，才不兼出。敛衽告诫，敢谢短质。冥运超感，遘我玄逸。宅心辽廓，咀嚼妙一。"⑥谈到自己感知大道运行、体悟自然至理而形成玄远超逸的品格，以及纵情于大化之中反复体味至道的美妙。皆是以论玄学人生观为主旨，虽然确实缺乏情致韵味，但其中蕴含着深邃的人生态度、哲理沉思和寥廓的宇宙意识。此外，孙

---

① （南朝梁）刘勰著，范文澜注：《文心雕龙注》，人民文学出版社 1958 年版，第 675 页。
② （梁）钟嵘著，曹旭集注：《诗品集注》，上海古籍出版社 1994 年版，第 24 页。
③ 学者考论此诗之作当在 350 年亦即永和六年左右，从之。陈顺智：《东晋玄言诗派研究》，武汉大学出版社 2003 年版，第 72 页。
④ 逯钦立辑校：《先秦汉魏晋南北朝诗》，中华书局 1983 年版，第 899 页。
⑤ （清）郭庆藩撰，王孝鱼点校：《庄子集释》，中华书局 1961 年版，第 630 页。
⑥ 逯钦立辑校：《先秦汉魏晋南北朝诗》，中华书局 1983 年版，第 899 页。

绰的《赠谢安诗》二首，赞扬谢安的人格与胸怀以及二人的玄学交往。诗中谈及宇宙之道的形成、玄风的流演、玄学的人生态度等。王胡之《赠庾翼诗》，第一章赞美庾翼的个人风度，第六章表明自己的人生追求，最后两章则表达了自己对隐逸生活的向往和逍遥的人生态度。而他与谢安的往来赠答诗，同样也阐明了这种人生态度。谢安的《与王胡之诗》表达了对王胡之人格风度的赞赏和仰慕，并袒露了自己的人生追求。王胡之的《赠谢安诗》也主要赞美了谢安的人品和风度，并叙说自己的玄学士人风格，接下来叙述两人的交往和友谊，表达自己甘愿追随巢由的意愿。

就如《世说新语·文学》所载阮孚赏郭璞诗句"林无静树，川无停流"曰："泓峥萧瑟，实不可言。每读此文，辄觉神超形越。"①崇尚玄虚成为东晋时期诸多文士的共同审美心态。玄言诗正是士人的一种"任乐"的方式。这种乐来自士人对于玄远幽微之道的追寻，是一种"高""远"心境的体验。这也正是司马昱所说"襟情之咏"的内在驱动力。而精神上的超越外化在语言形式上则表现出简约清淡的美，即"辞寄清婉"。因是高远之格，所以清；是"襟情之咏"，所以婉。

后来钟嵘《诗品》卷下评价此种诗风："永嘉以来，清虚在俗。王武子辈诗，贵道家之言。爰泊江表，玄风尚备。真长、仲祖、桓、庾诸公犹相袭。世称孙、许，弥善恬淡之辞。"②玄言诗中谈论玄理、品评人物皆是清虚恬淡，辞约旨达。士人多在言辞中使用庄老之典故，而较少使用艺术意象。这也是整个诗风呈现出清淡甚至于平典的原因。

而如果我们关注到孙绰《答许询诗》第八章中对许询诗的评语，就会发现士人们已经自觉地关注到了诗文的意旨、文采和声律的问题。《答许询诗》第八章曰："贻我新诗，韵灵旨清。粲如挥锦，琅若叩琼。

---

① （南朝宋）刘义庆著，（南朝梁）刘孝标注，余嘉锡笺疏，周祖谟、余淑宜、周士琦整理：《世说新语笺疏》，中华书局2007年版，第303-304页。

② （梁）钟嵘著，曹旭集注：《诗品集注》，上海古籍出版社1994年版，第385-386页。

既欣梦解，独愧未冥。愠在有身，乐在忘生。余则异矣，无往不平。理苟皆是，何累于情。"①孙绰评价许询之诗"韵灵旨清，粲如挥锦，琅若叩琼"，可以说是孙绰乃至当时名士对于诗文品评的最高标准。"韵灵旨清"，是指诗文气韵灵动，旨意清淡。这种气韵之灵动得益于当时玄风浸染下盛行的人物品藻与诗书画创作及评论的审美趣味，即士人对"韵"的把握与追求。旨意之清淡，则来源于玄学人格的树立和精神境界的超越。"粲如挥锦"则是对诗文之辞采的赞赏，有清谈活动中所欣赏之"才藻惊奇，花烂映发"之意。而"琅若叩琼"则较为明显地受到清谈中关注音声之美的影响，注重诗文的音律。孙绰所言"韵灵旨清"，"粲如挥锦，琅若叩琼"，与司马昱所赞赏的襟情之咏的审美趣味是一致的。

二、山水游赏与山水诗之"清通"

司马昱群体的士人常聚集在一起举行文学雅集，其中最著名的就是永和九年的兰亭诗会。三月三日上巳节士人按照传统的节日习俗曲水流觞、饮酒赋诗。据学者考证，参加兰亭集会的士人有 42 位：王羲之、谢安、谢万、孙绰、孙统、任凝、王彬之、王凝之、王肃之、王徽之、徐丰之、袁峤之、吕本、王丰之、王元之、王蕴之、王涣之、卓旄、郗昙、华茂、庾友、虞说、魏滂、刘密、谢绎、庾蕴、孙嗣、曹茂之、曹华、桓伟、王献之、谢瑰、卞迪、羊模、孔炽、虞谷、劳夷、后绵、华耆、谢藤、吕系、曹礼。这些士人中，大多为高门大族，且具有亲属关系，如琅邪王氏王羲之及其六子，陈郡谢氏谢安与弟谢万，太原孙氏孙绰与其兄孙统、子孙嗣等。其中绝大部分都是侨寓的北方士族。

集会中以王羲之、孙绰、谢安为关键人物。王羲之出身琅邪王氏。王羲之的父亲王旷，西晋末年任丹阳太守；伯父王廙，过江前书法号为独步，精通史籍、美术、音乐、杂技等，王羲之在书法和绘画上得到王

_____

① 逯钦立辑校：《先秦汉魏晋南北朝诗》，中华书局 1983 年版，第 900 页。

庾的悉心指导。王廙还是晋元帝司马睿的姨表兄，这对王羲之的成长是有很大帮助的。王羲之族伯王敦、从伯王导都是东晋时期举足轻重的人物。王羲之年少时就受到周顗的礼遇，王敦、王导也对其十分器重，当时的太尉高平郗鉴妙选东床，以女郗璿妻之。约咸和三年(328)，王羲之为会稽王司马昱友①，时年26岁，后改授临川太守。咸和九年(334)应征西将军庾亮请，赴武昌任参军，累迁长史。大约三年后，王羲之于吴兴为官，离开了庾亮，后又迁宁远将军、江州刺史。永和二年(346)，会稽王司马昱辅政。永和年间，王羲之历任护军将军、右军将军、会稽内史，又引孙绰为右军长史。永和十一年(355)，王羲之去官，与东土士人尽山水之游、弋钓为娱，与谢安行田视地利，并以敦厚退让教养子孙。又与道士许迈共修服食，采药石不远千里，遍游东中诸郡，穷诸名山、泛沧海。晚年因服食散药而体弱多病，于升平五年(361)卒。

孙绰从庾亮府中前往章安令，又被朝廷征拜太学博士，迁尚书郎。后扬州刺史殷浩以为建威长史。永和年间，孙绰又任王羲之右军长史。而谢安，小王羲之17岁，此时正是寓居会稽、高卧东山之时。参与兰亭集会的士人，不少都是在这一时期与王羲之一同游历山水、弋钓为娱的士人。且有一些与王羲之交好的士人如许询、许迈、支遁等人，虽未参加此次集会，但他们平常的交往活动亦偏重山水欣赏，他们的审美体验与兰亭集会中的山水审美体验是一致的。

他们对待山水的欣赏模式使得他们吟咏山水的诗文呈现出独特的风格，其中以这次兰亭集会的诗文保存得最多，也最为典型。诗会留下诗歌37首，其中四言诗14首，五言诗23首。从这些作品中，我们可以窥见士人群体与山水相交接的方式。受到玄学抽象思辨的影响，士人们将山水看作"道"的载体，因此在山水欣赏中体道、悟道，在山水画、山水诗的创作与欣赏中传道，超越具体的形迹而把握内在的神明。从这一角度而言，山水诗是玄言诗发展的一个阶段。而从山水在诗作、绘画

① 郭廉夫：《王羲之评传》，南京大学出版社1996年版，第252页。

等艺术形式中的出现、发展过程来看，山水之美被人们发现，不论是形式上的美还是意蕴上的美，都赋予了它独立的审美意义，这也是山水品赏的一个重要转变。可以说山水诗构建的是一个富含理趣的艺术世界。

从玄言诗到山水诗，正是经历了一个从抽象到形象、从概念世界到艺术世界蜕变的过程。而东晋初期的士人所作诗文，确立了玄思与艺术的结合。

(一) 山水诗歌中的"俯仰"感物方式

王羲之《兰亭序》中言："是日也，天朗气清，惠风和畅，仰观宇宙之大，俯察品类之盛，所以游目骋怀，足以极视听之娱，信可乐也。"① 他的《兰亭诗》中也说："仰望碧天际，俯磐绿水滨。"② 这种"仰观俯察"是当时士人流连山水的方式。士人在《兰亭诗》中曾多次表达"俯仰"的山水欣赏模式，如袁峤之《兰亭诗》二首其二曰："四眺华林茂，俯仰清川涣。"③ 徐丰之《兰亭诗》二首其一曰："俯挥素波，仰掇芳兰。尚想嘉客，希风永叹。"④

"俯仰"的山水欣赏模式根源于古代哲人探究宇宙自然的方式。《周易·系辞下》云："古者包牺氏之王天下也，仰则观象于天，俯则观法于地，观鸟兽之文，与地之宜，近取诸身，远取诸物，于是始作八卦，以通神明之德，以类万物之情。"⑤ 先哲对自然现象观察、取法、仿构并创造文化，正是由仰观俯察而来的。后来人们在很多诗文中也都描绘了这一方式。如宋玉《高唐赋》中有"仰视山巅""俯视崝嵘"⑥，苏武有

---

① （清）严可均辑：《全上古三代秦汉三国六朝文》，中华书局 1958 年版，第 1609 页。

② 逯钦立辑校：《先秦汉魏晋南北朝诗》，中华书局 1983 年版，第 895 页。

③ 逯钦立辑校：《先秦汉魏晋南北朝诗》，中华书局 1983 年版，第 911 页。

④ 逯钦立辑校：《先秦汉魏晋南北朝诗》，中华书局 1983 年版，第 916 页。

⑤ （清）阮元校刻：《十三经注疏·周易正义》，中华书局 1980 年版，第 86 页。

⑥ （清）严可均辑：《全上古三代秦汉三国六朝文》，中华书局 1958 年版，第 73 页。

"俯观江汉流，仰视浮云翔"，曹丕诗曰"俯视清水波，仰看白月光"①，潘岳《怀旧赋》曰"仰睎归云，俯镜泉流"②等。魏晋南北朝以后，仰观俯察具备了艺术上"观物取象""观物构势""游心太玄"的具体内涵，成为重要的美学法则，仰观俯察也成为艺术创作活动的第一步。后来王夫之所言"身之所历，目之所见"③，同样是仰观俯察内涵的发展。钱穆以"一天人，合内外"④概括中国文化的特质，这是中国古人天人合一宇宙观的体现，人们俯仰往还，参赞化育，随顺大化。所俯仰者，不只是现实的自然万物，还更是一种虚灵的世界，它超越了时间与空间，也超越了有限的个体。晋人与山水之间并没有明确的界限，万物"自来亲人"。谢安《兰亭诗》二首⑤其一言："森森连岭，茫茫原畴"，是一仰观一俯察；后有"迥霄垂雾，凝泉散流"，又是一仰观一俯察，人是身处于其中的。王羲之《兰亭诗》二首其二说"寓目理自陈""适我无非新"⑥，谢万诗云："寓目高林。"⑦山水来"寓"于目，来"适"于我，正是强调自然山水的主动性以及人在二者关系中的位置。

东晋士人仰观俯察的审美方式包含了游目与散怀两个方面的审美体验。

首先，"游目"而观照宇宙的生命本体。"游目"的方式从屈原《离骚》"忽反顾以游目兮，将往观乎四荒"始就有了。魏晋时期刘桢的"登高且游观"（《杂诗》）⑧、张华的"游目四野外，逍遥独延伫"（《情

---

① 逯钦立辑校：《先秦汉魏晋南北朝诗》，中华书局1983年版，第401页。
② （清）严可均辑：《全上古三代秦汉三国六朝文》，中华书局1958年版，第1985页。
③ （明）王夫之：《船山全书》第十五册，岳麓书社2011年版，第821页。
④ 汤一介主编：《中国文化与中国哲学1987》，生活·读书·新知三联书店1988年版，第27页。
⑤ 逯钦立辑校：《先秦汉魏晋南北朝诗》，中华书局1983年版，第906页。
⑥ 逯钦立辑校：《先秦汉魏晋南北朝诗》，中华书局1983年版，第895页。
⑦ 逯钦立辑校：《先秦汉魏晋南北朝诗》，中华书局1983年版，第906页。
⑧ 逯钦立辑校：《先秦汉魏晋南北朝诗》，中华书局1983年版，第372页。

诗》)①，南朝宗炳《画山水序》中的"身所盘桓，目所绸缪"②等，都是描述此种置身于其间的观照自然的方式。不论山水欣赏还是山水画、山水诗的创作，士人的视角总是移步换景、盘桓移动、上下流动的。从自然山水流连之中观照自然之生机，把握生命之本体，从而进入到人与自然合为一体的审美境界。因此王羲之《兰亭诗》说："寓目理自陈。"流连自然，山水寓目，而天地之大道也自然而然地获得。

其次，"散怀"以抒发个体生命情感。《兰亭诗》中多次谈到"散怀""散"等词语。如：

> 乃携齐契，散怀一丘。（王羲之《兰亭诗》二首其一）③
> 散怀山水，萧然忘羁。（王徽之《兰亭诗》二首其二）④
> 时来谁不怀，寄散山林间。（曹茂之《兰亭诗》）⑤
> 散豁情志畅，尘缨忽已捐。仰咏挹余芳，怡情味重渊。（王蕴之《兰亭诗》）⑥
> 神散宇宙内，形浪濠梁津。寄畅须臾欢，尚想味古人。（虞说《兰亭诗》）⑦

"散怀"正是士人在此仰观俯察的山水欣赏中所获得的精神超越。王羲之在一封给谢氏的书信中写到"君顷复以何散怀"，即散发俗情的含义。孙绰《游天台山赋》曰："方解缨络，永托兹岭，不任吟想之至，聊奋藻以散怀。"《六臣注文选》中刘良注曰："奋，发，藻，文也。言将

---

① 逯钦立辑校：《先秦汉魏晋南北朝诗》，中华书局 1983 年版，第 619 页。
② （清）严可均辑：《全上古三代秦汉三国六朝文》，中华书局 1958 年版，第 2546 页。
③ 逯钦立辑校：《先秦汉魏晋南北朝诗》，中华书局 1983 年版，第 895 页。
④ 逯钦立辑校：《先秦汉魏晋南北朝诗》，中华书局 1983 年版，第 914 页。
⑤ 逯钦立辑校：《先秦汉魏晋南北朝诗》，中华书局 1983 年版，第 909 页。
⑥ 逯钦立辑校：《先秦汉魏晋南北朝诗》，中华书局 1983 年版，第 915 页。
⑦ 逯钦立辑校：《先秦汉魏晋南北朝诗》，中华书局 1983 年版，第 916 页。

脱去俗理之萦缠，长居于此山，不任吟想之极也，故聊复发于文词以散长想之怀。"①在山水之中寄托、感怀，还需要经过"想""味"等方式，《兰亭诗》中也屡次提到这样的方式。孙嗣《兰亭诗》："望岩怀逸许，临流想齐庄。谁云真风绝，千载抱余芳。"②郗昙《兰亭诗》："端坐兴远想，薄言游近郊。"③庾蕴《兰亭诗》："仰想虚舟说，俯叹世上宾。"④曹茂之《兰亭诗》："尚想方外宾，超超有余闲。"⑤袁峤之《兰亭诗》二首（其一）："苟齐一致，遐想揭竿。"（其二）："遐想逸民轨，遗音良可玩。"⑥王肃之《兰亭诗》二首（其一）："在昔暇日，味存林岭。"⑦"散"蕴含着在"想""味"的手段之后的目的的达成。如释道恒《释驳论》中所说"结解疑散，豁然醒觉"⑧，如孙绰《三月三日兰亭诗序》所说"屡借山水，以化其郁结"⑨，于"游目"之中，因"想""味"山水而得"散怀"，发现至道，亦发现内心的精神世界。

同时，士人欣赏山水达到的还是一种"相与无相与"的境界。王羲之在《兰亭诗》中说："相与无相与，形骸自脱落。"⑩相聚者因体道悟理而有此雅会，能脱略世俗利欲之交。"相与无相与"是一种交友的新境界，亦是一种人与自然的交接方式。随后一章中王羲之谈到了在兰亭集会中获得的审美感受："鉴明去尘垢，止则鄙吝生。体之固未易，三觞

① （梁）萧统编，（唐）李善等注：《六臣注文选》，中华书局 2012 年版，第210 页。
② 逯钦立辑校：《先秦汉魏晋南北朝诗》，中华书局 1983 年版，第 908 页。
③ 逯钦立辑校：《先秦汉魏晋南北朝诗》，中华书局 1983 年版，第 908 页。
④ 逯钦立辑校：《先秦汉魏晋南北朝诗》，中华书局 1983 年版，第 909 页。
⑤ 逯钦立辑校：《先秦汉魏晋南北朝诗》，中华书局 1983 年版，第 909 页。
⑥ 逯钦立辑校：《先秦汉魏晋南北朝诗》，中华书局 1983 年版，第 911 页。
⑦ 逯钦立辑校：《先秦汉魏晋南北朝诗》，中华书局 1983 年版，第 913 页。
⑧ （南朝梁）释僧佑撰，李小荣校笺：《弘明集校笺》，上海古籍出版社 2013 年版，第 314 页。
⑨ （清）严可均辑：《全上古三代秦汉三国六朝文》，中华书局 1958 年版，第1808 页。
⑩ 逯钦立辑校：《先秦汉魏晋南北朝诗》，中华书局 1983 年版，第 896 页。

解天刑。方寸无停主，矜伐将自平。虽无丝与竹，玄泉有清声。虽无啸与歌，咏言有余馨。取乐在一朝，寄之齐千龄。"①一是借助老庄玄理而"体"性，追求真境；二是欣赏玄泉清声、天籁之音；三是与山水欣赏之中举行的吟咏作诗活动，给人以"余馨"。刘勰在《文心雕龙·物色》中说："山沓水匝，树杂云合。目既往还，心亦吐纳。春日迟迟，秋风飒飒。情往似赠，兴来如答。"②人与自然山水的关系如友人之间的关系一般，往来赠答。

审美主体的这种仰观俯察的感物方式，对自然大化之至道的体悟，对自我精神境界的发现与开拓，使得兰亭诗会中士人所创作的诗文精神挺动，呈现出虚灵高远、开阔旷达的意境。这种意境的创造与呈现正是山水诗的重要风格之一。

(二) 山水自然之生机风华

兰亭诗会中山水诗之自然景物相较于前人而言更加生动，少了一份虚胜之意，而多了"自来亲人"的妙处，因此能将自然大化中的生命之灵动与美物风华点滴托出。

孙绰的《兰亭诗》二首其一曰："修竹荫沼，旋濑萦丘。穿池激湍，连滥觞舟。"③修长的竹子成片荫盖住池沼，回旋的溪水流过沙石萦绕着小丘。开池引水，激水流觞。其五言诗《兰亭诗》中"流风拂枉渚，停云荫九皋。莺语吟修竹，游麟戏澜涛"。④ 也是同样的景色。而又流风拂渚，停云荫沼，莺"吟"麟"戏"，展现着自然而然、自在而为的生机。谢万诗曰："青萝翳岫，修竹冠岑。谷流清响，条鼓鸣音。玄崿吐润，霏雾成阴。"⑤孙统诗曰："回沼激中逵，疏竹间修桐。因流转轻觞，泠

---

① 逯钦立辑校：《先秦汉魏晋南北朝诗》，中华书局1983年版，第896页。
② (南朝梁)刘勰著，范文澜注：《文心雕龙注》，人民文学出版社1958年版，第695页。
③ 逯钦立辑校：《先秦汉魏晋南北朝诗》，中华书局1983年版，第901页。
④ 逯钦立辑校：《先秦汉魏晋南北朝诗》，中华书局1983年版，第901页。
⑤ 逯钦立辑校：《先秦汉魏晋南北朝诗》，中华书局1983年版，第906页。

风飘落松。时禽吟长涧，万籁吹连峰。"①诗文辞藻华丽，色彩亦较为浓艳，都是专注写景。王彬之《兰亭诗》二首其一曰："丹崖竦立，葩藻映林。渌水扬波，载浮载沉。"②全诗亦纯写山水，丹崖、葩藻、渌水，画面色彩鲜亮，又有"竦立""映""扬波""浮""沉"等表现出山水的活泼生机，随顺大化。

兰亭诗中有竹有流，有风有松，风物充满生机，又蕴含着玄远高胜之意，颇有魏晋之际林下风气，其写景则自然清奇、充满生机风华。如王夫之《古诗评选》卷二所称"不一语及情，而高致自在"③，诗中都不着眼于玄理，却处处显露玄风，内蕴旷达之旨。

(三) 对音声之美的欣赏

士人于山水之中吟咏清谈，自西晋以来就有相关记载。《世说新语·言语》中载王衍、裴頠、张华、王戎等人于洛水边清谈，王衍评价他们"混混有雅致""靡靡可听""超超玄箸"④，便含有对于音辞声韵的欣赏。到了东晋，士人清谈活动中也更加注重音声之美。总观各士人的《兰亭诗》，其中追求音声之美的风气也展露无遗。如：

> 虽无丝与竹，玄泉有清声。虽无啸与歌，咏言有余馨。(王羲之《兰亭诗》)⑤
>
> 微音迭咏，馥焉若兰。(袁峤之《兰亭诗》)⑥
>
> 清响拟丝竹，班荆对绮疏。(徐丰之《兰亭诗》)⑦

---

① 逯钦立辑校：《先秦汉魏晋南北朝诗》，中华书局1983年版，第907页。
② 逯钦立辑校：《先秦汉魏晋南北朝诗》，中华书局1983年版，第914页。
③ (明)王夫之：《船山全书》第十四册，岳麓书社2011年版，第601页。
④ (南朝宋)刘义庆著，(南朝梁)刘孝标注，余嘉锡笺疏，周祖谟、余淑宜、周士琦整理：《世说新语笺疏》，中华书局2007年版，第100-101页。
⑤ 逯钦立辑校：《先秦汉魏晋南北朝诗》，中华书局1983年版，第896页。
⑥ 逯钦立辑校：《先秦汉魏晋南北朝诗》，中华书局1983年版，第911页。
⑦ 逯钦立辑校：《先秦汉魏晋南北朝诗》，中华书局1983年版，第916页。

谷流清响，条鼓鸣音。(谢万《兰亭诗》)①

　　士人在山水游览之间清谈、咏诗，优美之音成为士人审美对象之一。这也成为晋人诗文中的山水自然之生动化的重要组成部分。士人对文学音韵美的推崇，是带有明显的晋人风度的。山水啸咏已经成为物我合一的审美状态的一种方式，在诗作当中，自然音声也成为描摹的对象。

　　此外，士人还注意到语言形式上的音韵之美。从清谈活动中对音声的审美，转而表现为在诗文创作中有意地关注韵脚以及诗文批评中对声律评论的重视。围绕着桓温的士人群体中袁宏、王珣等在进行赋文品赏的时候最注重的正是"韵"的方面。而兰亭诗会中的关键人物孙绰和他的友人范启在论文时同样也表现出对音声之美的欣赏。孙绰曾作《游天台山赋》，对这篇赋作非常自得。赋文中作者以体悟的方式，将自己置身于山色之中，一方面从客观上描写出天台山的清新壮美和风华生机，另一方面又在游览山色中体悟大道、高谈玄理。而文章辞采清丽，给人耳目一新之感。《世说新语》载，孙绰以之示范启，谓"卿试掷地，要作金石声"，范启则指出其非声律问题，体现出他对切合声律的要求。但同时他并不否认这篇赋文中的优美语句。读到佳句如"赤城霞起而建标，瀑布飞流而界道"等，云"应是我辈语"②。士人自觉讨论文学作品的声律问题，也会影响到诗文创作中对音韵美的重视。而这种金石之声所呈现出的，正是一种清丽而通透的美。

　　兰亭诗中，谢安诗"薄云罗阳景，微风翼轻航"③，便带有语势上

　　①　逯钦立辑校：《先秦汉魏晋南北朝诗》，中华书局1983年版，第906页。
　　②　(南朝宋)刘义庆著，(南朝梁)刘孝标注，余嘉锡笺疏，周祖谟、余淑宜、周士琦整理：《世说新语笺疏》，中华书局2007年版，第316页。
　　③　逯钦立辑校：《先秦汉魏晋南北朝诗》，中华书局1983年版，第906页。

的节奏感。此外，谢尚《赠王彪之诗》"长杨荫清沼，游鱼戏绿波"①句，谢混《游西池诗》"惠风荡繁囿，白云屯曾阿"②句，谢瞻《九日从宋公戏马台集送孔令诗》"繁林收阳彩，密苑解华丛"③句，都是工整的对偶句，也为整首诗添加了声韵之美。当然，到了南朝时期如谢灵运、谢庄、谢朓等人则更注重对偶精工巧妙，节奏舒徐有度，语调优美和谐。这种声韵之美也逐渐形成了流转圆美的韵致。

三、士人群体对吴声歌曲的接受

东晋时期，北方士族无论在政治上、经济上还是文化上，都一直处于有利地位。他们坚持自己所讲的"雅音""正音"，并排斥、嘲笑其他地区的语言。江东士人在求官入仕、读书交友等各种场合，均需与北方士人往来，因此江南大族大部分也都会使用洛阳语音。"江左士族操北语，而庶人操吴语"，"东晋南朝官吏接士人则用北语，庶人则用吴语"④，北语成为当时士族的身份标志。因此对于吴地歌谣，北来士人原也是鄙视的。但到了东晋中后期，名门士族阶层中吴声已经盛行。徐野民《晋纪》载："王恭尝宴司马道子室，尚书令谢石为吴歌。恭曰：'居端右之重，集宰相之坐，而为妖俗之音乎！'"⑤虽遭到了王恭的严厉批评，但谢石于宴会中醉酒后唱吴歌的行为在一定程度上显示了当时士族对吴语歌谣的喜爱。

《世说新语·言语》中就有："桓玄问羊孚：'何以共重吴声？'羊曰：

① 逯钦立辑校：《先秦汉魏晋南北朝诗》，中华书局1983年版，第878页。
② 逯钦立辑校：《先秦汉魏晋南北朝诗》，中华书局1983年版，第934页。
③ 逯钦立辑校：《先秦汉魏晋南北朝诗》，中华书局1983年版，第1131页。
④ 陈寅恪：《金明馆丛稿二编》，生活·读书·新知三联书店2001年版，第305、306页。
⑤ 虞世南：《北堂书钞》卷一〇六，中国书店1989年版，第409页。

'当以其妖而浮。'"①妖浮大约可以从两个层面上来看。一是内容。吴声歌曲的内容几乎是清一色的男女情歌。如东晋中叶盛行的《子夜歌》，相传是一位名叫子夜的晋代女子所创，是女子失恋后的悲歌；《懊侬歌》也是一首相思歌曲，这与雅乐的内容迥异。而正是这种符合人们日常生活情趣的情歌，在这一时期受到士人的偏爱。二是语音。吴音轻清浮浅，又软浓缠绵，新鲜生动，与北方沉著质直之音不同。这种语音特色自然会吸引士族。虽然士人在正式场合中的交接都为北语，但在日常生活中，士族或多喜爱吴声。《世说新语·轻诋》中就有："支道林入东，见王子猷兄弟。还，人问：'见诸王何如?'答曰：'见一群白颈乌，但闻唤哑哑声。'"余嘉锡笺疏："道林之言，讥王氏兄弟作吴音耳。"②士族在日常生活中喜爱使用吴音的情况可见一斑。吴声歌曲的曲调大致产生于当时建业一带，曲调婉转，多用方言土语，也大量使用巧妙的谐隐双关语，生动而引人注意。现存的吴声歌曲中，一些是士族新创曲调，如《前溪歌》是由吴地著姓沈氏的沈充制作；而《子夜歌》《懊侬歌》等则是士人根据已有的曲调仿作歌词。

东晋士人的吴声歌曲最著名的要数谢尚《大道曲》。《乐府诗集》七十五载谢尚《大道曲》曰："青阳二三月，柳青桃复红。车马不相识，音落黄埃中。"并引《乐府广题》曰："谢尚为镇西将军，尝着紫罗襦，据胡床，在市中佛国门楼上弹琵琶，作大道曲。市人不知其三公也。"③谢尚已是三公，而在市中佛国门楼上弹奏琵琶，这本来就带有任诞之气。而大道曲又将日常俗世生活平白道出，内里显露出世间真相，韵味深远。在这喧杂之景中所弹之琵琶、所感发之道理，与谢尚在北窗下企脚弹奏

---

① （南朝宋）刘义庆著，（南朝梁）刘孝标注，余嘉锡笺疏，周祖谟、余淑宜、周士琦整理：《世说新语笺疏》，中华书局2007年版，第186页。

② （南朝宋）刘义庆著，（南朝梁）刘孝标注，余嘉锡笺疏，周祖谟、余淑宜、周士琦整理：《世说新语笺疏》，中华书局2007年版，第996-997页。

③ （宋）郭茂倩编：《乐府诗集》，中华书局1979年版，第1061页。

琵琶，与"天际真人想"①的情形相比，更加亲切自然。此外，孙绰作《碧玉歌》，王献之作《桃叶歌》等，是士人模仿民歌体裁的风格，歌咏士族生活和情感的。语言平白流畅，情感细腻缠绵，带有生活趣味。

东晋士人多才多艺，很多文士都精通音律，善弹奏，因此在曲、词的创作上都有很大的优势。士族群体的丰厚物质积累也为吴声歌曲的制作和演唱创造了条件，他们备有大量女伎演奏、演唱吴声，场面也极尽奢侈豪华。到了南朝时期，掌机要之士人也大多寒素，因而更加容易喜爱俚俗乐曲，宋孝武帝、齐武帝等还是《丁督护歌》《估客乐》的创作者。《南齐书》卷二十三《王俭传》记载："上曲宴群臣数人，各使效伎艺：褚渊弹琵琶，王僧前弹琴，沈文季歌《子夜》，张敬儿舞，王敬则拍张。"②南朝时期君主与臣子的宴会上大家各献才艺，吴兴沈氏子弟沈文季于众坐前唱起《子夜歌》，说明了这一时期吴声歌曲在上层统治人士群体中的地位。

但是士人从文学角度评论吴声西曲时，多抱有轻蔑态度。《文心雕龙·乐府》中对于《艳歌行》《白头吟》等篇斥为"艳歌婉娈，怨志诀绝，淫辞在曲，正响焉生"③。但士族群体对吴声歌曲的接受，使得华艳的乐府诗风逐渐发展起来，直接孕育了南朝梁陈时期的宫体诗。刘师培在《中国中古文学史讲义》中说："晋宋乐府，如《桃叶歌》《碧玉歌》《白纻词》《白铜鞮歌》，均以淫艳哀音，被于江左。迄于萧齐，流风益盛。"④南朝梁时的妖艳之词，哀思之音，也多受到吴声西曲的影响。南朝日渐"妖且浮"的文学风格，自东晋已始。

---

① （南朝宋）刘义庆著，（南朝梁）刘孝标注，余嘉锡笺疏，周祖谟、余淑宜、周士琦整理：《世说新语笺疏》，中华书局 2007 年版，第 734 页。

② （梁）萧子显撰：《南齐书》，中华书局 1972 年版，第 435 页。

③ （南朝梁）刘勰著，范文澜注：《文心雕龙注》，人民文学出版社 1958 年版，第 102 页。

④ 刘师培撰，程千帆导读：《中国中古文学史讲义》，上海古籍出版社 2019 年版，第 102 页。

第四节　桓温文士群体及其文学风格

一、桓温与司马昱群体的分野

晋穆帝永和元年(345)前后，庾翼、庾冰先后去世，朝臣建议以庾亮之子庾爰之代任荆州刺史。当时的掌政者何充坚决反对，他判断："荆楚国之西门，户口百万，北带强胡，西邻劲蜀，经路险阻，周旋万里。得贤则中原可定，势弱则社稷同忧，所谓陆抗存则吴存，抗亡则吴亡者，岂可以白面年少猥当此任哉！桓温英略过人，有文武识度，西夏之任，无出温者。"①于是桓温任安西将军、持节、都督荆司雍益梁宁六州诸军事，兼领护南蛮校尉、荆州刺史，掌握了长江上游事权。永和二年(346)，司马昱以会稽王居中辅政。荆扬之间又开始了对立的局面。

桓温的远祖桓荣是东汉初年的名儒，高祖桓范为魏时名臣，"世为冠族"②，因附曹爽而为司马懿所杀。父亲桓彝是东晋功臣，"少与庾亮深交，雅为周颛所重"③，为"江左八达"之一，曾辅助朝廷平王敦之乱、苏峻之乱。元帝和明帝都十分器重他。桓温出生后，"太原温峤见之，曰：'此儿有奇骨，可试使啼。'及闻其声，曰：'真英物也!'彝以峤所赏，故遂名之曰温。"④桓温尚明帝之女南康长公主，三个女儿分别联姻太原王氏、琅邪王氏和陈郡殷氏，弟弟桓冲娶王导次子王恬之女。

桓温担任荆州刺史后，"统辖州郡，贡赋入己，将相官吏多出其门"。永和二年(346)冬，桓温领荆州后第二年，即率军沿江直上，进兵伐蜀。平蜀之后，桓温声望极高。桓温又志图收复中原，但朝廷害怕

---

① （唐）房玄龄等：《晋书》，中华书局 1974 年版，第 2030 页。
② 《三国志》卷九《魏书·诸夏侯曹传》裴松之注引《魏略》。（晋）陈寿撰，陈乃乾校点：《三国志》，中华书局 1959 年版，第 290 页。
③ （唐）房玄龄等：《晋书》，中华书局 1974 年版，第 1939 页。
④ （唐）房玄龄等：《晋书》，中华书局 1974 年版，第 2568 页。

其北伐成功更难控制，故意阻止其北伐。东晋朝廷还在永和五年(349)时派外戚褚裒为征讨大都督进至彭城，结果败退。永和七年(351)，桓温北讨，率大军到达武昌，为会稽王司马昱苦苦劝阻而作罢。而朝廷又把北伐任务交给了殷浩，永和九年(353)，殷浩自寿春率众七万北伐，遭前锋姚襄倒戈，大败而归。至此，晋廷无奈，只好同意桓温北伐。

永和十年(354)，桓温进攻关中；永和十二年(356)，桓温于伊水大败姚襄，收复洛阳，积累了极高的声望与地位。晋哀帝兴宁元年(363)，桓温为大司马、都督中外诸军事；二年(364)加扬州牧；兴宁三年(365)，洛阳告失守，桓温移镇姑孰。太和四年(369)，桓温北伐前燕，于枋头退败，至此声望低落。

桓温执掌荆州后，大量征召著名士人，其中有的即是先前以庾亮为核心的士人群体中的部分士人如孙盛、范汪等人，亦有高门大族子弟如王珣、王徽之、王坦之、谢安、谢玄等人，还有普通士族如袁宏、伏滔、习凿齿等人。而桓温幕府中的王坦之、谢安、谢玄等世家大族士人大多在做了几年僚属之后迁任建康，重新围绕在中央朝廷周围。还有一些名士如刘惔、殷浩等，与桓温都私交甚密，但在荆扬之争中，皆与晋廷皇室联系非常紧密，也使得他们与桓温站在了政治上的对立面。

刘惔与桓温少年友善，关系不浅。刘惔尚晋明帝女庐陵公主司马南弟，与桓温同为晋明帝女婿。刘惔之妹又嫁与谢安，保持着与世家大族和皇室的紧密关系。对于桓温的出身，刘惔等人从潜意识里是十分轻视的。《世说新语·方正》云："桓大司马诣刘尹，卧不起。桓弯弹弹刘枕，丸迸碎床褥间。刘作色而起曰：'使君如馨地，宁可斗战求胜?'桓甚有恨容。"①桓温见刘惔晨睡不起，便以弹丸射其枕头，非常危险，刘惔情急之下呼桓温为武夫，在潜意识中轻视桓温的出身。在《世说新语·方正》中，刘惔的这种观念亦十分明显："王、刘与桓公共至覆舟

---

① （南朝宋）刘义庆著，（南朝梁）刘孝标注，余嘉锡笺疏，周祖谟、余淑宜、周士琦整理：《世说新语笺疏》，中华书局 2007 年版，第 382 页。

山看。酒酣后，刘牵脚加桓公颈。桓公甚不堪，举手拨去。既还，王长史语刘曰：'伊讵可以形色加人不?'"①王濛、刘惔皆出身大族，刘惔酒酣，竟然将脚搭在桓温颈上，王濛言语中亦表现出对桓温的轻视之意。《世说新语·言语》载："刘尹与桓宣武共听讲《礼记》。桓云：'时有入心处，便觉咫尺玄门。'刘曰：'此未关至极，自是金华殿之语。'"②桓温听礼，收获入心，而刘惔则以为此是经生常谈，未达到更精妙的境界，自是以清谈人物自居，看轻桓温。但刘惔对桓温的能力和野心也看得十分清楚，他评价桓温的容貌："鬓如反猬皮，眉如紫石棱，自是孙仲谋、司马宣王一流人。"③庾翼死后，朝廷议论荆州人选，刘惔认为"使伊(桓温)去，必能克定西楚，然恐不可复制"④。桓温伐蜀时，刘惔亦断言其必能克蜀。

桓温与另外一位士人殷浩关系亦十分密切。在桓温与皇室的争斗中，殷浩是站在与桓温完全对立的立场上。桓温坐镇荆州，东晋朝廷力阻其势力的壮大，首先就是阻止桓温的北伐。永和六年(350)，在褚裒北伐失败后，晋廷以殷浩为中军将军，假节，都督扬、豫、徐、兖、青五州军事，以扬州为中心与桓温抗衡。永和九年(353)，晋廷派殷浩自寿春率众七万北伐，但最后以失败告终。桓温与殷浩少时相识，颇有竞心，《世说新语·品藻》载："桓问殷：'卿何如我?'殷云：'我与我周旋久，宁作我。'"⑤殷浩面对桓温提出的难题，不卑不亢，追求独特自我，以为己胜。殷浩在某些方面或是胜过桓温的，这也使得桓殷二人终

①　(南朝宋)刘义庆著，(南朝梁)刘孝标注，余嘉锡笺疏，周祖谟、余淑宜、周士琦整理：《世说新语笺疏》，中华书局 2007 年版，第 389 页。

②　(南朝宋)刘义庆著，(南朝梁)刘孝标注，余嘉锡笺疏，周祖谟、余淑宜、周士琦整理：《世说新语笺疏》，中华书局 2007 年版，第 146 页。

③　(南朝宋)刘义庆著，(南朝梁)刘孝标注，余嘉锡笺疏，周祖谟、余淑宜、周士琦整理：《世说新语笺疏》，中华书局 2007 年版，第 730 页。

④　(南朝宋)刘义庆著，(南朝梁)刘孝标注，余嘉锡笺疏，周祖谟、余淑宜、周士琦整理：《世说新语笺疏》，中华书局 2007 年版，第 475 页。

⑤　(南朝宋)刘义庆著，(南朝梁)刘孝标注，余嘉锡笺疏，周祖谟、余淑宜、周士琦整理：《世说新语笺疏》，中华书局 2007 年版，第 617 页。

生争竞，殷浩北伐失利后被贬为庶人，桓温仍然不甘落后，"语诸人曰：'少时与渊源共骑竹马，我弃去，己辄取之，故当出我下'"①，仍要与殷浩一竞高下。

桓温与司马昱群体中的其他士人如孙绰、王述等人也都是站在对立的政治立场上。隆和元年（362），桓温上表提议还都洛阳，作《请还都洛阳疏》，遭到了孙绰、王述等人的强烈反对，孙绰作《谏移都洛阳疏》，还都洛阳之事遂作罢。桓温在深知世家大族在他的势力扩张与稳固的过程中的重要作用，时常笼络他们，但他也无法左右已根深蒂固的门阀政治制度。世家大族的行为始终是与家族利益联系在一起的，王与马、庾与马、桓与马、谢与马共天下的局面正是这种制度的反映，当桓温还没有能力取代司马氏时，大族的利益是与司马氏紧密地联系在一起的。

二、桓温群体的文学活动

桓温好文学，喜玄谈。晋穆帝司马聃永和元年（345）八月，桓温以辅国将军、徐州刺史转任安西将军、持节、都督荆司雍益梁宁六州诸军事，兼领护南蛮校尉、荆州刺史。在荆州任上，桓温不遗余力地招揽名士，网罗了天下人才。《渚宫旧事》卷五载："温在镇三十年，参佐习凿齿、袁宏、谢安、王坦之、孙盛、孟嘉、王珣、罗友、郗超、伏滔、谢奕、顾恺之、王子猷、谢玄、罗含、范汪、郝隆、车胤、韩康等，皆海内奇士，伏知其人。"②桓温亲遇士人，对有才之士非常赞赏和珍惜，《晋书》卷九十四《瞿硎先生传》称瞿硎先生很有名，桓温"尝往造之"③；

---

① （南朝宋）刘义庆著，（南朝梁）刘孝标注，余嘉锡笺疏，周祖谟、余淑宜、周士琦整理：《世说新语笺疏》，中华书局2007年版，第619页。

② （唐）余知古著，袁华忠译注：《渚宫旧事译注》，湖北人民出版社1999年版，第202页。

③ （唐）房玄龄等：《晋书》，中华书局1974年版，第2456页。

桓温灭蜀，闻西蜀名臣谯周之孙谯秀以儒学著称，"上疏荐之"①。《晋书》卷一百十四《王猛传》载王猛博学好兵书，"(桓)温之将还，赐猛车马，拜高官督护，请与俱南"②。桓温在州宽和，对待士人亦宽容爱护，对习凿齿亲遇隆密，对伏滔深加礼接。这也使得荆楚地区的士人都前来依附。

桓温周围的士人群体中，郗超义理精微，善谈论；王珣善写文章，"学涉通敏，文高当世"③；习凿齿少以文称，善尺牍，"博学洽闻，以文笔著称"④；孙盛"博学，善言名理"⑤；孟嘉文辞超卓；袁宏"有逸才""文章绝美"⑥；袁乔"博学有文才，注《论语》及《诗》，并诸文笔皆行于世"⑦；范汪"博学多通，善谈名理"⑧；罗含被谢尚称为"湘中之琳琅"⑨；顾恺之"才绝，画绝，痴绝"⑩。这些士人都曾经在桓温府中用事。

桓温常与僚属饮酒赋诗、讨论文义，其文学活动十分兴盛。据史料记载，桓温群体在正月七日、三月三日、九月九日等传统节日时常常举行集会，且均有赋诗活动。梳理这一群体的文学活动，我们可以看到以下几个特点。

第一，氛围轻松，多嘲戏谐隐。《世说新语·排调》记载了一次三月三日诗会："郝隆为桓公南蛮参军，三月三日会，作诗。不能者，罚酒三升。隆初以不能受罚，既饮，揽笔便作一句云：'娵隅跃清池。'桓

---

① (唐)房玄龄等：《晋书》，中华书局 1974 年版，第 2444 页。
② (唐)房玄龄等：《晋书》，中华书局 1974 年版，第 2930 页。
③ (南朝宋)刘义庆著，(南朝梁)刘孝标注，余嘉锡笺疏，周祖谟、余淑宜、周士琦整理：《世说新语笺疏》，中华书局 2007 年版，第 323 页。
④ (唐)房玄龄等：《晋书》，中华书局 1974 年版，第 2152 页。
⑤ (唐)房玄龄等：《晋书》，中华书局 1974 年版，第 2147 页。
⑥ (唐)房玄龄等：《晋书》，中华书局 1974 年版，第 2391 页。
⑦ (唐)房玄龄等：《晋书》，中华书局 1974 年版，第 2169 页。
⑧ (唐)房玄龄等：《晋书》，中华书局 1974 年版，第 1982 页。
⑨ (唐)房玄龄等：《晋书》，中华书局 1974 年版，第 2403 页。
⑩ (唐)房玄龄等：《晋书》，中华书局 1974 年版，第 2406 页。

问：'姥隅是何物？'答曰：'蛮名鱼为姥隅。'桓公曰：'作诗何以作蛮语？'隆曰：'千里投公，始得蛮府参军，那得不作蛮语也！'"①东晋士人的诗会雅集多依西晋旧事，特别是金谷诗会"遂各赋诗，以叙中怀，或不能者，罚酒三斗"②的规则也一直沿用。此次三月三日会，参预士人均须作诗，不能作者，罚酒三升。南蛮参军郝隆性情滑稽诙谐，其诗一句以西南少数民族方言入诗，打破了古代贵族雅文学的传统。桓温从维护这一文学传统的角度发问，郝隆则机敏智慧地一语双关作答。一层意思为南蛮参军自然可以蛮语入诗，而言外之意则是发出牢骚，称府君辜负了自己的学问文章，可谓妙语机锋、令人捧腹。

又有陶渊明《晋故征西大将军长史孟府君传》述："九月九日，温游龙山，参佐毕集；四弟二甥咸在坐。时佐吏并著戎服。有风吹君帽堕落，温目左右及宾客勿言，以观其举止。君初不自觉，良久如厕。温命取以还之。廷尉太原孙盛，为咨议参军，时在坐，温命纸笔令嘲之。文成示温，温以著坐处。君归，见嘲笑而请笔作答，了不容思，文辞超卓，四座叹之。"③桓温组织了重阳节的游山活动，各僚佐均有参加。宴会上，孟嘉堕帽，桓温命孙盛作文嘲之，孟嘉又作文以答，文辞超卓。孟嘉是一位"冲默有远量""温雅平旷""色和而正""好酣饮，逾多不乱。至于任怀得意，融然远寄，傍若无人"④的名士。其翩然风度在日常宴饮中也可见一斑。宴会中士人的诗文赠答以及轻松戏谑的氛围与东晋时期的清谈宴会有一定的差异，但对于文学作品的欣赏与品味及其获得的精神愉悦则是皆有的。

---

① （南朝宋）刘义庆著，（南朝梁）刘孝标注，余嘉锡笺疏，周祖谟、余淑宜、周士琦整理：《世说新语笺疏》，中华书局 2007 年版，第 946 页。

② （清）严可均辑：《全上古三代秦汉三国六朝文》，中华书局 1958 年版，第 1651 页。

③ （晋）陶渊明著，逯钦立校注：《陶渊明集》，中华书局 1979 年版，第 170 页。

④ （晋）陶渊明著，逯钦立校注：《陶渊明集》，中华书局 1979 年版，第 169-171 页。

　　顾恺之曾为桓温参军，甚受桓温的赏识、亲重。桓温死后，顾恺之作《拜宣武墓诗》："远念羡昔存，抚坟哀今亡。"①《世说新语·言语》记载："顾长康拜桓宣武墓，作诗云：'山崩溟海竭，鱼鸟将何依。'人问之曰：'卿凭重桓乃尔，哭之状其可见乎？'顾曰：'鼻如广莫长风，眼如悬河决溜。'或曰：'声如震雷破山，泪如倾河注海。'"②从顾恺之的感叹中我们可以见到东晋士人所特有的深情，顾恺之以较为夸张的文句表达了自己内心的悲痛以及无所依恃的失落。顾恺之在日常生活中，也常常诙谐、滑稽、幽默。《世说新语·排调》载："顾长康作殷荆州佐，请假还东。尔时例不给布帆，顾苦求之，乃得。发至破冢，遭风大败。作笺与殷云：'地名破冢，真破冢而出。行人安稳，布帆无恙。'"③与殷仲堪的信笺中，借实际地名"破冢"来描述自己死里逃生的惊险。而"行人安稳，布帆无恙"又着意错相搭配，余嘉锡笺疏："盖本当云：'布帆安稳，行人无恙。'因帆已破败，不可言安稳，故易其语以见意。此乃以文滑稽耳。"④顾恺之在风险中仍然保持从容态度，笑意连连，并还能进行语言修辞，可见其深厚修养。《世说新语·排调》记载桓玄、殷仲堪和顾恺之还曾共作"了语""危语"的语言游戏：

　　　　桓南郡与殷荆州语次，因共作了语。顾恺之曰："火烧平原无遗燎。"桓曰："白布缠棺竖旒旐。"殷曰："投鱼深渊放飞鸟。"次复作危语。桓曰："矛头淅米剑头炊。"殷曰："百岁老翁攀枯枝。"顾曰："井上辘轳卧婴儿。"殷有一参军在坐，云："盲人骑瞎马，夜

————————

　　①　逯钦立辑校：《先秦汉魏晋南北朝诗》，中华书局1988年版，第931页。
　　②　（南朝宋）刘义庆著，（南朝梁）刘孝标注，余嘉锡笺疏，周祖谟、余淑宜、周士琦整理：《世说新语笺疏》，中华书局2007年版，第175页。
　　③　（南朝宋）刘义庆著，（南朝梁）刘孝标注，余嘉锡笺疏，周祖谟、余淑宜、周士琦整理：《世说新语笺疏》，中华书局2007年版，第960页。
　　④　（南朝宋）刘义庆著，（南朝梁）刘孝标注，余嘉锡笺疏，周祖谟、余淑宜、周士琦整理：《世说新语笺疏》，中华书局2007年版，第960页。

半临深池。"殷曰："咄咄逼人！"仲堪眇目故也。①

作"了语"者，一方面在形式上要同与"了"押韵，另一方面要在内容上有终了、了结之意。三人所作诗句"火烧平原无遗燎""白布缠棺竖旒旐""投鱼深渊放飞鸟"，同属上升十七篠韵，且三语皆有终了之意。而作"危语"者，同样要具备形式上的押韵和内容上的一致。桓玄所作"矛头淅米剑头炊"，余嘉锡笺疏曰："此不过言于战场中造饭，死生呼吸，所以为危也。"②而后两句"百岁老翁攀枯枝""井上辘轳卧婴儿"，则更加危险。而殷仲堪另一参军所言盲人瞎马夜半临池，更语带双关，映射殷仲堪的眇目之病。士人在进行语言游戏时，注重对诗句的形式与内容的要求，并具备些许机智调侃的意味。这也是当时文学创作的一个重要特点。

第二，崇尚机捷，"倚马赋诗"。王珣是王导之孙、王洽之子、王羲之之侄子，王珣自幼好读书，雅量高致，及长，以文章著称。最初同谢玄一道任桓温掾属，受到桓温的重视，不久升任主簿。太和四年（369），桓温第三次北伐失败，豫州刺史袁真被逼承担责任，向朝廷申诉亦得不到审理，于是叛逃前燕。王珣参与讨伐，于太和六年（371）平定叛乱，因功封东亭侯。不就便转任大司马参军、琅邪王友，离开了桓温。王珣才思敏捷，《世说新语》中记载，王珣原本的报告文书被桓温命人悄悄拿走，他知道桓温的用心，于是立即挥笔而就，且文字不与原本重复。其真才实学展露而出。③ 桓温北伐时，过淮泗、践北境，与僚属登高楼望中原，讨论到西晋亡国之责，认为"遂使神州陆沈，百年丘

① （南朝宋）刘义庆著，（南朝梁）刘孝标注，余嘉锡笺疏，周祖谟、余淑宜、周士琦整理：《世说新语笺疏》，中华书局 2007 年版，第 964 页。

② （南朝宋）刘义庆著，（南朝梁）刘孝标注，余嘉锡笺疏，周祖谟、余淑宜、周士琦整理：《世说新语笺疏》，中华书局 2007 年版，第 965 页。

③ （南朝宋）刘义庆著，（南朝梁）刘孝标注，余嘉锡笺疏，周祖谟、余淑宜、周士琦整理：《世说新语笺疏》，中华书局 2007 年版，第 323 页。

墟，王夷甫诸人，不得不任其责"。对此，与他一同北征的僚属袁宏率
尔相对："运自有废兴，岂必诸人之过？"①袁宏为玄学家、玄学思想辩
护，却没能及时领悟到桓温矛头直指不合作贵族的政治意图。桓温勃然
变色，以一个杀蠢牛的故事喻指，左右皆惊失色。后来袁宏被责免官。
但在后来的行军过程中，需要袁宏撰写露布文，"唤袁（宏）倚马前令
作。手不辍笔，俄得七纸，殊可观。东亭在侧，极叹其才"②。袁宏在
如此大的心理压力之下，仍然能够倚马为文，且能得七纸之多，足可见
他的厚学与敏思。

《世说新语·文学》又载："袁宏始作《东征赋》，都不道陶公。胡奴
诱之狭室中，临以白刃，曰：'先公勋业如是！君作《东征赋》，云何相
忽略？'宏窘蹙无计，便答：'我大道公，何以云无？'因诵曰：'精金百
炼，在割能断。功则治人，职思靖乱。长沙之勋，为史所赞。'"刘孝标
注引《续晋阳秋》中则记为桓温与袁宏的对答："宏为大司马记室参军，
后为《东征赋》，悉称过江诸名望。时桓温在南州，宏语众云：'我决不
及桓宣城。'时伏滔在温府，与宏善，苦谏之，宏笑而不答。滔密以启
温，温甚忿，以宏一时文宗，又闻此赋有声，不欲令人显闻之。后游青
山饮酌，既归，公命宏同载，众为危惧。行数里，问宏曰：'闻君作
《东征赋》，多称先贤，何故不及家君？'宏答曰：'尊公称谓，自非下官
所敢专，故未呈启，不敢显之耳。'温乃云：'君欲为何辞？'宏即答云：
'风鉴散朗，或搜或引。身虽可亡，道不可陨。则宣城之节，信为允
也。'温泫然而止。"③这两例同样记载的是袁宏在巨大心理压力之下临
机应变、张口成诵的故事，表现了其机智与文才。

---

①　（南朝宋）刘义庆著，（南朝梁）刘孝标注，余嘉锡笺疏，周祖谟、余淑宜、
周士琦整理：《世说新语笺疏》，中华书局 2007 年版，第 979 页。

②　（南朝宋）刘义庆著，（南朝梁）刘孝标注，余嘉锡笺疏，周祖谟、余淑宜、
周士琦整理：《世说新语笺疏》，中华书局 2007 年版，第 323 页。

③　（南朝宋）刘义庆著，（南朝梁）刘孝标注，余嘉锡笺疏，周祖谟、余淑宜、
周士琦整理：《世说新语笺疏》，中华书局 2007 年版，第 324 页。

第三，多文义之会，注重文法音韵的讨论。桓温戎马一生，多次进行北伐，在北伐途中或战争胜利之后，会命府下文士创作述征纪行之赋，以记其功业。这个任务常常落在袁宏身上。袁宏作《北征赋》《东征赋》，赋成之后，众人也常常在宴会中品鉴，并对其中的语句进行探讨。如《世说新语·文学》记载："桓宣武命袁彦伯作《北征赋》，既成，公与时贤共看，咸嗟叹之。时王珣在坐云：'恨少一句，得"写"字足韵，当佳。'袁即于坐揽笔益云：'感不绝于余心，泝流风而独写。'公谓王曰：'当今不得不以此事推袁。'"刘孝标注引《晋阳秋》曰："宏尝与王珣、伏滔同侍温坐，温令滔读其赋，至'致伤于天下'，于此改韵。云：'此韵所咏，慨深千载。今于"天下"之后便移韵，于写送之致，如为未尽。'滔乃云：'得益"写"一句，或当小胜。'桓公语宏：'卿试思益之。'宏应声而益，王、伏称善。"①王珣对袁宏赋文的内容和形式两个方面上都提出了要求。根据原文"闻所闻于相传，云获麟于此野。诞灵物以瑞德，奚授体于虞者。悲尼父之恸泣，似实恸而非假。岂一物之足伤，实致伤于天下。感不绝于余心，溯流风而独写"②来看，前文写孔子哀叹西狩获麟、天下动乱。桓温读至"天下"，觉得"慨深千载"，但此韵到此而止，"如为未尽"。桓温以诵读讽咏的方式体味到了音韵与内容的结合统一所带来的美感，以及"如为未尽"的缺憾。众人指出当再加一韵，袁宏便当即补就最后一句，大获赞赏。

桓温不仅在荆州任上多次组织士人群体开展文学活动，移镇姑孰后，桓温群体与司马昱群体士人亦多次交流。《世说新语·文学》记载："宣武集诸名胜讲《易》，日说一卦。简文欲听，闻此便还。曰：'义自

---

① （南朝宋）刘义庆著，（南朝梁）刘孝标注，余嘉锡笺疏，周祖谟、余淑宜、周士琦整理：《世说新语笺疏》，中华书局 2007 年版，第 320 页。

② （清）严可均辑：《全上古三代秦汉三国六朝文》，中华书局 1958 年版，第 1785 页。

当有难易，其以一卦为限邪？'"①桓温召集幕下士人每日讲《周易》一卦，司马昱本欲前往参加，但听说以一卦为限，便表示不赞同。此时司马昱与桓温在政治上仍然是站在两个对立的立场，但在学术活动上却仍然有交集。这也是当时不同政治群体士人交往流动的反映。

三、桓温群体的"清雅"诗风

(一) 辞趣清远

东晋时期玄风大扇，对处在这样一个时代大环境的士人来说，玄学的影响是不可斗量的。桓温本人风神爽迈，潇洒豪放，亦接受玄学和清谈。桓温对于清谈的态度经历了从受轻视而至困窘到不以为然、调侃问责的转变。

桓温年轻时，大约在咸康三年(337)，王导主导过一场著名的清谈活动。此时王导63岁，恰逢庾亮长史殷浩来到京都，王导即以一个老者的身份集合了殷浩、王濛、王述、谢尚、桓温等一批士人进行清谈，其中桓温年纪最小，仅26岁。"既共清言，遂达三更。丞相与殷共相往反，其余诸贤，略无所关。既彼我相尽，丞相乃叹曰：'向来语，乃竟未知理源所归，至于辞喻不相负。正始之音，正当尔耳！'明旦，桓宣武语人曰：'昨夜听殷、王清言甚佳，仁祖亦不寂寞，我亦时复造心，顾看两王掾，辄翣如生母狗馨。'"②王导所召集的都是当时大名鼎鼎的清谈人物，在这样的场合中，一方面是名士风度的展现与表演，另一方面是"析理"过程中思维水平、论辩才能等的表现。在这场集会中，王导与殷浩为主客辩难，其余士人观看。其精彩与经典程度无异于正始之音。桓温参加这样的清谈聚会，虽"时复造心"，但恐怕也是受益更多而未发表一言。桓氏一族在当时的高门甲族面前地位颇低，清谈中桓

---

① （南朝宋）刘义庆著，（南朝梁）刘孝标注，余嘉锡笺疏，周祖谟、余淑宜、周士琦整理：《世说新语笺疏》，中华书局2007年版，第257页。

② （南朝宋）刘义庆著，（南朝梁）刘孝标注，余嘉锡笺疏，周祖谟、余淑宜、周士琦整理：《世说新语笺疏》，中华书局2007年版，第250-251页。

温亦常常受到轻视。如《世说新语·言语》记载："刘尹与桓宣武共听讲《礼记》。桓云：'时有入心处，便觉咫尺玄门。'刘曰：'此未关至极，自是金华殿之语。'"①刘惔与桓温性情志趣、气质风貌等皆不同，桓温有政治才干，志在经营天下，而刘惔"性简贵""尤好老庄，任自然趣"，刘惔虽对桓温才干加以赞赏，但又看不起他的出身。在解《礼记》问题上，《礼记》本是儒家经典，涵盖礼制之大义，由此生发哲理大道，桓温听之而有感悟。但刘惔高自标置，认为这些都是经生的老调常谈，没有涉及礼的玄妙之处。

随着桓温坐镇荆州，势力逐步强盛，他亦不必在清谈中寻证自己的价值、追求士林声望，而更看重实干。《世说新语·排调》载，桓温在大司马任上，有一次乘雪欲猎，先去探访了王濛、刘惔的住处，刘惔见其一身紧身轻便戎装，便戏谑道："老贼欲持此何作？"桓温回答到："我若不为此，卿辈亦那得坐谈？"②桓温反唇调侃，将清谈者及清谈置于了他的英雄才略之下。

桓温北伐时，登高台望中原大地，不免讨论西晋亡国之因，感叹道："遂使神州陆沉，百年丘墟，王夷甫诸人，不得不任其责！"③在东晋时期，诸多士人思考西晋亡国之因，常常会归结于玄言清谈。在桓温之前，荆州刺史庾翼便曾批判过名士"说空终日""身囚胡虏，弃言非所"④。这与当时诸多士人心目中的观点是一致的。但桓温并没有因此而废止玄谈，他自己也仍然是倾心于此的。《世说新语·文学》记载，桓温邀集名流讲论《周易》，限定日说一卦，司马昱听说了这个规矩去参加，结果扫兴而回。司马昱以为《周易》六十四卦本是一个严整的哲

---

① （南朝宋）刘义庆著，（南朝梁）刘孝标注，余嘉锡笺疏，周祖谟、余淑宜、周士琦整理：《世说新语笺疏》，中华书局 2007 年版，第 146 页。

② （南朝宋）刘义庆著，（南朝梁）刘孝标注，余嘉锡笺疏，周祖谟、余淑宜、周士琦整理：《世说新语笺疏》，中华书局 2007 年版，第 940 页。

③ （南朝宋）刘义庆著，（南朝梁）刘孝标注，余嘉锡笺疏，周祖谟、余淑宜、周士琦整理：《世说新语笺疏》，中华书局 2007 年版，第 979 页。

④ （唐）房玄龄等：《晋书》，中华书局 1974 年版，第 2044 页。

学体系，是不可以割裂开来的。他对于孙盛所讲"《易》象妙于见形"论就听得津津有味。桓温虽权倾朝野、日理万机，仍然能够召集名流讲论《周易》，也体现了那个时代对于思辨、玄谈的热爱。

东晋玄言清谈之风气大盛的时代背景与桓温的个人风度与个性特征对围绕在其周围的文士产生了一定的影响。他们在自己的诗文作品中表现出这种玄风。桓温本人是能文的，钟嵘《诗品》评价道："孙绰、许询、桓、庾诸公诗，皆平典似《道德论》。"①桓温、庾亮的诗风受此影响，亦十分平典。《文心雕龙·明诗》中说："江左篇制，溺乎玄风，嗤笑徇务之志，崇盛亡机之谈，袁孙已下，虽各有雕采，而辞趣一揆，莫与争雄。"②袁宏是桓温群体中的代表文士，孙绰则是司马昱群体中的代表文士，刘勰将二人并提，认为他们的辞趣是一致的，表现出东晋玄学向文学审美趣味中的渗透。

袁宏是东晋时期的名士，也是桓温群体中最著名的文士。袁宏父亲早逝，家道中落，在魏晋时期以时势论高低的环境中，可以说是出身寒族。袁宏持有名教与自然统一的思想，肯定儒道两家各自的积极作用，在史学观点上表现出"融会老庄道家，而究不失为儒术为其思想体系之主干"③的特点。但他又"祖尚玄虚，服膺夷甫"④，表现出名士任性自然的洒脱。他少时曾经"为人佣载运租"，在一个清风朗月的夜晚，于江上对月吟咏自己所写的《咏史诗》，"甚有情致"，"是其风情所寄"，令谢尚"叹美不能已"，"因此相要，大相赏得"。⑤ 月下吟咏本就是洒

① （梁）钟嵘著，曹旭集注：《诗品集注》，上海古籍出版社1994年版，第24页。

② （南朝梁）刘勰著，范文澜注：《文心雕龙注》，人民文学出版社1958年版，第67页。

③ 钱穆：《中国学术思想史论丛（三）》，安徽教育出版社2009年版，第71页。

④ 余嘉锡语。（南朝宋）刘义庆著，（南朝梁）刘孝标注，余嘉锡笺疏，周祖谟、余淑宜、周士琦整理：《世说新语笺疏》，中华书局2007年版，第981页。

⑤ （南朝宋）刘义庆著，（南朝梁）刘孝标注，余嘉锡笺疏，周祖谟、余淑宜、周士琦整理：《世说新语笺疏》，中华书局2007年版，第317页。

脱飘逸的，这是袁宏才思与审美情趣的细腻写照。所作《咏史》二首，其辞如下：

> 周昌梗概臣，辞达不为讷。汲黯社稷器，栋梁表天骨。陆贾厌解纷，时与酒梼杌。婉转将相门，一言和平勃。趋舍各有之，俱令道不没。
>
> 无名困蝼蚁，有名世所疑。中庸难为体，狂狷不及时。杨恽非忌贵，知及有余辞。躬耕南山下，芜秽不遑治。赵瑟奏哀音，秦声歌新诗。吐音非凡唱，负此欲何之。①

其一咏周昌、汲黯、陆贾三人，对其处世趣舍、品格节操予以吟咏，深含着诗人的钦佩之情。此三人皆为人耿直，感于直言谏净，为国之栋梁。其二咏杨恽一人，杨恽因直谏而获罪，"无名困蝼蚁，有名世所疑。中庸难为体，狂狷不及时"，诗人感慨处世之难，正是一种对自我人生的觉解。正是这样的两首诗，在袁宏的月下讽咏中呈现出一种事功与审美的统一。谢尚亦是由于这月夜讽咏而赏识提拔了袁宏。诗人李白曾多次用此典故，他在《夜泊牛渚怀古》中说："牛渚西江夜，青天无片云。登舟望秋月，空忆谢将军。余亦能高咏，斯人不可闻。明朝挂帆席，枫叶落纷纷。"②在《答杜秀才五松见赠》中写道："吾非谢尚邀彦伯，异代风流各一时。"③又有《劳劳亭歌》曰："我乘素舸同康乐，朗咏清川飞夜霜。昔闻牛渚吟五章，今来何谢袁家郎。苦竹寒声动秋月，独宿空帘归梦长。"④这些诗作表达出了李白希遇有识者的愿望。袁宏这一

---

① 逯钦立辑校：《先秦汉魏晋南北朝诗》，中华书局 1983 年版，第 920 页。

② （唐）李白著，（清）王琦注：《李太白全集》（典藏本），中华书局 2015 年版，第 1224 页。

③ （唐）李白著，（清）王琦注：《李太白全集》（典藏本），中华书局 2015 年版，第 1057 页。

④ （唐）李白著，（清）王琦注：《李太白全集》（典藏本），中华书局 2015 年版，第 1343 页。

月夜讽咏的魏晋风流气息也感染着后世文人。钟嵘《诗品》评本诗"文体未遒"，但"鲜明紧健，去凡俗远矣"①。这是以清远之辞趣表现直臣讽谏、感慨处世之难的主旨的美，也是东晋时期士人玄儒兼综趋向继续发展的体现。

（二）言多慷慨、情韵不匮

受到桓温政治行动的影响，桓温群体中士人的很多文学创作是与战争密切相关的，如袁宏的《北征赋》《东征赋》以及露布文等，这与王羲之、支遁等人的文咏有相当的差异。刘勰《文心雕龙·诠赋》评价："景纯绮巧，缛理有余；彦伯梗概，情韵不匮；亦魏晋之赋首也。"②梗概而有情韵，正是袁宏赋的特点。

一是梗概。对于《文心雕龙·诠赋》中"梗概"一语的含义，研究者有不同的观点：一说为大概、概括之意，一说为慷慨之意。而《时序》篇中的"梗概"，诸家则都解释为慷慨。联系上下文，似将两处都解释为慷慨，更可以凸显出袁宏赋文的特色。袁宏创作《北征赋》《东征赋》等纪行赋，多结合当下所目睹之场所、经历之事件，述古今之兴亡，总结经验教训，褒贬人物，抒写心中的感慨，加之赋体鸿篇巨制，往往给人以震撼之感。《东征赋》保存相对完整，是兴宁三年（365）桓温移镇姑孰时所作。赋文中追述衣冠渡江、元帝定都建康之事，还有对东晋开国名臣的记叙。这篇赋文创作之后，为大多数士人所接受，桓温、陶范甚至因为赋文中未及自己的父亲而耿耿于怀。可见，赋文所记或许会影响到当时的社会评价。袁宏创作的《北征赋》仅有残句遗存，这是袁宏从桓温北伐时所作，并在桓温群体的集会上反复讨论过，包括王珣、伏滔在内的诸人对其中的语句、声韵等提出了自己的意见，王珣评"此赋方

---

① （梁）钟嵘著，曹旭集注：《诗品集注》，上海古籍出版社1994年版，第253页。

② （南朝梁）刘勰著，范文澜注：《文心雕龙注》，人民文学出版社1958年版，第136页。

传千载"①。袁宏在赋文中对西狩获麟的议论也具有深刻的政治意义。《东征赋》《北征赋》都与征行、战争有关，充满了对现实社会的感慨和对和平安定的愿望，也有对所历山水景物的描绘和体味，气势充沛，笔力雄健，而不落俗套。

二是情韵，即情与韵的统一。袁宏赋文的创作背景、题材都与战争密切相关，又历数途中所见所闻，对现实社会深切体验，真挚情感从字里行间流落而出。同时赋文中的山水景物也充满了社会美，带有人的情感的体悟与寄寓。另外，从袁宏、王珣、伏滔等人关于《北征赋》的增韵、换韵的讨论来看，他们力图将文学语言的形式美与情感意绪统一于一体。在他们看来，赋文中从"天下"句之后就开始转韵写其他内容了，导致"天下"句之前这段文字在内容表达上有欠缺，让人读起来节奏亦欠完整。只有内容完整、情感流畅、节韵优美，才是恰到好处的。这正是东晋时期文士对于转韵与文意的表达、节奏的转换等问题的一种自觉讨论和追求，从而呈现出情韵不匮的特点。袁宏的《东征赋》残篇中，亦是每另写一事即换一次韵，大约每2~6句换一次，使得赋文音韵交错，又与文中所写之内容联系起来，更加自然托出。不仅赋文如此，袁宏的诗作亦行文刚健爽利，他的《咏史》二首"鲜明紧健"，残诗《从征行方头山诗》"峨峨太行，凌虚抗势。天岭交气，窈然无际。澄流入神，玄谷应契。四象悟心，幽人来憩"②亦气势宏大，杳然玄远。

与袁宏共事的另一位著名文士伏滔，作有《望涛赋》，现存残段："若夫金祇理辔，素月告望，宏涛于是郁起，重流于是电骧。起沙潯而迅迈，触横门而剋壮，灌江津而硠磕，鼓赤岸而激扬，郁律烟腾，隗兀连冈，重叠巘而天竦，洄湍淊而起涨。"③全段节奏鲜明，音韵优美，当属一段完整的章节。虽是写景，但胸中激昂意气迭荡而出，气

---

① (唐)房玄龄等：《晋书》，中华书局1974年版，第2398页。
② 逯钦立辑校：《先秦汉魏晋南北朝诗》，中华书局1983年版，第920页。
③ (清)严可均辑：《全上古三代秦汉三国六朝文》，中华书局1958年版，第2226页。

势充沛。

　　相较于以司马昱为核心的世族群体，桓温周围的文士更多呈现出玄儒双修的人格特征，且诗文中辞趣清远而兴寄深厚，言多慷慨而情韵统一，表现出东晋中期普通士族文人的文学风格。

第五章 "清淡"：东晋后期隐逸文士群体的文学风格

第一节 东晋乱亡与门阀士族的衰溃

司马昱、桓温去世后大约十余年的时间，桓豁、桓冲接掌长江中上游，而朝廷则由谢安坐镇，由于桓豁、桓冲并无窥晋之意，这一时期荆扬之争相对缓和。谢安死后，司马道子以司徒、录尚书事，兼领扬州刺史、都督中外诸军事，掌握了中央大权。晋孝武帝死，其子司马德宗继位，是为晋安帝，司马道子即以太傅摄政，又引王国宝为中书令、尚书左仆射，参掌朝权。隆安元年(397)，王恭以北府兵举兵诛王国宝，司马道子无法抵御，杀王国宝；次年，王恭二次举兵，荆州刺史殷仲堪、广州刺史桓玄响应，战乱中桓玄火并诸部，占据了荆州上游，与朝廷相抗。在平定王恭叛乱后，司马元显又独掌大权。

在士族与皇室争斗的同时，东晋后期还爆发了孙恩卢循起义。南渡士族如琅邪王氏、陈郡谢氏、太原王氏、高平郗氏、太原孙氏、陈留阮氏、高阳许氏等在浙东一带安置田业，他们的佃客在长期的被压榨下早已超乎了其所能忍受的限度；加之晋廷征发东土诸郡的免奴客担任兵役，组成乐属，使得那些本是奴隶但已经受到放免成为佃客的人又重新被征发为当时地位最为低下的兵家，引起了浙东农民的骚动，引发了孙恩卢循起义。隆安三年(399)时，孙恩率领一百多人从海岛登陆，攻上虞、会稽，发展到了好几万人。战争中，世家大族中的南康公谢明慧、黄门郎谢冲、张琨，中书郎孔道、太子洗马孔福等被先后杀死。这直接损害到了以王谢为首的世家大族的利益，东晋朝廷派遣谢琰为会稽内史兼督吴兴、义兴军事，北府兵著名将领刘牢之亦发兵前往浙东协助谢琰。元兴元年（402），孙恩败，卢循领导余部退回了广州。

此时，东晋政权由桓玄掌握，元兴二年（403），桓玄登位做了皇帝，国号为楚。桓玄进入建康后，首先剪除了北府兵将领，并提拔了一些后起之秀如刘裕等人。元兴三年（404），刘裕等率领北府兵起兵，灭桓玄，又北伐，灭南燕，收复了青州、兖州等广大地区，又平复了卢循的起义，独掌东晋大权。

在东晋后期的战乱中，特别是孙恩起义中，王、谢为首的世家大族遭受了重创。谢安子谢琰、琰子谢肇、谢峻，谢安幼弟谢铁长子谢邈，谢邈胞弟谢冲，谢汪子谢明慧，王羲之子王凝之等人都在这次战争中被杀。而后掌权的刘裕出身寒门，他对世家大族也予以毫无顾忌的打击，谢混、王坦之之子王愉、郗鉴曾孙郗僧施等人都为刘裕所杀。士族的政治地位与经济地位逐渐下降，而这些大族门第也逐渐走向衰溃。早前桓温士人群体的戎马倥偬、机辨谐笑，司马昱士人群体的悠游容与、山水兴寄已经一去不复返了。这一时期已经没有了具备鲜明特色的文士群体及诗文创作。在这样的政治环境下，文学舞台的聚光灯开始投向隐士群体。

第二节　以慧远为中心的隐士、僧人群体

在东晋后期与晋宋之交，以慧远为中心的隐士群体的文学活动在这一时期较为活跃。慧远，俗姓贾，雁门楼烦人。"少为诸生，博综六经，尤善《庄》《老》。"[1]他二十一岁时，因听了高僧道安所讲《般若经》

---

[1]　（梁）释慧皎撰，汤用彤校注，汤一玄整理：《高僧传》，中华书局 1992 年版，第 211 页。

后，"抽簪落发，研求法藏"①，深受道安赏识。后来，道安从襄阳向南方各地分遣徒众，慧远"欲往罗浮山，乃届浔阳，见庐峰清静，足以息心，始住龙泉精舍"②，刺史桓伊"为远复于山东，更立房殿，即东林是也"③。慧远主张"内外之道，可合而明"，并认为儒、佛在协助王化上"虽曰道殊，所归一也"④，这样的观念使得一些儒者对其表示理解与支持。

一、依远游止的士人、僧人群体

慧远"卜居庐阜三十余年，影不出山，迹不入俗"⑤，在他身边围绕一批僧人、隐士。据《莲社高贤传》记载："尝谓诸教三昧，其名甚众，功高易进，念佛为先。既而谨律息心之士，绝尘清信之宾，不期而至者，慧永(同师安公，先居西林)、慧持(远师同母弟)、道生、昙顺(并罗什门弟)、僧睿、昙恒、道昞、昙诜、道敬(并远师门人)、佛驮耶舍(此云"觉明"，罽宾国人)、佛驮跋陀罗(此云"觉贤"，迦维卫国人)、名儒刘程之(号遗民)、张野、周续之、张诠、宗炳、雷次宗等，结社念佛，世号十八贤。复率众至百二十三人，同修净土之业。造西方三圣像，建斋立誓，令刘遗民著《发愿文》。而王乔之等，复为《念佛三昧诗》以见志。"十八贤中，刘程之、张野、周续之、张诠、宗炳、雷次宗皆为隐士。

---

① （南朝宋)刘义庆著，(南朝梁)刘孝标注，余嘉锡笺疏，周祖谟、余淑宜、周士琦整理：《世说新语笺疏》，中华书局 2007 年版，第 284 页。

② （梁)释慧皎著，汤用彤校注，汤一玄整理：《高僧传》，中华书局 1992 年版，第 212 页。

③ （梁)释慧皎著，汤用彤校注，汤一玄整理：《高僧传》，中华书局 1992 年版，第 212 页。

④ （清)严可均辑：《全上古三代秦汉三国六朝文》，中华书局 1958 年版，第 2394 页。

⑤ （梁)释慧皎著，汤用彤校注，汤一玄整理：《高僧传》，中华书局 1992 年版，第 221 页。

刘程之，"字仲思，彭城人，汉楚元王之后。妙善《老》《庄》，旁通百氏"。为谢安、刘裕所赏，皆不就，"性好佛理，乃之庐山，倾心自托"①。张野，"字莱民，居浔阳柴桑，与渊明有婚姻契。野学兼华、梵，尤善属文。性孝友，田宅悉推与弟，一味之甘，与九族共。州举秀才、南中郎、府功曹、州治中，征拜散骑常侍，俱不就。入庐山依远公，与刘、雷同尚净业"②。周续之，"字道祖，雁门人。父殁过江，因居豫章。八岁丧母，哀戚过于成人。十二诣范宁受业，通《五经》《五纬》，时号'十经童子'。养志闲居，穷研《老》《易》。公卿交辟，无所就。入庐山事远公，预莲社"。③ 张诠，"字秀硕，野之族子也。尚情高逸，酷嗜坟典。虽耕锄，犹带经不释。朝廷征为散骑常侍，不起。庾悦以其贫，起为浔阳令。笑曰：'古人以容膝为安，若屈志就禄，何足为荣?'乃入庐山，依远公，研穷释典，深有悟入。"④宗炳"字少文，南阳人。其母聪辨，富于学识，教授诸子，皆有成。炳妙善琴书，尤精玄理。殷仲堪、桓玄并以主簿辟，皆不就。刘裕领荆州，复辟为主簿，答曰：'栖丘饮谷，三十年矣。'乃入庐山筑室，依远公莲社"⑤。雷次宗"字仲伦，豫章南昌人。博学明《诗》《礼》，入庐山预莲社，立馆东林之东。元嘉十五年，召至京师，立学馆鸡笼山，置生徒百员。除给事中，不拜。久之还南昌，公卿祖道以送……二十五年，召拜散骑常侍，不就。复征诣京师，筑室钟山，谓之'招隐馆'。每自华林园，入延贤堂，为太子、诸王讲《礼经》"。⑥

围绕在慧远周围的隐士周续之、雷次宗等，有的妙善《老》《庄》，尚情高逸，性好玄理，有的通经纬、明诗礼，雷次宗还是宋文帝时期的

① 《东林十八高贤传》，民国十二年涵芬楼本。
② 《东林十八高贤传》，民国十二年涵芬楼本。
③ 《东林十八高贤传》，民国十二年涵芬楼本。
④ 《东林十八高贤传》，民国十二年涵芬楼本。
⑤ 《东林十八高贤传》，民国十二年涵芬楼本。
⑥ 《东林十八高贤传》，民国十二年涵芬楼本。

儒学领袖，不仅立学馆、置生徒，还为太子、诸王讲《礼经》。但他们都选择接受佛学，入庐山依远公。这是佛教进入中国之后与玄、儒合流趋势的表现。在司马昱群体中，士人也普遍吸收佛学精华，并将其玄学化、名士化，就有如支遁等高僧交游于名士群体。而在隐士群体中，慧远则成为一个中心。

这一隐士、僧人群体仍然保留有东晋士人所共有的山水游赏的喜好，这也是他们文学创作活动的最大契机。《高僧传》记载，慧远二十一岁时曾意欲渡江，寻范宣子一起遁隐。但当时中原寇乱，南行道路阻塞，未能如愿。慧远寻遍山水，终在庐山立精舍。自慧远看来，庐山乃是其精神所托，他在《庐山记》中言"自托此山二十三载"①，将身心托与山水，以山水为安身息心之所，是慧远周围的士人、僧人群体相较于会稽世族群体山水观念的最重要的异处。慧远的思想与行为影响了他周围的人，谢灵运《庐山慧远法师诔》云："昔释安公振玄风于关右，法师嗣沫流于江左。闻风而说，四海同归。尔乃怀仁山林，隐居求志。于是众僧云集，勤修净行。同法，餐风，栖迟道门。"②雷次宗曾言"爰有山水之好，悟言之欢"③。宗炳"每游山水，往辄忘归。……乃下入庐山，就释慧远考寻文义。……好山水，爱远游，西陟荆、巫，南登衡、岳，因而结宇衡山，欲怀尚平之志。有疾还江陵，叹曰：'老疾俱至，名山恐难遍睹，唯当澄怀观道，卧以游之。'凡所游履，皆图之于室，谓人曰：'抚琴动操，欲令众山皆响。'"④如果说司马昱周围的士人群体将山水作为对象，那么在慧远这里，士人们以山水自托，山水生活就是他们精神世界的全部。

---

① （清）严可均辑：《全上古三代秦汉三国六朝文》，中华书局 1958 年版，第 2399 页。

② （清）严可均辑：《全上古三代秦汉三国六朝文》，中华书局 1958 年版，第 2619 页。

③ （梁）沈约：《宋书》，中华书局 1974 年版，第 2293 页。

④ （梁）沈约：《宋书》，中华书局 1974 年版，第 2278-2279 页。

二、慧远的佛学美学

慧远的佛学美学思想影响了他们对山水的态度，也进一步影响到这一群体的山水诗文创作风格。他的美学思想主要集中在对"形""神""情"的讨论之中。

(一) 形尽神不灭

慧远站在佛学的立场撰写了《形尽神不灭论》，他是为了论证佛学的涅槃境界是精神的永恒不灭的表现，肉体生命的死灭可以进入涅槃境界而获得真正的永生等观点，但也从哲学的角度探讨了重要的形神问题。

慧远强调神"精极而为灵者也"，它是没有图像、难以言传的。神可表见于形，前形若死，而神则可以暗传于后形，就如薪火相传一样。而正是"佛法"使得"神"得以由前形传入后形的："佛有自然神妙之法，化物以权，广随所入，或为灵仙转轮圣帝，或为卿相国师道士。若此之伦，在所变现。"①且佛决定把神之愚顽、圣明传与谁人，从而形成人之智、愚。慧远形神论主张神高于形，神可表见于形、传于形，"神"寄托、表现于"形"的观点。"前形"可以"传神"于"后形"，"后形"能够将"前形"之"神"印入自身；同时，"神"与"形"又是"相与为化""浑为一体"的。这与魏晋玄学强调理想人格本体的追求是一致的，在中国美学史上影响甚大。在东晋及其稍后的时期，文学理论和书画理论中形神关系一直是重要的话题。

慧远结合形神理论直接论述了佛教绘画和佛教雕塑。他在《襄阳丈六金像颂并序》中提到，怀想佛的仪容，可以将之化为心目中可见的形象，人们可以"拟状灵范""仪形神模"②，由佛像而得佛之本真，由形

① （清）严可均辑：《全上古三代秦汉三国六朝文》，中华书局 1958 年版，第2394 页。

② （清）严可均辑：《全上古三代秦汉三国六朝文》，中华书局 1958 年版，第2402 页。

而得神。在《万佛影铭》中他又针对佛教绘画进行了论述，认为世界万物的美是佛的精神的感性表现，美是"神"表现于"形"的结果，这种"神"是与人生苦难之解脱相关的微妙精神①。慧远美学观念中的"美"，既是感性的存在(形)，同时又是其内在的微妙精神性的东西(神)，是这二者的统一。

这些观点在一定程度上启示了顾恺之"传神写照""以形写神"的绘画理论的提出。南朝宋时的宗炳也继承了慧远的这种观念，在他的《画山水序》中提出"山水以形媚道""山水质有而趣灵""神本亡端，栖形感类，理入影迹"②等观念。这些都是在山水画论中对慧远美学思想的继承与发挥。

(二)"神""情"关系

慧远在《沙门不敬王者论》中关于"神""情"的关系也多有讨论：

> 化以情感，神以化传。情为化之母，神为情之根。情有会物之道，神有冥移之功。
> 生由化有，化以情感。
> 有情于化，感物而动，动必以情。
> 有灵则有情于化，无灵则无情于化。③

慧远认为，人的生命是万有之大化而来，而此种大化的根本推动力是"情"，大化是情之所感而形成的，人之有情，能以情感物，正是因

---

① 李泽厚、刘纲纪：《中国美学史》(魏晋南北朝编)，安徽文艺出版社1999年版，第336页。
② (清)严可均辑：《全上古三代秦汉三国六朝文》，中华书局1958年版，第2546页。
③ (清)严可均辑：《全上古三代秦汉三国六朝文》，中华书局1958年版，第2393-2395页。

为人有"灵"，亦即有"神"。"情"能感物，而引发生生之化，而"神"则可以随着生命的不断代谢更替由前形传给后形，因此"神"是依存于"形"的，也是依存于促使形化的"情"的。而"情"的存在正是以"神"为根本，无神则无情，无情则无化，如此则"神"便无法依存于前后相续的无限多的个体生命。

慧远的神情观深入细致地分析了人的生命存在与精神世界的关系，在精神解脱层面与审美及文艺创造产生联结和相通。特别是慧远神情观所衍伸的感应说，对于艺术创造与鉴赏中物我相感的体验和境界有深刻的影响。

《世说新语·文学》有："殷荆州曾问远公：'《易》以何为体?'答曰：'《易》以感为体。'殷曰：'铜山西崩，灵钟东应，便是《易》耶?'远公笑而不答。"[1]在魏晋前的古代思想史中常谈及"感"的问题。《周易》谈到"感"，《乐记》较早地将"感"应用在文艺领域，提出乐的产生是人心"感于物而动"[2]，乐的功用是"其感人深，其移风俗易"[3]。慧远论"感"，也将其适用在文艺创作领域中。他在《阿毗昙心序》中赞颂《阿毗昙心》中文辞之美时说道："其颂声也，拟象天乐，若灵籥自发，仪形群品，触物有寄。若乃一吟一咏，状鸟步兽行也；一弄一引，类乎物情也。情与类迁，则声随九变而成歌；气与数合，则音协律吕而俱作。拊之金石，则百兽率舞；奏之管弦，则人神同感，斯乃穷音声之妙会，极自然之象趣，不可胜言者矣。"[4]慧远谈到，颂声乃是"触物有寄"的，这些文辞、音乐，都状类万有，"情与类迁""气与数合"，方作

① （南朝宋）刘义庆著，（南朝梁）刘孝标注，余嘉锡笺疏，周祖谟、余淑宜、周士琦整理：《世说新语笺疏》，中华书局 2007 年版，第 284-285 页。

② （清）阮元校刻：《十三经注疏·礼记注疏》，中华书局 1980 年版，第 2527 页。

③ （清）王先谦撰，沈啸寰、王星贤点校：《荀子集解》，中华书局 1988 年版，第 381 页。

④ （清）严可均辑：《全上古三代秦汉三国六朝文》，中华书局 1958 年版，第 2399 页。

歌声。文学音乐的创作是情感于物的结果，而文学音乐的欣赏也是由于"人神同感"方才能极尽其中之妙趣的。

与慧远这一思想有关，宗炳在《画山水序》中强调："夫以应目会心为理者，类之成巧，则目亦同应，心亦俱会，应会感神，神超理得。"①刘勰在《文心雕龙·物色》中说："情以物迁，辞以情发。"②《明诗》篇有"人禀七情，应物斯感，感物吟志，莫非自然。"③这些观点都是神情观与感应说在文艺理论领域的延续。

三、以慧远为中心的群体的"清淡"诗风

以慧远为中心的文人群体，诗作、韵文、诗论等遗世者不多，除慧远、王齐之以及诸沙弥的佛诗、法赞之外，要数庐山之游中的山水诗最为吸引人。受到慧远佛学美学思想的影响，这一群体所作之山水诗呈现出重形托兴、空灵变幻的风格特征。

（一）重形托兴

秉持着形尽神不灭的思想，慧远对于文艺的态度同样寄托着相应的形神观点。由于"神"表现于"形"，"形"是"神"的感性形式，因此他对于"形"是颇为重视的；一方面，"形"的感性形式是美的，另一方面"形"还需要具有托兴畅神的内蕴。于是他在《与隐士刘遗民等书》中就说："若染翰缀文，可托兴于此，虽言生于不足，然非言无以畅一诣之感。"④慧远首先重视语言文字在弘法中的作用，"染翰缀文"是"兴"的寄托之资。《大智论钞序》亦云："文藻之士犹以为繁，咸累于博，罕既

---

① （清）严可均辑：《全上古三代秦汉三国六朝文》，中华书局 1958 年版，第 2546 页。
② （南朝梁）刘勰著，范文澜注：《文心雕龙注》，人民文学出版社 1958 年版，第 693 页。
③ （南朝梁）刘勰著，范文澜注：《文心雕龙注》，人民文学出版社 1958 年版，第 65 页。
④ （清）严可均辑：《全上古三代秦汉三国六朝文》，中华书局 1958 年版，第 2390 页。

其实，譬大羹不和，虽味非珍，神珠内映，虽宝非用。信言不美，固有自来矣。"①适当注重文藻趣味，也是弘教的必要策略。同时这也是慧远的重形的文学旨趣。

在慧远的山水诗文创作中，亦寄意玄远。他在《庐山诸道人游石门诗》序中谈道："乃悟幽人之玄览，达恒物之大情，其为神趣，岂山水而已哉。"②正是其形神论思想在山水游览中的具体体现。自然山水之美，在于它体现了佛性、佛理，因此游历山水、对山水进行审美欣赏，可以体悟佛理。序中说石门"清泉分流而合注，渌渊镜净于天池。文石发彩，焕若披面。柽松芳草，蔚然光目。其为神丽，亦已备矣"，游石门能够"虽仿佛犹闻，而神以之畅，虽乐不期欢，而欣以永日"，获得"神趣"③。慧远对待山水的态度从"神丽"一词即可见之，"神"是山水内蕴的佛理，"丽"则是它展现出来的感性形象，在这神丽山水中游览，本身就是一个体道悟理的过程。

慧远在《庐山诸道人游石门诗》曰："超兴非有本，理感兴自生。忽闻石门游，奇唱发幽情。褰裳思云驾，望崖想曾城。驰步乘长岩，不觉质有轻。矫首登灵阙，眇若凌太清。端坐运虚论，转彼玄中经。神仙同物化，未若两俱冥。"④慧远写山水，重在写山水游览的过程，相较于描摹具体的山水形象而言，慧远更多关注的是人进行山水游览的具体过程，这个过程同时也是一个悟理的过程。这首诗首四句正指明了山水游览过程中物我的关系，即我意欲从山水之形象中获得感兴、发起幽情。接下来所写的"思""想""乘""登""凌"等思想与动作行为，皆是与游山中悟理的过程，最后达到"神仙同物化，未若两俱冥"的境界。沈德潜《古诗源》卷九称："一序奇情深理，发而为文。无禅习气，亦无文士

---

① （清）严可均辑：《全上古三代秦汉三国六朝文》，中华书局 1958 年版，第 2401 页。

② 逯钦立辑校：《先秦汉魏晋南北朝诗》，中华书局 1983 年版，第 1086 页。

③ 逯钦立辑校：《先秦汉魏晋南北朝诗》，中华书局 1983 年版，第 1086 页。

④ 逯钦立辑校：《先秦汉魏晋南北朝诗》，中华书局 1983 年版，第 1086 页。

气。诗复清洒不滓。"①正是因此兴寄而使得所见之山水获得内在的"神"。诗文中有奇情深理，而呈现出清洒不滓的风格。慧远的《庐山东林杂诗》中也同样描写了游庐山的过程："崇岩吐清气，幽岫栖神迹。希声奏群籁，响出山溜滴。有客独冥游，径然忘所适。挥手抚云门，灵关安足辟。流心叩玄扃，感至理弗隔。孰是腾九霄，不奋冲天翮。妙同趣自均，一悟超三益。"②其中以"云门""灵关""玄扃"来比喻悟理的种种障碍，又以"抚""辟""叩"等游览动作比喻克服障碍的过程。袁行霈评之曰："诗风浑厚，在景物描写中寄寓了玄心。"③此"浑厚"从何而得，一方面来自游山悟道的过程艰难而深笃，另一方面则是诗中所寄之心玄远，带有人生、生命、佛法的庄重。而这种悟理的过程，在其《念佛三昧诗集序》中被描绘得十分细致："思专则志一不分，想寂则气虚神朗。气虚则智恬其照，神朗则无幽不彻。……是故靖恭闲宇，而感物通灵。"又云："是以奉法诸贤，咸思一揆之契。感寸阴之颓影，惧来储之未积。于是洗心法堂，整襟清向。夜分忘寝，夙宵惟勤。庶夫贞诣之功，以通三乘之志。临津济物，与九流而同往。仰援超步，拔茅之兴。俯引弱进，垂策其后。以此览众篇之挥翰，岂徒文咏而已哉！"④慧远细致地描述了整个审美的进行过程，在山水游览之中悟道，托兴于山水之形，挥翰为文咏之篇，才是完整的审美活动。

(二) 尚感应——山水诗文的空灵变幻

游山乃是悟理的过程，则山水之形在诗文中已然不复其客观之"形"了，而是更多地融入游览者的体验。慧远众人所作之山水诗歌，其中之"形"，因其畅神托兴而显现出空灵变幻的特点。

---

① （清）沈德潜：《古诗源》，中华书局 1963 年版，第 214 页。
② 逯钦立辑校：《先秦汉魏晋南北朝诗》，中华书局 1983 年版，第 1085 页。
③ 袁行霈：《陶渊明研究》，北京大学出版社 1997 年版，第 177 页。
④ （清）严可均辑：《全上古三代秦汉三国六朝文》，中华书局 1958 年版，第 2402 页。

《高僧传》记载："远创造精舍，洞尽山美，却负香炉之峰，傍带瀑布之壑，仍石垒基，即松栽构，清泉环阶，白云满室。复于寺内别置禅林，森树烟凝，石筵苔合。凡在瞻履，皆神清而气肃焉。"①慧远《庐山诸道人游石门诗序》中也说："斯日也，众情奔悦，瞩览无厌。游观未久，而天气屡变。霄雾尘集，则万象隐形；流光回照，则众山倒影。开阖之际，状有灵焉，而不可测也。"②清泉、白云、森树、石径都给人以神清气肃的感受，又有霄雾、万象、流光、倒影，这些意象更加虚灵。在他们的诗文中，描绘的对象多为此种天地往来之"清气"、群籁之"声"、山泉之"响"等虚灵空幻之物。诗风的空灵即来源于此。

首先，所绘山水之景空灵虚幻。如慧远《庐山东林杂诗》吟咏："崇岩吐清气，幽岫栖神迹。希声奏群籁，响出山溜滴。"③王乔之《奉和慧远游庐山诗》曰："众阜平寥廓，一岫独凌空。霄景凭岩落，清气与时雍。有标造神极，有客越其峰。长河濯茂楚，险雨列秋松。危步临绝冥，灵壑映万重。风泉调远气，遥响多嗜喁。遐丽既悠然，余眄觌九江。事属天人界，常闻清吹空。"④刘程之《奉和慧远游庐山诗》："冥冥玄谷里，响集自可闻。文峰无旷秀，交岭有通云。"⑤相较于王羲之等人的兰亭诗描写景物的生机风华，慧远等人的诗文所绘之景带有缥缈虚灵的特质，这与当时盛行的玄学气质也紧密相关。后来唐时的诸多言说禅宗秘密的诗句已经退去玄学气质而落入日常生活，也与这时的"以佛对山水"的观念不同，其诗风之空灵更加圆融。

其次，山水景色变幻莫测。这一方面由于自然山水本身的特性导致

---

① （梁）释慧皎撰，汤用彤校注，汤一玄整理：《高僧传》，中华书局1992年版，第212页。
② 逯钦立辑校：《先秦汉魏晋南北朝诗》，中华书局1983年版，第1086页。
③ 逯钦立辑校：《先秦汉魏晋南北朝诗》，中华书局1983年版，第1085页。
④ 逯钦立辑校：《先秦汉魏晋南北朝诗》，中华书局1983年版，第938页。
⑤ 逯钦立辑校：《先秦汉魏晋南北朝诗》，中华书局1983年版，第937页。

此种不确定性，另一方面则源于其中所蕴含的精微之神理。慧远在《庐山记》中写道："天将雨，则有白气先抟，而缨络于山岭下。及至触石吐云，则倏忽而集。或大风振岩，逸响动谷，群籁竞奏，其声骇人，此其化不可测者矣。……百余仞中，云气映天，望之若山，有云雾焉。……既至则踞其峰，良久乃与云气俱灭，此似得道者。当时能文之士，咸为之异。"①其下有诸多变幻之景象，文多不载。在《游山记》中亦有："傍有盘崖纡回，壁立千仞。翠林被崖，万籁齐响。遗音在岫，若绝而有闻。靖寻所由，似境穷其邃，器深其量故也。"②山水如神理，变化莫测，体悟山水之道亦艰难多舛，更加不可器量。

可以说，在慧远影响下的文士群体对于山水的不同观照方式使得他们的山水诗呈现出来重形托兴的特点，因重形而对清景的描写较多，由兴寄而至玄远虚灵。僧肇在《答刘遗民书》中云："威道人至，得君《念佛三昧咏》，并得远法师《三昧咏及序》。此作兴寄既高，辞致清婉，能文之士率称其美。……君与法师当数有文集，因来何少？"③慧远及其周围的文士群体所作诗文以情与景的清淡的风格而为当时能文之士所赞赏。

第三节 群体中的个体——陶渊明诗对"雅"与"清"的统一

太元六年(381)到义熙十二年(416)间，慧远在庐山广结名士，与陶渊明同为浔阳三隐的周续之、刘遗民都入庐山师事慧远，陶渊明也与周、刘有往来赠答。虽历来史料记载中无切实证据表明慧远与陶

---

① （清）严可均辑：《全上古三代秦汉三国六朝文》，中华书局 1958 年版，第 2398-2399 页。

② （清）慧远著，张景岗点校：《庐山慧远大师文集》，九州出版社 2014 年版，第 36 页。

③ （清）严可均辑：《全上古三代秦汉三国六朝文》，中华书局 1958 年版，第 2410 页。

渊明相交①，但慧远广结名士，陶渊明结庐山下，二者又有共同的友人，因此他们或是有过交往的。

但陶渊明同慧远及佛教始终保持着距离，特别是在人生态度上，陶渊明有自己卓然的见识。陶渊明深切体会过人生之艰，但他长于从现实人生中寻找乐趣，不期望来世，不胶固于生死，能够做到"聊乘化以归尽，乐夫天命复奚疑"（《归去来兮辞》)②，顺遂化迁。这与慧远的"知生生由于秉化，不顺化以求宗"（《沙门不敬王者论·出家二》)③是不一样的。而在形神观念上，陶渊明也不赞同慧远。陶诗《形影神》有："立善常所欣，谁当为汝誉？甚念伤吾生，正宜委运去。纵浪大化中，不喜亦不惧。应尽便须尽，无复独多虑。"④他轻松破除了形尽神不灭论的信仰。陶渊明与慧远的距离由其自身的哲学思考使然，这也使得陶渊明与慧远及其文士群体呈现出不同的风格。

一、陶渊明的家族群体与政治遭际

陶渊明，又名潜，字元亮，号五柳先生，私谥靖节。东晋废帝太和四年(269)出生于寻阳柴桑，就在庐山北麓，离东林寺不远。

---

① 袁行霈《陶渊明研究》列举了以下数例：1.《莲社高贤传》记载："时远法师与诸贤结莲社，以书招渊明，渊明曰：'若许饮则往。'许之，遂造焉。忽攒眉而去。"2. 唐释贯休《再游东林寺作五首》其四自注："远公高节，食后不饮蜜水，而将诗博绿醅与陶潜，别人不得。"3. 宋黄庭坚《戏效禅月作远公咏》："邀陶渊明把酒碗，送陆修静过虎溪。胸次九流清似镜，人间万事醉如泥。"4. 陈舜俞《庐山记》："流泉匝寺下，入虎溪，昔远师送客过此，虎辄鸣号，故名焉。陶元亮居栗里，山南陆修静亦有道之士，远师尝送此二人，与语合道，不觉过之，因相与大笑。今世传三笑图，盖起于此。"袁行霈：《陶渊明研究》，北京大学出版社 1997 年版，第 171-172 页。

② (晋)陶渊明著，逯钦立校注：《陶渊明集》，中华书局 1979 年版，第 162 页。

③ (清)严可均辑：《全上古三代秦汉三国六朝文》，中华书局 1958 年版，第 2393 页。

④ (晋)陶渊明著，逯钦立校注：《陶渊明集》，中华书局 1979 年版，第 37 页。

    陶氏家族中对陶渊明影响较大的两位，一是他的曾祖父陶侃，一是他的外祖父孟嘉。陶侃出身寒素，家境贫寒，伏波将军孙秀引之为舍人，后平定苏峻之乱，官至都督八州军事，荆、江二州刺史，封长沙郡公。《世说新语·政事》注引《晋阳秋》载，陶侃以为"《老》《庄》浮华，非先王之法言而不敢行。君子当正其衣冠，摄以威仪，何有乱头养望，自谓宏达邪"①。陶侃性检厉，陶渊明或承其家教，自异于当时之风会。陶渊明的父亲陶敏(一曰陶逸)"淡焉虚止。寄迹风云，冥兹愠喜"(《命子诗》)②。大约在陶渊明十二岁时，陶父去世。陶母孟氏，乃孟嘉第四女。孟氏于隆安五年(401)冬去世，当时陶渊明在荆州为桓玄幕僚。因为母丧，陶渊明从江陵回柴桑奔丧，离开了桓玄集团。陶渊明的堂叔伯陶淡是一位隐士："幼孤，好导养之术，谓仙道可祈。年十五六，便服食绝谷，不婚娶。家累千金，僮客百数，淡终日端拱，曾不营问。颇好读《易》善卜筮。于长沙临湘山中结庐居之，养一白鹿以自偶。亲故有候之者，辄移渡涧水，莫得近之。州举秀才，淡闻，遂转逃罗县埠山中，终身不返，莫知所终。"③

    陶渊明的外祖父孟嘉是东晋时期的名士，庾亮在江州时曾辟其为庐陵从事，转劝学从事。《世说新语·识鉴》载："武昌孟嘉作庾太尉州从事，已知名。褚太傅有知人鉴，罢豫章还，过武昌，问庾曰：'闻孟从事佳，今在此不?'庾云：'卿自求之。'褚昕睐良久，指嘉曰：'此君小异，得无是乎?'庾大笑曰：'然!'于时既叹褚之默识，又欣嘉之见赏。"④孟嘉为庾亮从事，在一次正旦大会中，褚裒从众人中识得孟嘉。

---

① (南朝宋)刘义庆著，(南朝梁)刘孝标注，余嘉锡笺疏，周祖谟、余淑宜、周士琦整理：《世说新语笺疏》，中华书局 2007 年版，第 212 页。
② (晋)陶渊明著，逯钦立校注：《陶渊明集》，中华书局 1979 年版，第 28 页。
③ (唐)房玄龄等：《晋书》，中华书局 1974 年版，第 2460 页。
④ (南朝宋)刘义庆著，(南朝梁)刘孝标注，余嘉锡笺疏，周祖谟、余淑宜、周士琦整理：《世说新语笺疏》，中华书局 2007 年版，第 473 页。

后来转为桓温参军，颇被重用①。孟嘉嗜酒，"冲漠有远量""未尝有喜愠之容"。他的政治思想、审美趣味对陶渊明的影响甚大。《世说新语·识鉴》刘孝标注引《嘉别传》载：

> 九月九日(桓)温游龙山，参僚毕集。时佐史并著戎服，风吹嘉帽堕落，温戒左右勿言，以观其举止。嘉初不觉，良久如厕，命取还之。令孙盛作文嘲之，成，箸嘉坐。嘉还即答，四坐嗟叹。
>
> 嘉喜酣畅，愈多不乱。温问："酒有何好，而卿嗜之?"嘉曰："明公未得酒中趣尔。"又问："听伎，丝不如竹，竹不如肉，何也?"答曰："渐近自然。"②

孟嘉善酣饮，陶渊明亦嗜酒，且同样"愈多不乱"，陶渊明亦在酒中"任怀得意，融然远寄"③，发出"试酌百情远，重觞忽忘天。天岂去此哉！任真无所先"的喟叹④，此中"任真"或正是孟嘉所言酒中之"趣"。孟嘉"龙山落帽"，却能够优游容与；好音乐而崇尚自然，也是其风度的具体表现。孟嘉与高士许询也"雅相知得"⑤，许询的五言诗"妙绝时人"，应该也会对陶渊明产生过一定的影响。孟嘉的弟弟孟陋也是一位隐士，《晋书》中有传曰："陋少而贞立，清操绝伦，布衣蔬食，以文籍自娱。口不及世事，未曾交游，时或弋钓，孤兴独往，虽家

---

① (唐)房玄龄等：《晋书》，中华书局1974年版，第2581页。
② (南朝宋)刘义庆著，(南朝梁)刘孝标注，余嘉锡笺疏，周祖谟、余淑宜、周士琦整理：《世说新语笺疏》，中华书局2007年版，第473-474页。
③ (晋)陶渊明著，逯钦立校注：《陶渊明集》，中华书局1979年版，第171页。
④ (晋)陶渊明著，逯钦立校注：《陶渊明集》，中华书局1979年版，第55页。
⑤ (晋)陶渊明著，逯钦立校注：《陶渊明集》，中华书局1979年版，第170页。

人亦不知其所之也。……博学多通，长于《三礼》。注《论语》，行于世。"①

陶渊明娶过两任妻子，前妻未详，后妻翟氏出身于寻阳著名的隐士世家。《晋书》卷九十四《翟汤传》载："翟汤，字道深，寻阳人。笃行纯素，仁让廉洁，不屑世事，耕而后食，人有馈赠，虽釜庾一无所受。"②翟汤先后受到王导、庾亮的推荐，晋成帝、康帝屡次征召，都辞而不就。翟汤之子翟庄，有父风，"少以孝友著名，遵汤之操，不交人物，耕而后食，语不及俗，惟以弋钓为事"③。翟庄子翟矫，亦有高操，世有隐行。矫子翟法赐，也是一位隐士。翟法赐和陶渊明同时，陶妻翟氏或是翟法赐的女儿辈④。翟氏秉承了先代的隐德，能够与陶渊明志趣相同。与翟汤一起隐居寻阳的还有周邵。周邵出自汝南周氏，或是寻阳侯周访的后代。周邵与翟汤异趣，最后在庾亮的劝说下出仕。而周、陶两家是世交，陶渊明曾有诗《诸人共游周家墓柏下》，当是与家人和周氏子弟同游。其诗下陶澍注曰："《晋书·周访传》：陶侃微时，丁艰，将葬，家中忽失牛，遇一老父谓曰，前冈见一牛，眠山污中，其地若葬，位极人臣矣。又指一山云，此亦其次，当出二千石。侃以所指别山与访，访父死葬焉。果为刺史。"⑤周邵出仕，亦仕至将军二千石。陶渊明诗中所游，或即访家墓地。此外，还有南阳隐士刘骥之，"好游山泽，志存遁逸。尝采药至衡山，深入忘反，见有一涧水，水南有二石囷，一囷闭，一囷开，水深广不得过。欲还，失道，遇伐弓人，问径，仅得还家。或说囷中皆仙灵方药诸杂物，骥之欲更寻索，终不复知处也"⑥，他正是陶渊明《桃花源记》中的刘子骥。

---

① （唐）房玄龄等：《晋书》，中华书局 1974 年版，第 2442-2443 页。。
② （唐）房玄龄等：《晋书》，中华书局 1974 年版，第 2445 页。
③ （唐）房玄龄等：《晋书》，中华书局 1974 年版，第 2445 页。
④ 李长之：《陶渊明传论》，天津人民出版社 2015 年版，第 28 页。
⑤ （晋）陶渊明著，逯钦立校注：《陶渊明集》，中华书局 1979 年版，第 49 页。
⑥ （唐）房玄龄等：《晋书》，中华书局 1974 年版，第 2448 页。

从陶侃、孟嘉的个性特征以及陶氏孟氏家族的隐逸群体来看，陶渊明在这样的家族群体中成长，必然会受到儒玄的双重影响，其性情、诗文中亦表现出亦儒亦玄的特征。

一般认为，陶渊明的仕途经历大约有这样的五次。他大约在二十七八岁的时候初仕为江州祭酒，但是他却不堪吏职，没过几天就回家了。大约在隆安三年(399)十二月入桓玄幕府，此时桓玄都督八州军事，兼荆州、江州刺史。晋安帝隆安五年(401)时，陶渊明休假期满，从寻阳赴江陵任职，作《辛丑岁七月赴假还江陵夜行涂口》一诗。本年冬，陶母孟夫人去世，陶渊明归寻阳居忧。经过两年多的服阙守丧，陶渊明于晋安帝元兴三年(404)四五月间出为镇军将军刘裕参军。义熙元年(405)，陶渊明又作建威将军刘敬宣参军，不久后，他离开建威幕府，数月之后又求为彭泽令，直至他最后归隐。

二、陶渊明的出仕与"风雅"

陶渊明出仕的缘由，一是来自生活的无奈。他的《饮酒》其十九中说："畴昔苦长饥，投耒去学仕。"①《归去来兮辞》序文中也写道："余家贫，耕植不足以自给。幼稚盈室，瓶无储粟，生生所资，未见其术。亲故多劝余为长吏，脱然有怀，求之靡途。会有四方之事，诸侯以惠爱为德，家叔以余贫苦，遂见用为小邑。"②《宋书》卷九十三《陶潜传》中称"亲老家贫，起为州祭酒"③，当时陶渊明二十六七岁，母老子幼，出仕成了最实际的解决贫困的方法。他出任彭泽令时，他的五个孩子中最大的十一二岁，最小的才四五岁，孩子嗷嗷待哺，却"瓶无储粟"，窘迫得只好去做彭泽令。

---

① (晋)陶渊明著，逯钦立校注：《陶渊明集》，中华书局 1979 年版，第 98 页。

② (晋)陶渊明著，逯钦立校注：《陶渊明集》，中华书局 1979 年版，第 159 页。

③ (梁)沈约：《宋书》，中华书局 1974 年版，第 2287 页。

二是与他在青年时期受到的儒家思想的影响有关。他早年广泛涉猎儒家经典，"师圣人之遗书"①，建立起闻道、为学、从政、立功的志向，意欲施展宏图、以济苍生。他说道："先师有遗训，忧道不忧贫"②，"朝与仁义生，夕死复何求"③，"周生述孔业，祖谢响然臻"④。同时，陶渊明对于自己家族的认同与恭敬，也激起他从政的热情。他在文章中铺陈祖先的功业，同时期望自己的后辈能够光大家族荣耀，带有非常浓厚的政治热情和光耀家族门楣的愿望。

陶渊明诗歌中的"风雅"，正是由这种人格与理想所带来的豪侠之气。萧统《陶渊明集序》中就称赞陶渊明"其文章不群，辞彩精拔，跌宕昭彰，独超众类，抑扬爽朗，莫之与京。横素波而傍流，干青云而直上。语时事则指而可想，论怀抱则旷而且真。加以贞志不休，安道苦节，不以躬耕为耻，不以无财为病，自非大贤笃志，与道污隆，孰能如此乎?"⑤陶渊明诗气盛格高，兼包儒道。唐宋人更是推重其气节，颜真卿、韩愈、黄庭坚、卢挚等都称颂陶渊明忠于晋朝，有建功立业之用心而用力不及，将陶渊明比作张良、诸葛亮。在陶渊明的诗文中，《咏荆轲》《桃花源记》等都透露出他的"感愤之怀"。《咏荆轲》曰：

> 燕丹善养士，志在报强嬴。招集百夫良，岁暮得荆卿。君子死知己，提剑出燕京；素骥鸣广陌，慷慨送我行。雄发指危冠，猛气冲长缨。饮饯易水上，四座列群英。渐离击悲筑，宋意唱高声。萧

---

① （晋）陶渊明著，逯钦立校注：《陶渊明集》，中华书局 1979 年版，第 147 页。

② （晋）陶渊明著，逯钦立校注：《陶渊明集》，中华书局 1979 年版，第 77 页。

③ （晋）陶渊明著，逯钦立校注：《陶渊明集》，中华书局 1979 年版，第 125 页。

④ （晋）陶渊明著，逯钦立校注：《陶渊明集》，中华书局 1979 年版，第 46 页。

⑤ （清）严可均辑：《全上古三代秦汉三国六朝文》，中华书局 1958 年版，第 3067 页。

萧哀风逝，淡淡寒波生。商音更流涕，羽奏壮士惊。心知去不归，且有后世名。登车何时顾，飞盖入秦庭。凌厉越万里，逶迤过千城。图穷事自至，豪主正怔营。惜哉剑术疏，奇功遂不成！其人虽已没，千载有余情。①

这是陶渊明发思古之幽情以言说现实的一首诗。我们跳脱出诗人到底是否"忠晋报宋"的具体现实来看，其实陶渊明所言说的是他在现实社会中的一种豪放与狭义的志趣。诗人一生"猛志"，有疾恶除暴、舍身济世之心，诗作中也闪耀着这种精神与理想的光芒，形成它的艺术品格。陶渊明的这种志趣与性格，使得他的一些诗作表现出来慷慨之气，让人心生惜慕，形成一种抟挞有力、慷慨振起的诗风。

但另一方面，我们又很难在陶渊明诗文中的慷慨之气中寻到一点点悲苦与哀怨，这也与他玄儒融通的思想有关，亦即他文学风格之中用以补动之静。

三、陶渊明的归隐与"清淡"

陶渊明初仕州祭酒，乃出于生活所迫，但他不久便"不堪吏职，少日，自解归"②，在柴桑隐居，朝廷曾经三次征召其担任州主簿，但他都未起。后来陶渊明在桓玄幕下任了两年僚佐，因为母亲去世而居忧，两年后再为刘裕镇军参军，次年转为建威将军刘敬宣参军，同年转彭泽令，随后弃官归里，不再出仕。陶渊明与其周围的隐士群体一样，过着相对简陋、须躬亲从事农耕劳作的生活。他本性恬静，但亦怀有建功立业大济苍生的壮志，在混乱的政治中积极尝试，知其已不可为，于是毅然归隐。归隐后的陶渊明多与农家野老、能文隐士等相交，农家野老给他以最真诚质朴的农家生活气息，而他与一些能文之士的交游也成为他

① （晋）陶渊明著，逯钦立校注：《陶渊明集》，中华书局 1979 年版，第 131 页。

② （梁）沈约：《宋书》，中华书局 1974 年版，第 2287 页。

的归隐生活中的一部分。

（一）与湛方生相近的风格

徐公持在《魏晋文学史》中评论道："在东晋末这一中国诗歌发展重要转折时期，（湛方生）是一位具有关键意义的人物。""其诗既有山水之美，又有田园之趣，实又开谢灵运山水诗及陶渊明田园诗之先河。"并认为"湛方生为东晋文学事实上的'结束者'……湛方生又是东晋文学与陶渊明之间的过渡者，在他的为人行止及文学创作中，可以明显地看到既有东晋时代的余绪，亦有陶渊明精神和文学之先机。有了湛方生，陶渊明之出现就不再是突发的、偶然的。"①袁行霈称"陶渊明是魏晋古朴诗歌的集大成者，魏晋诗歌在他那里达到了高峰"②。陶渊明之后，便是谢灵运开启了南朝诗歌的新风，所谓"体制一变，便觉声色俱开"③。在东晋末年及晋宋之际诗风的承继上，湛方生与陶渊明的联系是较为紧密的。虽没有明确的史料记载，但陶渊明诗歌风格或受到湛方生及其所代表的隐士群体的启示。

湛方生生活的年代大约与陶渊明同时，他活动的地理范围也与陶渊明相近。《隋书》卷三十五《经籍志四》著录曰："晋卫军咨议《湛方生集》十卷，录一卷。"④他留下来的诗歌今存十二首，诗风平易流畅、挺拔自然，充满了田园情趣、怀归、感士不遇的情绪。我们可以简单对照二者的诗文，看到其中相近的生活内容与情趣。

湛方生诗	陶渊明诗
解缨复褐，辞朝归薮。（《后斋诗》）	久在樊笼里，复得返自然。（《归园田居》其一）
门不容轩，宅不盈亩。（《后斋诗》）	方宅十余亩，草屋八九间。（《归园田居》其一）

① 徐公持编著：《魏晋文学史》，人民文学出版社 1999 年版，第 554-556 页。
② 袁行霈：《陶渊明研究》，北京大学出版社 1997 年版，第 162 页。
③ （明）陆时雍撰，李子广评注：《诗境总论》，中华书局 2014 年版，第 58 页。
④ （唐）魏徵、令狐德棻：《隋书》，中华书局 1973 年版，第 1070 页。

续表

湛方生诗	陶渊明诗
抚我子侄，携我亲友。(《后斋诗》)	试携子侄辈，披榛步荒墟。(《归园田居》其四)
茹彼园蔬，饮此春酒。(《后斋诗》)	欢然酌春酒，摘我园中蔬。(《读山海经》其一)
茜茜嘉苗，离离阶侧。弱叶繁蔚，圆株疏植。清流津根，轻露濯色。(《庭前植稻苗赞》)	平畴交远风，良苗亦怀新。(《癸卯岁始春怀古田舍二首》其二)

　　湛方生在意象选择、情思寄托等方面都与陶渊明相通。从他们描写集体交游活动的诗作来看，他们应当都参与了当时江州隐士群体的郊游活动并进行诗文创作。陶渊明的《游斜川》《诸人共游周家墓柏下》正是描述了此类活动。陶渊明与乡里和友人共游，本身就赋予了他们文学活动的自由性质，也更利于参加者对宇宙人生的真切感受。《游斜川》曰："开岁倏五十，吾生行归休。念之动中怀，及辰为兹游。气和天惟澄，班坐依远流。弱湍驰文鲂，闲谷矫鸣鸥。迥泽散游目，缅然睇曾丘。虽微九重秀，顾瞻无匹俦。提壶接宾侣，引满更献酬，未知从今去，当复如此不？中觞纵遥情，忘彼千载忧。且极今朝乐，明日非所求。"①这是一次与乡里一起参加的春日郊游活动。相较于前文所提及的司马昱士人群体与慧远隐士群体的山水游历诗而言，陶渊明诗表现出了完全不同的山水观照模式。首先，他关注到了人的生命在宇宙大化中的渺小短暂。尽管精神境界上可以获得愉悦，这种愉悦是超越性的、永恒的，但生命终究要回归空无，对于年过半百的生命而言，诗人感受到这种回归已不期而至，并产生惊警与感慨。其次，目之所及的自然到处洋溢着生机，并非虚幻，而是真真切切的存在，能够见之、听之、触之的；再次，众人欣然欢饮。诗中不独写个人，亦不专研内心，而是描绘出一幅日常生

---

　　① （晋）陶渊明著，逯钦立校注：《陶渊明集》，中华书局1979年版，第44-45页。

活的美。最后，诗人的旷达胸怀。他并未陷入纯粹的思理妙想的精神境界，也不唱"今朝有酒今朝醉"的颓废之歌，而是意气高昂而又超脱地说道："中觞纵遥情，忘彼千载忧。"

《诸人共游周家墓柏下》诗曰："今日天气佳，清吹与鸣弹。感彼柏下人，安得不为欢。清歌散新声，绿酒开芳颜。未知明日事，余襟良已殚。"陶澍据《晋书·周访传》注云："周、陶世婚，此所游或即访家墓也。"①在周家家墓交游，当是周家后代及亲朋好友。此外，《晋书》卷九十四《陶潜传》记载："既绝州郡觌谒，其乡亲张野及周旋人羊松龄、宠遵等或有酒要之，或要之共至酒坐，虽不识主人，亦欣然无忤，酣醉便反。未尝有所造诣，所之唯至田舍及庐山游观而已。"②陶渊明与他周围的能文之士共同游处，在一定程度上会受到这一群体的创作个性的影响。从湛方生的诗歌风格来看，陶渊明的诗并非是异军突起。但陶渊明诗的艺术魅力则是当时最为突出的，他是在艺术和人生上高度统一的诗人。

（二）由生活趣味而致诗文之醇美自然

陶渊明的隐逸趣味表现在他对自然的崇尚，他在田园生活中追寻着人的本性，从罗网樊笼中回到自然而然的状态，获得自由。他的《归园田居》其一、《饮酒》其五都是描写的这种生活体验。他的思想、生活、为人的"自然"也转变为一种艺术品格，反映在他的诗歌当中。我们称他的诗"清淡"，正是表现为这种自然和醇美。

他的创作态度是自然的，写诗无心于非誉巧拙，旷达而真挚。因此他在《五柳先生传》中说："尝著文章自娱，颇示己志，忘怀得失。"③

① （晋）陶渊明著，逯钦立校注：《陶渊明集》，中华书局1979年版，第49页。
② （唐）房玄龄等：《晋书》，中华书局1974年版，第2462页。
③ （唐）房玄龄等：《晋书》，中华书局1974年版，第2460-2461页。

《饮酒》小序说："既醉之后,辄题数句自娱。"①这种自娱的主张也影响了南朝士人的文艺价值论。在此基础上,陶渊明文学风格中的"自然"受到历来批评家的称赞。萧统称："语时事则指而可想,论怀抱则旷而且真。"(《陶渊明集序》)②朱熹认为"渊明诗所以为高,正在不待安排,胸中自然流出。"(陶澍《诸本评陶汇集》)③施德操说："渊明随其所见,指点成诗,见花即道花,遇竹则说竹,更无一毫作为。"(《北窗炙輠录》)④。陶渊明是一位自然诗人,他的诗的清淡来自于此。

首先,由于陶渊明对日常生活的感悟与挚爱,使得他的诗文中总是充满着生活的趣味。陶渊明的出仕与归隐都带有对生活的最真挚的热爱。陶渊明父亲的早逝,使得家道中落,随后他的五个孩子相继出世,家庭情况更加贫困。三十岁时,他又遭丧妻。但所幸的是,他的后妻翟氏与他志趣相投,坚定了他固穷守节之志。苏轼在《东坡题跋·书李简夫诗集后》中赞其"欲仕则仕,不以求之为嫌;欲隐则隐,不以去之为高"⑤,这并不是任性肆意的心血来潮,而是真切地在过平常人的生活。朱光潜在《诗论》中说："他从幼到老,都以种田为恒业。他实实在在自己动手,不象一般隐士只是打'躬耕'的招牌。种田不能过活,他不惜出去做小官……他并非不重视廉洁与操守,可是不象一般隐者矫情立异、沾沾自喜那样讲廉洁与操守。他只求行吾心之所安,适可而止,不过激,也不声张。他很有儒家的精神。"⑥这与竹林名士中的嵇康阮籍等都有差异。陶渊明的乡邻野老,是与他交往最密切的人。他多次在诗文中提到与邻近农夫之间的往来与生活。在《移居》其二中说道："过门更

---

① (晋)陶渊明著,逯钦立校注:《陶渊明集》,中华书局 1979 年版,第 86 页。

② (清)严可均辑:《全上古三代秦汉三国六朝文》,中华书局 1958 年版,第 3067 页。

③ (清)陶澍:《靖节先生集》卷十《诸本评陶汇集》,光绪癸未(1883)本。

④ (宋)施德操:《北窗炙輠录》卷下,文渊阁四库全书本。

⑤ 许伟东主编:《东坡题跋》,人民美术出版社 2008 年版,第 187 页。

⑥ 《朱光潜全集》第三卷,安徽教育出版社 1987 年版,第 261 页。

相呼，有酒斟酌之。农务各自归，闲暇辄相思；相思则披衣，言笑无厌时。"①这几句将陶渊明与邻里父老之间自然闲适的行为描绘得惟妙惟肖，颇有韵味。路过家门便互相打招呼，有酒的话还要被留下一起喝酒。农务繁忙时各自忙碌，闲暇之时便又互相思念起来。想见时直接披上衣服便去拜访，言谈笑语之间充满了浓厚的亲和之情，总觉得谈笑没有满足之时。这种淳朴的言谈之乐，也只有从田野老夫身上得来。钟惺评价陶诗《劝农》说到："即从作息勤厉中，写景观物，讨出一段快乐。高人性情，细民职业，不作二义看，惟真旷远人知之。"（《古诗归》）②陶渊明将"高人性情"与"细民职业"同一，发现其中之趣味，讨出一段快乐。

其次，他的诗文中描写的物象皆出于日常生活，呈现出"自然"的特色。《归园田居》其五有："山涧清且浅，遇以濯吾足。漉我新熟酒，只鸡招近局。日入室中暗，荆薪代明烛。"③诗中并无奇特夸张的手法与华丽辞藻，全都明白如画。所选取的意象也往往都是生活之中最平常的事物，如山涧、新酒、只鸡、荆薪等，此外在其他诗文中还出现村舍、树木、平畴、豆苗等，皆是随其所见的日常生活事物，极平常、极简朴。

再次，他在日常生活中寄寓了自然真旷的心境，这是其诗文艺术品格的基础。他的《劝农》中有："孔耽道德，樊须是鄙；董乐琴书，田园弗履。若能超然，投迹高轨，敢不敛衽，敬赞德美。"④陶诗中的醇美，一方面来自生活之趣，一方面来自哲理之趣。陶渊明在《归园田居》其

---

① （晋）陶渊明著，逯钦立校注：《陶渊明集》，中华书局1979年版，第57页。

② （明）钟惺、（明）谭元春选评，张国光等点校：《诗归·古诗归》，湖北人民出版社1985年版，第170页。

③ （晋）陶渊明著，逯钦立校注：《陶渊明集》，中华书局1979年版，第43页。

④ （晋）陶渊明著，逯钦立校注：《陶渊明集》，中华书局1979年版，第25页。

三中详细描绘了农耕劳作:"种豆南山下,草盛豆苗稀。晨兴理荒秽,带月荷锄归。道狭草木长,夕露沾我衣;衣沾不足惜,但使愿无违。"①整首诗中诗人仿佛是一个老农,早上出门劳作,月下荷锄而归。而这内里所蕴含着的,一方面是最切近现实生活的自然与真实,另一方面则又透露出一位智者、隐者的恬淡与超然。

就如苏轼称"渊明作诗不多,然其诗质而实绮,癯而实腴,自曹、刘、鲍、谢、李、杜诸人,皆莫及也"(苏辙《东坡先生和陶渊明诗引》)②,所谓绮者、腴者,正是在似淡而质的言语和意象之中深蕴有炽热的情感和超然的哲理,词直意婉,词淡意浓。他的诗文中的每一个生活片段,每一处田园风景都不只是它本身,而更多的是陶渊明所热爱的田园生活、宇宙自然和艺术人生。

鲁迅在《题未定草》之六中对陶渊明有比较全面的评价:"但在全集里,他却有时很摩登……就是诗,除论客所佩服的'悠然见南山'之外,也还有'精卫衔微木,将以填沧海,形天舞干戚,猛志固常在'之类的'金刚怒目'式,在证明着他并非整天整夜的飘飘然。这'猛志固常在'和'悠然见南山'的是一个人,倘有取舍,即非全人,更加抑扬,更离真实。"③鲁迅强调他在当时的政治风云中所表现出来的愿望,以及他的日常生活中的情趣。陶渊明的诗歌同样也因为这些因素而显得境界自然、余味醇厚。袁行霈评价陶渊明诗歌的语言,"达到了两个统一:平淡与醇美的统一;情趣与理趣的统一。这才是陶诗意味隽永、富于启示性的主要原因"④。陶诗语言"在平淡的外表下含蓄者炽热的感情和浓郁的生活气息"⑤,这也正是陶诗的动静之处,是"雅"与"清"的统一。

---

① (晋)陶渊明著,逯钦立校注:《陶渊明集》,中华书局 1979 年版,第 42 页。

② (宋)苏轼撰,(明)茅维编,孔凡礼点校:《苏轼文集》,中华书局 1986 年版,第 2515 页。

③ 鲁迅:《鲁迅全集》,人民文学出版社 2005 年版,第 436 页。

④ 袁行霈:《陶渊明研究》,北京大学出版社 1997 年版,第 166 页。

⑤ 袁行霈:《陶渊明研究》,北京大学出版社 1997 年版,第 167 页。

结　语

　　"雅"与"清"是中国古典美学史上的重要关键词，是历来士人人生与艺术的理想境界。它们的哲学基础奠定了其审美蕴含的基本倾向，并在每个时代特殊的环境影响下不断增添新的内容。在魏晋时期，"雅"与"清"在继承先秦时期儒道审美观念的基础上扩展了新的内涵。第一，"雅"扩展了其雅正格调与典范意义，"清"的本体论蕴涵被挖掘出来，逐渐境界化、审美化。第二，晋人的个性意识与群体意识不断发展，使得个人的器量识具、容止言辞、精神风度等备受关注，由此"雅"与"清"生成了相应的文学趣味，被赋予了丰富的文艺审美内涵。第三，"雅"与"清"实现了在人物综合评价、细节品目上的融通，进而在文学风格的品评中也展现出崇雅尚清的倾向。而两晋时期的诗文特征大体可以"雅"与"清"概之，在士人族群聚散流变的过程中，诗风由"雅"入"清"，在西晋时期，表现出雅正、玄雅、雅丽、雅壮等趋向于"清"的"雅"，东晋时期则形成清通、清远、清淡等颇具"雅"的"清"。

　　这种文学风格的演变与两晋时期士人族群密切相关。两晋时期的社会发展波谲云诡。从曹魏时期司马氏执掌大权开始，就已经为西晋的建立铺设道路，在这期间的屡次政局变动，使得一批批士人被涤荡在政治旋涡之中。西晋承平而继，在门阀士族制度的影响下，围绕在晋廷周围的士人族群产生了玄学与文学士人的分野，同时也是高门与寒门士人的分野。一部分寒门士人围绕在司马氏权力中心的周围，开始引领着西晋文坛的主潮。西晋前期即以张华为核心聚集了一批寒门士人，在中期时，文化活动比较集中地发生在以贾谧为核心的权门，围绕在他周围的二十四友等文士也有较为突出的文学活动。其中如陆机者，又突出地反映了个体与其所属之宗族群体、地域群体和政治群体之间的关系；以及不同于西晋时风的士人左思，也为西晋诗文风格增添了风力。而在西晋覆灭、衣冠南渡之时，士人群体几处于消散状态，直至东晋初建，士人重新聚拢。但这一时期的文学活动中，西晋时期赫赫的寒门士人群体已经不复存在了，东晋的玄学与文学合流，主要由高门贵游子弟掌握。零星的寒门士人皆依附于当时的政治核心人物。东晋荆扬之争拉开序幕之后，在中央政权周围，是高门大族士人如以王、谢为主的司马昱士人群体，而在方镇势力中，各类士人皆有，但大族士人多以方镇幕府掾为仕职跳板，而多向中央流动，如桓温士人群体中学术活动、文学活动的参与者多为寒士。这一时期士人在中央与方镇之间流动较为频繁。东晋后期，由于长期的政治斗争、农民起义和南北争斗，在不断的乱离之中，政权中心周围的士族文人消亡殆尽，其文学活动突出者以在野的隐士群体为主，加之当时佛学的盛行，社会思潮中的玄、儒、佛有不断合流的趋势，对于士人的文学活动也有很大的影响。

在政局的变动中，两晋时期的士人族群活动呈现出较为复杂的面貌，其文学活动也颇具特色，文士族群的风格不断演变。汉末魏以来，文章逐渐被提高到"经国之大业，不朽之盛事"①(《典论·论文》)的地位，沈约在《宋书》卷五十五《臧焘传》传论中说："自魏氏膺命，主爱雕虫，家弃章句，人重异术。"②世家大族亦皆以"累世有文才""爵位蝉联，文才相继"③而自豪。这一时期文学地位的提高与文学审美的独立，为文学风格的发展创造了较为有利的环境。西晋初期士人族群出现了玄文的分野，魏晋之交玄学新风兴起，一部分高门子弟以虚胜玄远为尚，

---

①　(清)严可均辑：《全上古三代秦汉三国六朝文》，中华书局 1958 年版，第 1098 页。

②　(梁)沈约：《宋书》，中华书局 1974 年版，第 1552 页。

③　(清)严可均辑：《全上古三代秦汉三国六朝文》，中华书局 1958 年版，第 3336 页。

玄学逐渐成为时代思潮的主流。而另一批寒门士人仍然修习儒学，且因仕进原因仍以文义经史为业，他们逐渐向中央和诸王的政治中心靠拢。西晋初年较为著名的文士傅玄、张华皆如此类。他们同为晋廷制造雅乐歌诗，颂美司马氏及其功业，诗风典正。晋初的皇室宴饮诗、文士酬答诗，皆有"雅正"风格。而傅玄入司马氏宠臣贾充一派，张华入贵戚任恺一派，同时，由于两人的出身、所学、所禀及其与玄学关系的差异，二人的诗风也呈现出不同。傅玄、子傅咸所作诗文更加典雅质正，张华诗文则颇具新风、工巧尚丽，奠定了晋诗风调。在他的影响下，西晋中期的一大批文士如陆机者继续推进了"雅丽"诗风。而在玄、文分野的大趋势之下，仍有少数玄学士人有突出的文学成就，如孙楚、王济二友在文学创作与评论中都表现出"玄雅"风格；还有一些文学士人吸纳玄风，在雅颂诗文的基础之上创作出清省之作。他们在一定程度上启引了东晋时期的文学风格。

西晋太康、元康时期，文坛上活跃的一个重要群体是贾谧二十四友，他们的文学活动一方面是围绕贾谧展开，发生在较为正式的场合，另一方面则是士人之间的游宴往来。其中不乏士人间的争竞之趣和颂美之意，其诗风是对"雅""丽"风格的承续与推进。二十四友中的陆机、潘岳是西晋文坛的典型代表，在士人族群的视角下，陆机尤为突出。陆机出身江东望族，家事儒学，吴平后赴洛入仕，有一南士乡人群体，亦与北人相交接，在张华、贾谧等核心人物周围活动，他的诗文始终蕴含着深厚的士族意识，表现出雅艳的风格。此外，还有寒门儒士左思，一生围绕着他的文学巨著《三都赋》进行交游，其诗文沉郁而又超逸，回归汉魏之风，开启了西晋中后期及两晋之交的乱离中士人的"雅壮"风格。

西晋末年八王混战，随之中朝倾覆，衣冠南渡。士人于战乱之中体味乱离之痛，心常有悲世之怀，北方士人刘琨、卢谌等多雅壮之风。同时东晋初建，出于政治的需要，士人在文学创作上赞颂新政权、表达收复北土、国家统一的愿望，出现了雅颂趣味的复归。但这种"克复神州"的心愿并没有持续很长时间，随着过江之后的政局稳定、经济恢复，北来士人多安于当下。东晋士人重新开始追寻自己的人生，士人在儒学与玄学的影响之下逐渐形成玄儒兼综的人格，在政治上出处同归，在精神上逍遥自适。这时王朝内部的中央与地方权力之争中，以庾亮与王导的对峙、桓温与司马昱的对峙最为突出。大部分士人都围绕在庾亮、桓温、司马昱周围，他们也成为士人族群进行文学活动的重要推手。庾亮是一位玄儒双修的人物，以儒学为基本，又具有玄学人格的魅力。当时的王胡之、谢安、庾翼等人都力求在诗文中表现出玄儒的调和，从而形成一种"清雅"的风格。这种清雅的风格延续到了司马昱士人群体和桓温士人群体。司马昱士人群体中的文学活动是东晋文学的主流。他们以高门大族子弟为主，善于清谈、流连山水，所作之玄言诗、山水诗都在一定程度上受到清谈活动与山水游赏的影响。在清谈活动中士人追求的是兼具简切与才藻、理趣与意气的审美，在诗文中即以内在的精神超越为整个作品最深层的意蕴，运用带有玄学趣味的言语和意象直接或间接地阐发玄理，诗风"清通"，形成一种高远风格与清婉之美。而在山水游赏中，士人俯仰以感物，在诗文中将玄理的概念世界与山水的艺术世界融合在一起，玄理意蕴之深远、自然意象之生机、语言声韵之和谐，在他们的山水诗中都突出地表现出来，完成了从西晋之"雅"到东晋之"清"的转变。在桓温士人群体中，士人受到时代风气的影响，诗作中充满"清雅"之辞趣。同时，桓温士人群体的文学活动多在桓温北伐行动中完成，士人的文学风格更带有言多梗概、情韵不匮的特点。

随着东晋后期战乱的频仍，士族势力摇荡，一些名门贵族逐渐在东晋末期衰灭，这一时期的文学活动较为活跃的群体是隐士群体。其中有以慧远为中心的隐士、僧人群体，在慧远佛学美学的影响下，其山水诗文更加注重感应，重形托兴，充满空灵变幻的美。同时，在隐士群体中出现了一位独特的个体陶渊明，成就了东晋文学的高峰。陶渊明的出仕与归隐的选择，他的儒学、玄学与佛学的思想倾向，他对生活的热爱、体味与执着，使他的诗文醇美而自然。他赋予了东晋诗风"清淡"以更深的内涵和更高的艺术品格。

　　两晋时期的文学风格，正是在文士族群的聚散、演变、发展之中形成了从"雅"到"清"的转变，经历了"雅颂""雅丽""雅壮""玄雅""清淡"等不同风格的发展，这些风格又在文士族群内部相互交织，在文士个体中复杂显现。到了南朝时期，逐渐发展为"清丽"的审美理想。

　　两晋时期族群的演变是一个动态复杂的发展过程，其文学风格亦呈现出多样化的特征，受到诸多因素的影响。除本书所涉及文化地理分区与世族文学、政治局面与权力中心的变动与群体文学活动、士人个体风格与群体风格之联系、士人的玄儒人格等方面之外，士人群体的历史意识、宗教趣味等，也对这一时期文学风格的塑造起着重要作用。此外，本书主要以诗歌作品为代表对文学风格进行了探讨，而文士的其他文体亦有其各自特点，且文士族群的文学风格与书法、绘画、雕塑艺术风格也关系密切，这些也都为下一步地深入研究提供了方向。

参 考 文 献

一、古籍

[1] (清)阮元校刻：《十三经注疏》，中华书局 1980 年版。

[2] (清)王夫之等撰，丁福保辑：《清诗话》，上海古籍出版社 2015 年版。

[3] (明)王夫之：《船山全书》，岳麓书社 2011 年版。

[4] (汉)司马迁撰，(宋)裴骃集解，(唐)司马贞索引，(唐)张守节正义：《史记》，中华书局 2014 年版。

[5] (汉)班固撰，(唐)颜师古注：《汉书》，中华书局 1962 年版。

[6] (南朝宋)范晔撰，(唐)李贤等注：《后汉书》，中华书局 1965 年版。

[7] (晋)陈寿撰，陈乃乾校点：《三国志》，中华书局 1959 年版。

[8] (晋)常璩：《华阳国志》，商务印书馆 1958 年版。

[9] (清)汤球辑，杨朝明校补：《九家旧晋书辑本》，中州古籍出版社 1991 年版。

[10] (唐)房玄龄等：《晋书》，中华书局 1974 年版。

[11] (梁)沈约：《宋书》，中华书局 1974 年版。

[12] (梁)萧子显：《南齐书》，中华书局 1972 年版。

[13] (唐)姚思廉：《梁书》，中华书局 1973 年版。

[14] (唐)李延寿：《南史》，中华书局 1975 年版。

[15] (南朝宋)刘义庆著，(南朝梁)刘孝标注，余嘉锡笺疏，周祖谟、余淑宜、周士琦整理：《世说新语笺疏》，中华书局 2007 年版。

[16] (南朝宋)刘义庆撰，(南朝梁)刘孝标注，朱铸禹汇校集注:《世说新语汇校集注》，上海古籍出版社 2002 年版。

[17] (南朝宋)刘义庆撰，(南朝梁)刘孝标注，龚斌校释:《世说新语校释》，上海古籍出版社 2011 年版。

[18] (魏)杨衒之撰，周祖谟校释:《洛阳伽蓝记校释》，中华书局 2010 年版。

[19] (唐)魏徵、令狐德棻:《隋书》，中华书局 1973 年版。

[20] (唐)杜佑:《通典》，中华书局 1984 年版。

[21] (宋)司马光编著，(元)胡三省音注:《资治通鉴》，中华书局 1956 年版。

[22] (清)章学诚撰，叶瑛校注:《文史通义校注》，中华书局 2014 年版。

[23] (清)王鸣盛编，黄曙辉点校:《十七史商榷》，上海书店出版社 2005 年版。

[24] (清)郭庆藩撰，王孝鱼点校:《庄子集释》，中华书局 1961 年版。

[25] (清)王先谦撰，沈啸寰、王星贤点校:《荀子集解》，中华书局 1988 年版。

[26] 杨伯峻:《列子集释》，中华书局 1979 年版。

[27] 黄晖:《论衡校释》，中华书局 1990 年版。

[28] (魏)王弼著，楼宇烈校释:《王弼集校释》，中华书局 1980 年版。

[29] (晋)王嘉撰，(梁)萧绮录，齐治平校注:《拾遗记校注》，中华书局 1981 年版。

[30] (清)何焯:《义门读书记》，中华书局 1987 年版。

[31] 杨明照:《抱朴子外篇校笺》，中华书局 1991 年版。

[32] (晋)陆机著，金涛声点校:《陆机集》，中华书局 1982 年版。

[33] (晋)陆云撰，黄葵点校:《陆云集》，中华书局 1988 年版。

[34] (晋)陆机著，刘运好校注整理:《陆士衡文集校注》，凤凰出版社 2007 年版。

［35］（晋）陆云著，刘运好校注整理：《陆士龙文集校注》，凤凰出版社
    2010 年版。

［36］张少康集释：《文赋集释》，人民文学出版社 2002 年版。

［37］（晋）陶渊明著，逯钦立校注：《陶渊明集》，中华书局 1979 年版。

［38］（东晋）陶渊明著，袁行霈撰：《陶渊明集笺注》，中华书局 2003
    年版。

［39］（南朝梁）萧纲著，肖占鹏、董志广校注：《梁简文帝校注》，南开
    大学出版社 2015 年版。

［40］（南朝梁）刘勰著，范文澜注：《文心雕龙注》，人民文学出版社
    1958 年版。

［41］（梁）钟嵘著，曹旭集注：《诗品集注》，上海古籍出版社 1994 年版。

［42］（梁）萧统编，（唐）李善注：《文选》，上海古籍出版社 1986 年版。

［43］（梁）萧统编，（唐）李善等注：《六臣注文选》，中华书局 2012 年版。

［44］（唐）欧阳询撰，汪绍楹校：《艺文类聚》，上海古籍出版社 1982
    年版。

［45］（唐）徐坚等：《初学记》，中华书局 1962 年版。

［46］（宋）李昉等：《太平御览》，上海古籍出版社 2008 年版。

［47］（清）严可均辑：《全上古三代秦汉三国六朝文》，中华书局 1958
    年版。

［48］许伟东主编：《东坡题跋》，人民美术出版社 2008 年版。

［49］（宋）郭茂倩编：《乐府诗集》，中华书局 1979 年版。

［50］（宋）朱熹：《诗集传》，中华书局 2011 年版。

［51］（宋）洪迈著，穆公校点：《容斋随笔》，上海古籍出版社 2015 年版。

［52］（明）张溥著，殷孟伦注：《汉魏六朝百三家集题辞注》，中华书局
    2007 年版。

［53］（明）王世贞著，罗仲鼎校注：《艺苑卮言校注》，齐鲁书社 1992
    年版。

［54］（明）许学夷著，杜维沫校点：《诗源辩体》，人民文学出版社 1987

年版。

[55](清)方玉润：《诗经原始》，中华书局 1986 年版。

[56](清)陈廷焯撰，孙克强主编，孙克强等辑校：《白雨斋词话全编》，中华书局 2013 年版。

[57](清)沈德潜：《古诗源》，中华书局 1963 年版。

[58](清)吴淇撰，汪俊、黄进德点校：《六朝选诗定论》，广陵书社 2009 年版。

[59](清)陈祚明评选，李金松点校：《采菽堂古诗选》，上海古籍出版社 2019 年版。

[60](梁)释慧皎撰，汤用彤校注，汤一玄整理：《高僧传》，中华书局 1992 年版。

[61](南朝梁)释僧佑撰，李小荣校笺：《弘明集校笺》，上海古籍出版社 2013 年版。

二、论著论文

[1]曹道衡：《南朝文学与北朝文学研究》，商务印书馆 2015 年版。

[2]曹道衡：《汉魏六朝文学论文集》，广西师范大学出版社 1999 年版。

[3]曹道衡：《论东晋南朝政权与士族的关系及其对文学的影响》，《文学遗产》2003 年第 5 期。

[4]曹旭：《论西晋诗人张华》，《上海师范大学学报》1990 年第 4 期。

[5]常建华：《宗族志》，上海人民出版社 2010 年版。

[6]陈顺智：《东晋玄言诗派研究》，武汉大学出版社 2003 年版。

[7]陈寅恪：《陈寅恪史学论文选集》，上海古籍出版社 1992 年版。

[8]陈寅恪：《隋唐制度渊源略论稿》，生活·读书·新知三联书店 2009 年版。

[9]陈寅恪，万绳楠整理：《魏晋南北朝史讲演录》，黄山书社 1987 年版。

[10]成复旺主编：《中国美学范畴辞典》，中国人民大学出版社 1995 年版。

［11］程章灿：《世族与六朝文学》，黑龙江教育出版社 1998 年版。

［12］丁福林：《东晋南朝的谢氏文学集团》，黑龙江教育出版社 1998 年版。

［13］范子烨编：《中古作家年谱汇考辑要（卷一）》，世界图书出版西安有限公司 2014 年版。

［14］方立天、于首奎编：《中国古代著名哲学家评传 魏晋南北朝部分 续编二》，齐鲁书社 1982 年版。

［15］冯尔康等：《中国宗族社会》，浙江人民出版社 1994 年版。

［16］冯友兰：《三松堂全集》，河南人民出版社 2001 年版。

［17］傅刚：《魏晋南北朝诗歌史论》，吉林教育出版社 1995 年版。

［18］葛晓音：《汉唐文学的嬗变》，北京大学出版社 1990 年版。

［19］顾农：《说"左思风力"及其背景》，《山东师大学报》（社会科学版）1999 年第 3 期。

［20］郭廉夫：《王羲之评传》，南京大学出版社 1996 年版。

［21］郭英德：《中国古代文人集团与文学风貌》，中国人民大学出版社 2012 年版。

［22］侯外庐等：《中国思想通史》（第三卷），人民出版社 2011 年版。

［23］胡阿祥：《中古文学地理研究》，世界图书西安出版公司 2014 年版。

［24］胡大雷：《中古文学集团》，广西师范大学出版社 1996 年版。

［25］胡大雷：《〈文选〉诗研究》，广西师范大学出版社 2000 年版。

［26］胡经之：《文艺美学》，北京大学出版社 1989 年版。

［27］姜剑云：《太康文学研究》，中华书局 2003 年版。

［28］蒋凡、李笑野、白振奎评注：《全评新注世说新语》，人民文学出版社 2009 年版。

［29］劳思光：《新编中国哲学史》，广西师范大学出版社 2005 年版。

［30］李春青：《论"雅俗"——对中国古代审美趣味历史演变的一种考察》，《思想战线》2011 年第 6 期。

[31] 李泽厚、刘纲纪：《中国美学史》(魏晋南北朝编)，安徽文艺出版社 1999 年版。

[32] 刘汝霖：《汉晋学术编年》，华东师范大学出版社 2009 年版。

[33] 刘师培撰，程千帆等导读：《中国中古文学史讲义》，上海古籍出版社 2019 年版。

[34] 刘跃进：《门阀士族与永明文学》，三联书店 1996 年版。

[35] 刘跃进：《门阀士族与文学总集》，世界图书出版西安有限公司 2014 年版。

[36] 刘跃进：《兰亭雅集与魏晋风度》，《安徽大学学报》(哲学社会科学版)，2011 年第 4 期。

[37] 林童照：《六朝人才观念与文学》，台湾文津出版社 1995 年版。

[38] 卢云：《汉晋文化地理》，陕西人民教育出版社 1991 年版。

[39] 陆侃如：《中古文学系年》，人民文学出版社 1985 年版。

[40] 逯钦立辑校：《先秦汉魏晋南北朝诗》，中华书局 1983 年版。

[41] 罗宗强：《魏晋南北朝文学思想史》，中华书局 1996 年版。

[42] 罗宗强：《玄学与魏晋士人心态》，浙江人民出版社 1991 年版。

[43] 吕思勉：《两晋南北朝史》，上海古籍出版社 2005 年版。

[44] 麻国庆：《家与中国社会结构》，文物出版社 1999 年版。

[45] 毛汉光：《中国中古社会史论》，上海书店出版社 2002 年版。

[46] 牟宗三：《才性与玄理》，广西师范大学出版社 2006 年版。

[47] 钱穆：《中国学术思想史论丛(三)》，生活·读书·新知三联书店 2009 年版。

[48] 钱志熙：《中国诗歌通史》(魏晋南北朝卷)，人民文学出版社 2012 年版。

[49] 钱志熙：《魏晋诗歌艺术原论》，北京大学出版社 2005 年版。

[50] 阮忠：《中古诗人群体及其诗风演化》，武汉出版社 2004 年版。

[51] 沈玉成：《"竹林七贤"与"二十四友"》，《辽宁大学学报》1990 年第 6 期。

[52]孙明君：《两晋士族文学研究》，中华书局 2010 年版。

[53]檀晶：《西晋太康诗歌研究》，中国社会科学出版社 2009 年版。

[54]汤用彤：《魏晋玄学论稿》，生活·读书·新知三联书店 2009 年版。

[55]汤一介：《郭象与魏晋玄学》(增订本)，中国人民大学出版社 2016 年版。

[56]唐长孺：《魏晋南北朝史论丛》，河北教育出版社 2000 年版。

[57]唐长孺：《魏晋南北朝史论拾遗》，中华书局 1983 年版。

[58]田余庆：《秦汉魏晋史探微》，中华书局 2011 年版。

[59]田余庆：《东晋门阀政治》，北京大学出版社 2012 年版。

[60]王澧华：《两晋诗风》，上海古籍出版社 2005 年版。

[61]王欣：《文学盛衰的权力因素　中国中古文学场域研究》，苏州大学出版社 2013 年版。

[62]王瑶：《中古文学史论》(重排本)，北京大学出版社 1998 年版。

[63]王运熙：《汉魏六朝唐代文学论丛》，上海古籍出版社 1981 年版。

[64]王仲荦：《魏晋南北朝史》，2 版，上海人民出版社 2016 年版。

[65]王钟陵：《中国中古诗歌史》，江苏教育出版社 1988 年版。

[66]魏明安、赵以武：《傅玄评传》，南京大学出版社 1996 年版。

[67]徐传武：《左思左芬菜研究》，中国文联出版社 1999 年版。

[68]徐复观：《中国艺术精神》，广西师范大学出版社 2007 年版。

[69]徐公持编著：《魏晋文学史》，人民文学出版社 1999 年版。

[70]徐扬杰：《中国家族制度史》，武汉大学出版社 2012 年版。

[71]许抗生：《魏晋玄学史》，陕西师范大学出版社 1989 年版。

[72]杨立群：《魏晋诗人人格与风格论稿》，线装书局 2007 年版。

[73]叶枫宇：《西晋作家的人格与文风》，上海三联书店 2006 年版。

[74]余敦康：《魏晋玄学史》，北京大学出版社 2004 年版。

[75]余英时：《士与中国文化》，上海人民出版社 2003 年版。

[76]俞士玲：《西晋文学考论》，南京大学出版社 2008 年版。

［77］俞士玲:《陆机陆云年谱》,人民文学出版社 2009 年版。

［78］袁行霈撰:《陶渊明研究》,北京大学出版社 1997 年版。

［79］袁行霈、孟二冬、丁放:《中国诗学通论》,安徽教育出版社 1994 年版。

［80］袁济喜:《六朝美学》,北京大学出版社 1989 年版。

［81］袁济喜:《魏晋南北朝思想对话与文艺批评》,中国人民大学出版社 2011 年版。

［82］袁济喜:《论六朝文学精神的演化》,《中国人民大学学报》2001 年第 1 期。

［83］朱光潜:《朱光潜全集》第三卷,安徽教育出版社 1987 年版。

［84］詹锳:《〈文心雕龙〉的风格学》,人民文学出版社 1982 年版。

［85］张可礼:《东晋文艺综合研究》,山东大学出版社 2001 年版。

［86］章太炎:《国学讲演录》,华东师范大学出版社 1995 年版。

［87］［日］佐藤利行著,周延良译:《西晋文学研究》,中国社会科学出版社 2004 年版。